Verfassung des Landes Hessen

und

Grundgesetz für die Bundesrepublik Deutschland

Konvention zum Schutze der Menschenrechte und Grundfreiheiten

Charta der Vereinten Nationen von 1948

Allgemeine Erklärung der Menschenrechte

Wiesbaden – 2019

HESSEN Hessische Landeszentrale für politische Bildung

VORWORT

Im Jahr 2019 feiert das Grundgesetz für die Bundesrepublik Deutschland sein 70-jähriges Bestehen. Die darin verankerten Grundrechte wie Schutz der Menschenwürde, Freiheit oder Gleichheit aller, sind heute aktueller denn je und bilden den Kern unseres demokratischen Miteinanders.

Bereits drei Jahre vor Verabschiedung des Grundgesetzes wurden diese Werte schon in der Hessischen Verfassung fixiert. Somit ist die am 1.12.1946 in Kraft getretene Verfassung des Landes Hessen die älteste noch geltende Verfassung Deutschlands. Sie wurde zuletzt mit der Verfassungsreform 2018 in Teilen an die gesellschaftliche Veränderung angepasst und modernisiert.

Wir alle sollten uns bewusst sein, wie verletzlich Demokratie ist. Populismus, Ausgrenzung und Intoleranz sind die Ergebnisse nicht gelebter Werte, die uns die Grundrechte garantieren. Gleichberechtigt, in Freiheit leben zu können, keiner Machtwillkür ausgesetzt zu sein und über Bürgerrechte zu verfügen, stellt ein Privileg dar, das nicht selbstverständlich ist. Nur das Besinnen auf die freiheitlich-demokratische Grundordnung mit ihren Werten sichert Frieden und Freiheit in Europa! Die politische Bildung eröffnet hier Räume für Debatten über aktuelle Herausforderungen von Staat und Gesellschaft.

Demokratie lebt vom Mitmachen. Jede Generation ist aufgerufen, mitzugestalten und sich für ihren Erhalt einzusetzen.

Pluralismus und Parlamentarismus als Grundelemente der Demokratie brauchen den Wettstreit um die bessere Lösung. Die Verfassung bildet den Rahmen für diesen freien Wettstreit, aber auch für die freie Entfaltung jedes Einzelnen.

Dr. Alexander Jehn
Direktor der Hessischen Landeszentrale
für politische Bildung

Inhaltsverzeichnis

Die vorliegende Publikation entstand unter wissenschaftlicher Mitarbeit von Prof. em. Dr. Friedrich von Zezschwitz.

So erreichen Sie die HLZ:
Hessische Landeszentrale für politische Bildung
Taunusstraße 4–6, 65183 Wiesbaden
Telefon 0611 32-4051, Fax 0611 32-4077
E-Mail: hlz@hlz.hessen.de; Internet: www.hlz.hessen.de

VERFASSUNG DES LANDES HESSEN

Vom 1. Dezember 1946

(GVBl. 1946 S. 229) [1]

beschlossen von der Verfassungberatenden
Landesversammlung in Wiesbaden
am 29. Oktober 1946 und angenommen durch
Volksentscheid am 1. Dezember 1946.

[1] Wiedergegeben ist die Hessische Verfassung in der seit 22. Dezember 2018 geltenden Fassung. Der ursprüngliche Text ist 23 Mal geändert worden; die geänderten Artikel sind jeweils durch Fußnoten gekennzeichnet worden. Außerdem ist im Anschluss an den Verfassungstext ein vollständiges Verzeichnis aller Änderungen abgedruckt.

Inhaltsübersicht [1]

Präambel

Erster Hauptteil: Die Rechte des Menschen

I. Gleichheit und Freiheit

II. Grenzen und Sicherung der Menschenrechte

---

[1] Das Inhaltsverzeichnis und die Überschriften zu den einzelnen Artikeln gehören nicht zum amtlichen Text der Verfassung. Sie sind vom Herausgeber hinzugefügt worden und stehen deswegen in eckigen Klammern. In der Verfassungsurkunde sind die Absätze der einzelnen Artikel nicht nummeriert. Die Nummerierung ist zur Erleichterung von Zitaten vom Herausgeber hinzugefügt worden.

Die Rechtschreibung in dieser Ausgabe weicht teilweise von der heute üblichen ab, weil die ursprüngliche Schreibweise von 1946 bewusst beibehalten worden ist.

Einzelne Vorschriften der Hessischen Verfassung sind durch das Grundgesetz und sonstiges Bundesrecht überlagert, ohne förmlich außer Kraft gesetzt zu sein.

IIa. Staatsziele[1]

III. Soziale und wirtschaftliche Rechte und Pflichten

[1] Abschnitt IIa wurde eingefügt durch das Gesetz vom 20. 3. 1991 (GVBl. I S. 102), umbenannt und stark erweitert durch das Gesetz zur Ergänzung der Verfassung des Landes Hessen (Artikel 26a Aufnahme eines Staatszielbegriffs) vom 11. 12. 2018 (GVBl. S. 738) aufgrund der Volksabstimmung vom 28. 10. 2018.

IV. Staat, Kirchen, Religions- und Weltanschauungsgemeinschaften

V. Erziehung, Bildung und Denkmalschutz

VI. Gemeinsame Bestimmung für alle Grundrechte

Zweiter Hauptteil: Aufbau des Landes

I. Das Land Hessen

II. Völkerrechtliche Bindungen

III. Die Staatsgewalt

IV. Der Landtag

V. Die Landesregierung

VI. Die Gesetzgebung

VII. Die Rechtspflege

VIII. Der Staatsgerichtshof

IX. Die Staats- und die Selbstverwaltung

X. Das Finanzwesen

XI. Der Schutz der Verfassung

Übergangsbestimmungen

PRÄAMBEL

In der Überzeugung,
dass Deutschland nur als demokratisches Gemeinwesen
eine Gegenwart und Zukunft haben kann,
hat sich Hessen
als Gliedstaat der Deutschen Republik
diese Verfassung gegeben.

ERSTER HAUPTTEIL

DIE RECHTE DES MENSCHEN

I. GLEICHHEIT UND FREIHEIT

Artikel 1 [1]

[Gleichheit, Gleichberechtigung von Frauen und Männern]

(1) Alle Menschen sind vor dem Gesetze gleich, ohne Unterschied des Geschlechts, der Rasse, der Herkunft, der religiösen und der politischen Überzeugung.

(2) Frauen und Männer sind gleichberechtigt. Der Staat fördert die tatsächliche Durchsetzung der Gleichberechtigung von Frauen und Männern und wirkt auf die Beseitigung bestehender Nachteile hin.

Artikel 2

[Allgemeine Handlungsfreiheit, Rechtsweggarantie]

(1) Der Mensch ist frei. Er darf tun und lassen, was die Rechte anderer nicht verletzt oder die verfassungsmäßige Ordnung des Gemeinwesens nicht beeinträchtigt.

(2) Niemand kann zu einer Handlung, Unterlassung oder Duldung gezwungen werden, wenn nicht ein Gesetz oder eine auf Gesetz beruhende Bestimmung es verlangt oder zuläßt.

(3) Glaubt jemand, durch die öffentliche Gewalt in seinen Rechten verletzt zu sein, so steht ihm der Rechtsweg offen.

---

[1] Artikel 1 Absatz 2 wurde angefügt durch das Gesetz zur Ergänzung des Artikel 1 der Verfassung des Landes Hessen (Stärkung und Förderung der Gleichberechtigung von Frauen und Männern) vom 11. 12. 2018 (GVBl. S. 751) aufgrund der Volksabstimmung vom 28. 10. 2018.

Artikel 3

[Unantastbarkeit des Lebens, der Gesundheit, der Ehre und der Würde]

Leben und Gesundheit, Ehre und Würde des Menschen sind unantastbar.

Artikel 4 [1]

[Ehe und Familie, Schutz und Förderung von Kindern]

(1) Ehe und Familie stehen als Grundlage des Gemeinschaftslebens unter dem besonderen Schutze des Gesetzes.

(2) Jedes Kind hat das Recht auf Schutz sowie auf Förderung seiner Entwicklung zu einer eigenverantwortlichen und gemeinschaftsfähigen Persönlichkeit. Bei allen Maßnahmen, die Kinder betreffen, ist das Wohl des Kindes ein wesentlich zu berücksichtigender Gesichtspunkt. Der Wille des Kindes ist in allen Angelegenheiten, die es betreffen, entsprechend seinem Alter und seiner Reife im Einklang mit den geltenden Verfahrensvorschriften angemessen zu berücksichtigen. Die verfassungsmäßigen Rechte und Pflichten der Eltern bleiben unberührt.

Artikel 5

[Freiheit der Person]

Die Freiheit der Person ist unantastbar.

Artikel 6

[Aufenthalts- und Niederlassungsfreiheit]

Jedermann ist frei, sich aufzuhalten und niederzulassen, wo er will.

Artikel 7

[Verbot der Auslieferung, Asylrecht]

Kein Deutscher darf einer fremden Macht ausgeliefert werden. Fremde genießen den Schutz vor Auslieferung und Ausweisung, wenn sie unter Verletzung, der in dieser Verfassung niedergelegten Grundrechte im Ausland verfolgt werden und nach Hessen geflohen sind.

Artikel 8

[Wohnungsfreiheit]

Die Wohnung ist unverletzlich.

---

[1] Artikel 4 Absatz 2 wurde angefügt durch das Gesetz zur Ergänzung des Artikels 4 der Verfassung des Landes Hessen (Stärkung der Kinderrechte) vom 12. 12. 2018 (GVBl. S. 752) aufgrund der Volksabstimmung vom 28. 10. 2018.

Artikel 9

[Glaubens- und Gewissensfreiheit]

Glauben, Gewissen und Überzeugung sind frei.

Artikel 10

[Freiheit von Wissenschaft und Kunst]

Niemand darf in seinem wissenschaftlichen oder künstlerischen Schaffen und in der Verbreitung seiner Werke gehindert werden.

Artikel 11

[Meinungs- und Pressefreiheit]

(1) Jedermann hat das Recht, seine Meinung frei und öffentlich zu äußern. Dieses Recht darf auch durch ein Dienstverhältnis nicht beschränkt werden, und niemand darf ein Nachteil widerfahren, wenn er es ausübt. Nur wenn die vereinbarte Tätigkeit einer bestimmten politischen, religiösen oder weltanschaulichen Richtung dienen soll, kann, falls ein Beteiligter davon abweicht, das Dienstverhältnis gelöst werden.
(2) Pressezensur ist unstatthaft.

Artikel 12

[Postgeheimnis]

Das Postgeheimnis ist unverletzlich.

Artikel 12a [1]

[Datenschutz, informationelle Selbstbestimmung, Vertraulichkeit und Integrität informationstechnischer Systeme]

Jeder Mensch ist berechtigt, über die Preisgabe und Verwendung seiner personenbezogenen Daten selbst zu bestimmen. Die Vertraulichkeit und Integrität informationstechnischer Systeme werden gewährleistet. Einschränkungen dieser Rechte bedürfen eines Gesetzes.

Artikel 13

[Informationsfreiheit]

Jedermann hat das Recht, sich auf allen Gebieten des Wissens und der Erfahrung sowie über die Meinung anderer durch den Bezug von Druck-Erzeugnissen, das Abhören von Rundfunksendern oder auf sonstige Weise frei zu unterrichten.

---

[1] Artikel 12a wurde eingefügt durch das Gesetz zur Ergänzung der Verfassung des Landes Hessen (Artikel 12a Recht auf informationelle Selbstbestimmung und Schutz informationstechnischer Systeme) vom 11. 12. 2018 (GVBl. S. 741) aufgrund der Volksabstimmung vom 28. 10. 2018.

Artikel 14

[Versammlungsfreiheit]

(1) Alle Deutschen haben das Recht, sich ohne Anmeldung oder besondere Erlaubnis friedlich und unbewaffnet zu versammeln.

(2) Versammlungen unter freiem Himmel können durch Gesetz anmeldepflichtig gemacht werden.

Artikel 15

[Vereinigungsfreiheit]

Alle Deutschen haben das Recht, Vereine oder Gesellschaften zu bilden.

Artikel 16

[Petitionsrecht]

Jedermann hat das Recht, allein oder gemeinsam mit anderen, Anträge oder Beschwerden an die zuständige Behörde oder an die Volksvertretung zu richten.

II. Grenzen und Sicherung der Menschenrechte

Artikel 17

[Verwirkung von Grundrechten]

(1) Auf das Recht der freien Meinungsäußerung, der Versammlungs- und Vereinsfreiheit sowie auf das Recht der Verbreitung wissenschaftlicher oder künstlerischer Werke kann sich nicht berufen, wer den verfassungsmäßigen Zustand angreift oder gefährdet.

(2) Ob diese Voraussetzung vorliegt, entscheidet im Beschwerdewege der Staatsgerichtshof.

Artikel 18

[Jugendschutz]

Auf das Recht der freien Meinungsäußerung, der Verbreitung wissenschaftlicher oder künstlerischer Werke und der freien Unterrichtung kann sich ferner nicht berufen, wer Gesetze zum Schutze der Jugend verletzt.

Artikel 19

[Durchsuchung, Festnahme]

(1) Bei dringendem Verdacht einer strafbaren Handlung kann der Richter die Untersuchungshaft, die Haussuchung und Eingriffe in das Postgeheimnis anordnen. Die Haussuchung kann auch nachträglich genehmigt werden, wenn die Verfolgung des Täters zu sofortigem Handeln gezwungen hat.

(2) Jeder Festgenommene ist binnen 24 Stunden seinem Richter zuzuführen, der ihn zu vernehmen, über die Entlassung oder Verhaftung zu befinden und im Falle der Verhaftung bis zur endgültigen richterlichen Entscheidung von Monat zu Monat neu zu prüfen hat, ob weitere Haft gerechtfertigt ist. Der Grund der Verhaftung ist dem Festgenommenen sofort und auf seinen Wunsch seinen nächsten Angehörigen innerhalb weiterer 24 Stunden nach der richterlichen Entscheidung mitzuteilen.

Artikel 20

[Gesetzlicher Richter, Verbot von Ausnahme- und Sondergerichten, Unschuldsvermutung]

(1) Niemand darf seinem gesetzlichen Richter entzogen werden. Ausnahme- und Sonderstrafgerichte sind unstatthaft.

(2) Jeder gilt als unschuldig, bis er durch rechtskräftiges Urteil eines ordentlichen Gerichts für schuldig befunden ist. Das Recht, sich jederzeit durch einen Rechtsbeistand verteidigen zu lassen, darf nicht beschränkt werden.

Artikel 21 [1]

[Gesetzliche Strafen]

(1) Ist jemand einer strafbaren Handlung für schuldig befunden worden, so können ihm auf Grund der Strafgesetze durch richterliches Urteil die Freiheit und die bürgerlichen Ehrenrechte entzogen oder beschränkt werden. Die Todesstrafe ist abgeschafft.

(2) Die Strafe richtet sich nach der Schwere der Tat.

(3) Alle Gefangenen sind menschlich zu behandeln.

Artikel 22

[Rückwirkungsverbot in Strafsachen, Schuldprinzip]

(1) Kein Strafgesetz hat rückwirkende Kraft, es sei denn, dass es für den Täter günstiger ist, als das zur Zeit der Tat in Geltung gewesene Strafgesetz.

(2) Niemand darf für Handlungen oder Unterlassungen leiden oder strafrechtlich verantwortlich gemacht werden, die ihm nicht persönlich zur Last fallen.

(3) Niemand kann wegen derselben Tat mehr als einmal bestraft werden.

Artikel 23

[Einweisung geistig oder körperlich Kranker]

Gefährdet ein geistig oder körperlich Kranker durch seinen Zustand seine Mitmenschen erheblich, so kann er in eine Anstalt eingewiesen werden. Er hat das Recht, gegen diese Maßnahme den Richter anzurufen. Das Nähere bestimmt das Gesetz.

---

[1] Artikel 21 Absatz 1 Satz 2 wurde neu gefasst durch das Gesetz zur Änderung der Artikel 21 und 109 der Verfassung des Landes Hessen (Aufhebung der Regelungen zur Todesstrafe) vom 12. 12. 2018 (GVBl. S. 747) aufgrund der Volksabstimmung vom 28. 10. 2018.

Artikel 24

[Schranken der Festnahme]

Sonstige Beschränkungen der persönlichen Freiheit sind nur im Rahmen der Gesetze und nur insoweit zulässig, als sie nötig sind, um das Erscheinen Geladener vor Gericht, die Zeugnispflicht, die gerichtliche Sitzungspolizei, die Vollstreckung gerichtlicher Urteile und den Vollzug gesetzmäßiger Verwaltungsanordnungen zu sichern.

Artikel 25

[Ehrenämter, Hand- und Spanndienste]

Jedermann hat nach Maßgabe der Gesetze die Pflicht, ehrenamtliche Tätigkeiten zu übernehmen, und persönliche Dienste für den Staat und die Gemeinde zu leisten. Steht er in einem Dienstverhältnis, so ist ihm die erforderliche freie Zeit zu gewähren. Näheres bestimmt das Gesetz.

Artikel 26

[Unabänderlichkeit der Grundrechte, unmittelbare Geltung]

Diese Grundrechte sind unabänderlich; sie binden den Gesetzgeber, den Richter und die Verwaltung unmittelbar.

II A. STAATSZIELE [1]

Artikel 26 a [2]

[Begriff der Staatsziele, verpflichtete Staatsorgane und Kommunen]

Staatsziele verpflichten den Staat, die Gemeinden und Gemeindeverbände im Rahmen ihrer Zuständigkeit und Leistungsfähigkeit zur fortlaufenden Beachtung und dazu, ihr Handeln nach ihnen auszurichten.

Artikel 26 b [3]

[Schutz der natürlichen Lebensgrundlagen]

Die natürlichen Lebensgrundlagen des Menschen stehen unter dem Schutz des Staates und der Gemeinden.

---

[1] Abschnitt IIa wurde eingefügt durch das Gesetz vom 20. 3. 1991 (GVBl. I S. 102), umbenannt und stark erweitert durch das Gesetz zur Ergänzung der Verfassung des Landes Hessen (Artikel 26a Aufnahme eines Staatszielbegriffs) vom 11. 12. 2018 (GVBl. S. 738) aufgrund der Volksabstimmung vom 28. 10. 2018.

[2] Artikel 26 a wurde eingefügt durch das Gesetz zur Ergänzung der Verfassung des Landes Hessen (Artikel 26 a Aufnahme eines Staatszielbegriffs) vom 11. 12. 2018 (GVBl. S. 738) aufgrund der Volksabstimmung vom 28. 10. 2018. Der bisherige Artikel 26 a wurde zu Artikel 26 b

[3] Artikel 26 b wurde als Artikel 26 a eingefügt durch das Gesetz vom 20. 3. 1991 (GVBl. I S. 102) aufgrund der Volksabstimmung vom 20. 1. 1991. Durch das Gesetz zur Ergänzung der Verfassung des Landes Hessen (Artikel 26a Aufnahme eines Staatszielbegriffs) vom 11. 12. 2018 (GVBl. S. 738) wurde das Staatsziel nunmehr zu Artikel 26 b.

Artikel 26 c [1]

[Prinzip der Nachhaltigkeit]

Der Staat, die Gemeinden und Gemeindeverbände berücksichtigen bei ihrem Handeln das Prinzip der Nachhaltigkeit, um die Interessen künftiger Generationen zu wahren.

Artikel 26 d [2]

[Technische, digitale und soziale Infrastruktur, Förderung von Wohnraum und gleichwertigen Lebensverhältnissen in Stadt und Land]

Der Staat, die Gemeinden und Gemeindeverbände fördern die Errichtung und den Erhalt der technischen, digitalen und sozialen Infrastruktur und von angemessenem Wohnraum. Der Staat wirkt auf die Gleichwertigkeit der Lebensverhältnisse in Stadt und Land hin.

Artikel 26 e [3]

[Schutz und Förderung der Kultur]

Die Kultur genießt den Schutz und die Förderung des Staates, der Gemeinden und Gemeindeverbände.

Artikel 26 f [4]

[Schutz und Förderung des ehrenamtlichen Einsatzes]

Der ehrenamtliche Einsatz für das Gemeinwohl genießt den Schutz und die Förderung des Staates, der Gemeinden und Gemeindeverbände.

Artikel 26 g [5]

[Schutz und Förderung des Sportes]

Der Sport genießt den Schutz und die Förderung des Staates, der Gemeinden und Gemeindeverbände.

---

[1] Artikel 26 c wurde eingefügt durch das Gesetz zur Ergänzung der Verfassung des Landes Hessen (Artikel 26c Staatsziel zur stärkeren Berücksichtigung der Nachhaltigkeit) vom 11. 12. 2018 (GVBl. S. 750) aufgrund der Volksabstimmung vom 28. 10. 2018.

[2] Artikel 26 d wurde eingefügt durch das Gesetz zur Ergänzung der Verfassung des Landes Hessen (Artikel 26d Staatsziel zur Förderung der Infrastruktur) vom 12. 12. 2018 (GVBl. S. 740) aufgrund der Volksabstimmung vom 28. 10. 2018.

[3] Artikel 26 e wurde eingefügt durch das Gesetz zur Ergänzung der Verfassung des Landes Hessen (Artikel 26e Staatsziel zum Schutz und zur Förderung der Kultur) vom 12. 12. 2018 (GVBl. S. 749) aufgrund der Volksabstimmung vom 28. 10. 2018.

[4] Artikel 26 f wurde eingefügt durch das Gesetz zur Ergänzung der Verfassung des Landes Hessen (Artikel 26f Staatsziel zum Schutz und zur Förderung des Ehrenamtes) vom 11. 12. 2018 (GVBl. S. 742) aufgrund der Volksabstimmung vom 28. 10. 2018.

[5] Artikel 26 g wurde als Art. 62 a eingefügt durch Gesetz vom 20. 3. 1991 (GVBl. I S. 102) aufgrund der Volksabstimmung vom 20. 1. 1991. Zu Artikel 26 g wurde das Staatsziel durch das Gesetz zur Ergänzung der Verfassung des Landes Hessen (Artikel 26g Staatsziel zum Schutz und zur Förderung des Sports) vom 11. 12. 2018 (GVBl. S. 743) aufgrund der Volksabstimmung vom 28. 10. 2018.

III. Soziale und wirtschaftliche Rechte und Pflichten

Artikel 27

[Grundlagen der Sozial- und Wirtschaftsordnung]

Die Sozial- und Wirtschaftsordnung beruht auf der Anerkennung der Würde und der Persönlichkeit des Menschen.

Artikel 28

[Schutz der menschlichen Arbeitskraft, Arbeitslosensicherung]

(1) Die menschliche Arbeitskraft steht unter dem besonderen Schutze des Staates.

(2) Jeder hat nach seinen Fähigkeiten ein Recht auf Arbeit und, unbeschadet seiner persönlichen Freiheit, die sittliche Pflicht zur Arbeit.

(3) Wer ohne Schuld arbeitslos ist, hat Anspruch auf den notwendigen Unterhalt für sich und seine unterhaltsberechtigten Angehörigen. Ein Gesetz regelt die Arbeitslosenversicherung.

Artikel 29

[Arbeitsgesetzbuch, Tarifverträge, Streikrecht, Aussperrungsverbot]

(1) Für alle Angestellten, Arbeiter und Beamten ist ein einheitliches Arbeitsrecht zu schaffen.

(2) Im Rahmen dieses Arbeitsrechts können Gesamtvereinbarungen nur zwischen den Gewerkschaften und den Unternehmungen oder ihren Vertretungen abgeschlossen werden. Sie schaffen verbindliches Recht, das grundsätzlich nur zugunsten der Arbeitnehmer abbedungen werden kann.

(3) Das Schlichtungswesen wird gesetzlich geregelt.

(4) Das Streikrecht wird anerkannt, wenn die Gewerkschaften den Streik erklären.

(5) Die Aussperrung ist rechtswidrig.

Artikel 30

[Arbeitsschutz, Mutterschutz, Verbot der Kinderarbeit]

(1) Die Arbeitsbedingungen müssen so beschaffen sein, dass sie die Gesundheit, die Würde, das Familienleben und die kulturellen Ansprüche des Arbeitnehmers sichern; insbesondere dürfen sie die leibliche, geistige und sittliche Entwicklung der Jugendlichen nicht gefährden.

(2) Das Gesetz schafft Einrichtungen zum Schutze der Mütter und Kinder, und es schafft die Gewähr, dass die Frau ihre Aufgaben als Bürgerin und Schaffende mit ihren Pflichten als Frau und Mutter vereinbaren kann.

(3) Kinderarbeit ist verboten.

Artikel 31

[Arbeitszeit, Sonn- und Feiertage]

Der Achtstundentag ist die gesetzliche Regel. Sonntag und gesetzliche Feiertage sind arbeitsfrei. Ausnahmen können durch Gesetz oder Gesamtvereinbarung zugelassen werden, wenn sie der Allgemeinheit dienen.

Artikel 32

[1. Mai als Feiertag]

Der 1. Mai ist gesetzlicher Feiertag aller arbeitenden Menschen. Er versinnbildlicht das Bekenntnis zur sozialen Gerechtigkeit, zu Fortschritt, Frieden, Freiheit und Völkerverständigung.

Artikel 33

[Leistungs- und bedarfsgerechter Lohn, Lohngleichheit von Mann und Frau]

Das Arbeitsentgelt muss der Leistung entsprechen und zum Lebensbedarf für den Arbeitenden und seine Unterhaltsberechtigten ausreichen. Die Frau und der Jugendliche haben für gleiche Tätigkeit und gleiche Leistung Anspruch auf gleichen Lohn. Das Arbeitsentgelt für die in die Arbeitszeit fallenden Feiertage wird weiter gezahlt.

Artikel 34

[Mindesturlaub]

Jeder Arbeitnehmer hat Anspruch auf einen bezahlten Urlaub von mindestens zwölf Arbeitstagen im Jahr. Näheres bestimmt das Gesetz.

Artikel 35

[Einheitliche Sozialversicherung, Gesundheitswesen]

(1) Es ist eine das gesamte Volk verbindende Sozialversicherung zu schaffen. Sie ist sinnvoll aufzubauen. Die Selbstverwaltung der Versicherten wird anerkannt. Ihre Organe werden in allgemeiner, gleicher, freier und geheimer Wahl gewählt. Das Nähere bestimmt das Gesetz.

(2) Die Sozialversicherung hat die Aufgabe, den Gesundheitszustand des Volkes, auch durch vorbeugende Maßnahmen, zu heben, Kranken, Schwangeren und Wöchnerinnen jede erforderliche Hilfe zu leisten und eine ausreichende Versorgung für Erwerbsbeschränkte, Erwerbsunfähige und Hinterbliebene sowie im Alter zu sichern.

(3) Die Ordnung des Gesundheitswesens ist Sache des Staates. Das Nähere bestimmt das Gesetz.

Artikel 36

[Koalitionsfreiheit, Vereinigungsfreiheit]

(1) Die Freiheit, sich in Gewerkschaften oder Unternehmervertretungen zu vereinigen, um die Arbeits- und Wirtschaftsbedingungen zu gestalten und zu verbessern, ist für alle gewährleistet.

(2) Niemand darf gezwungen oder gehindert werden, Mitglied einer solchen Vereinigung zu werden.

Artikel 37

[Betriebsverfassung, Personalvertretung, Rechte der Gewerkschaften]

(1) Angestellte, Arbeiter und Beamte in allen Betrieben und Behörden erhalten unter Mitwirkung der Gewerkschaften gemeinsame Betriebsvertretungen, die in allgemeiner, gleicher, freier, geheimer und unmittelbarer Wahl von den Arbeitnehmern zu wählen sind.

(2) Die Betriebsvertretungen sind dazu berufen, im Benehmen mit den Gewerkschaften gleichberechtigt mit den Unternehmern in sozialen, personellen und wirtschaftlichen Fragen des Betriebes mitzubestimmen.

(3) Das Nähere regelt das Gesetz.

Artikel 38

[Rechte und Pflichten der Wirtschaft, wirtschaftliche Betätigungsfreiheit]

(1) Die Wirtschaft des Landes hat die Aufgabe, dem Wohle des ganzen Volkes und der Befriedigung seines Bedarfs zu dienen. Zu diesem Zweck hat das Gesetz die Maßnahmen anzuordnen, die erforderlich sind, um die Erzeugung, Herstellung und Verteilung sinnvoll zu lenken und jedermann einen gerechten Anteil an dem wirtschaftliche Ergebnis aller Arbeit zu sichern und ihn vor Ausbeutung zu schützen.

(2) Im Rahmen der hierdurch gezogenen Grenzen ist die wirtschaftliche Betätigung frei.

(3) Die Gewerkschaften und die Vertreter der Unternehmen haben gleiches Mitbestimmungsrecht in den vom Staat mit der Durchführung seiner Lenkungsmaßnahmen beauftragten Organen.

Artikel 39

[Verbot wirtschaftlichen Machtmissbrauchs, staatliche Missbrauchsaufsicht]

(1) Jeder Mißbrauch der wirtschaftlichen Freiheit – insbesondere zu monopolistischer Machtzusammenballung und zu politischer Macht ist untersagt.

(2) Vermögen, das die Gefahr solchen Mißbrauchs wirtschaftlicher Freiheit in sich birgt, ist auf Grund gesetzlicher Bestimmungen in Gemeineigentum zu überführen. Soweit die Überführung in Gemeineigentum wirtschaftlich nicht zweckmäßig ist, muss dieses Vermögen auf Grund gesetzlicher Bestimmungen unter Staatsaufsicht gestellt oder durch vom Staate bestellte Organe verwaltet werden.

(3) Ob diese Voraussetzungen vorliegen, entscheidet das Gesetz.

(4) Die Entschädigung für das in Gemeineigentum überführte Vermögen wird durch das Gesetz nach sozialen Gesichtspunkten geregelt. Bei festgestelltem Mißbrauch wirtschaftlicher Macht ist in der Regel die Entschädigung zu versagen.

Artikel 40

[Gemeineigentum]

Gemeineigentum ist Eigentum des Volkes. Die Verfügung über dieses Eigentum und seine Verwaltung soll nach näherer gesetzlicher Bestimmung solchen Rechtsträgern zustehen, welche die Gewähr dafür bieten, dass das Eigentum ausschließlich dem Wohle des ganzen Volkes dient und Machtzusammenballungen vermieden werden.

Artikel 41

[Sofortsozialisierung von Kohle und Stahl, Erzen und Kali, Energie und Eisenbahnen]

(1) Mit Inkrafttreten dieser Verfassung werden

1. in Gemeineigentum überführt: der Bergbau (Kohlen, Kali, Erze), die Betriebe der Eisen- und Stahlerzeugung, die Betriebe der Energiewirtschaft und das an Schienen oder Oberleitungen gebundene Verkehrswesen,

2. vom Staate beaufsichtigt oder verwaltet, die Großbanken und Versicherungsunternehmen und diejenigen in Ziffer 1 genannten Betriebe, deren Sitz nicht in Hessen liegt.

(2) Das Nähere bestimmt das Gesetz.

(3) Wer Eigentümer eines danach in Gemeineigentum überführten Betriebes oder mit seiner Leitung betraut ist, hat ihn als Treuhänder des Landes bis zum Erlaß von Ausführungsgesetzen weiterzuführen.

Artikel 42

[Großgrundbesitz, Bodenreform, Siedlung]

(1) Nach Maßgabe besonderer Gesetze ist der Großgrundbesitz, der nach geschichtlicher Erfahrung die Gefahr politischen Mißbrauchs oder der Begünstigung militaristischer Bestrebungen in sich birgt, im Rahmen einer Bodenreform einzuziehen.

(2) Aufgabe der Bodenreform ist vor allem, den land- und forstwirtschaftlichen Boden zu erhalten und zu vermehren und seine Leistung zu steigern, Bauern anzusiedeln und gesunde Wohnstätten, Kleinsiedlerstellen und Kleingärten zu schaffen.

(3) Streubesitz ist durch Umlegung leistungsfähiger zu machen.

(4) Grundbesitz, den sein Eigentümer einer ordnungsmäßigen Bewirtschaftung entzieht, kann nach näherer gesetzlicher Bestimmung eingezogen werden.

(5) Für die Entschädigung des seitherigen Eigentümers gilt der Artikel 39 Abs. 4 entsprechend.

Artikel 43

[Förderung von Klein- und Mittelbetrieben]

(1) Selbständige Klein- und Mittelbetriebe in Landwirtschaft, Gewerbe, Handwerk und Handel sind durch Gesetzgebung und Verwaltung zu fördern und besonders vor Überlastung und Aufsaugung zu schützen.

(2) Zu diesem Zweck ist die genossenschaftliche Selbsthilfe auszubauen.

Artikel 44

[Genossenschaftswesen]

Das Genossenschaftswesen ist zu fördern.

Artikel 45

[Eigentumsgarantie, Erbrecht]

(1) Das Privateigentum wird gewährleistet. Sein Inhalt und seine Begrenzung ergeben sich aus den Gesetzen. Jeder ist berechtigt, auf Grund der Gesetze Eigentum zu erwerben und darüber zu verfügen.

(2) Das Privateigentum verpflichtet gegenüber der Gemeinschaft. Sein Gebrauch darf dem Gemeinwohl nicht zuwiderlaufen. Es darf nur im öffentlichen Interesse, nur auf Grund eines Gesetzes, nur in dem darin vorgesehenen Verfahren und nur gegen angemessene Entschädigung eingeschränkt oder enteignet werden.

(3) Soweit die Gesetze nichts anderes bestimmen, sind für Streitigkeiten über Art und Höhe der Entschädigung die ordentlichen Gerichte zuständig.

(4) Das Erbrecht wird nach Maßgabe des bürgerlichen Rechts gewährleistet. Der Anteil des Staates am Nachlaß bestimmt sich nach dem Gesetz.

Artikel 46

[Urheberrechtsschutz]

Die Rechte der Urheber, Erfinder und Künstler genießen den Schutz des Staates.

Artikel 47

[Besteuerung nach Leistungsfähigkeit]

(1) Das Vermögen und das Einkommen werden progressiv nach sozialen Gesichtspunkten unter besonderer Berücksichtigung der familiären Lasten besteuert.

(2) Bei der Besteuerung ist auf erarbeitetes Vermögen und Einkommen besondere Rücksicht zu nehmen.

IV. Staat, Kirchen, Religions- und Weltanschauungsgemeinschaften

Artikel 48

[Freie Religionsausübung, Glaubensgemeinschaften, Verbot der Staatskirche]

(1) Ungestörte und öffentliche Religionsübung und die Freiheit der Vereinigung zu Religions- und Weltanschauungsgemeinschaften werden gewährleistet.

(2) Niemand darf gezwungen oder gehindert werden, an einer kirchlichen Handlung oder Feierlichkeit oder religiösen Übung teilzunehmen oder eine religiöse Eidesformel zu benutzen.

(3) Es besteht keine Staatskirche.

Artikel 49

[Autonomie der Kirchen und Weltanschauungsgemeinschaften]

Jede Kirche, Religions- und Weltanschauungsgemeinschaft ordnet und verwaltet ihre Angelegenheiten selbständig innerhalb der Schranken des für jedermann geltenden Gesetzes. Sie verleiht ihre Ämter ohne Mitwirkung des Staates oder der bürgerlichen Gemeinde.

Artikel 50

[Neutralitätsgebot, Verbot der gegenseitigen Einmischung]

(1) Es ist Aufgabe von Gesetz oder Vereinbarung, die staatlichen und kirchlichen Bereiche klar gegeneinander abzugrenzen.

(2) Die Kirchen, Religions- und Weltanschauungsgemeinschaften haben sich, wie der Staat, jeder Einmischung in die Angelegenheiten des anderen Teiles zu enthalten.

Artikel 51

[Statusgarantie für Kirchen und Weltanschauungsgemeinschaften, Besteuerungsrecht]

(1) Kirchen, Religions- und Weltanschauungsgemeinschaften bleiben Körperschaften des öffentlichen Rechts, soweit sie solche bisher waren. Anderen Religions- und Weltanschauungsgemeinschaften kann auf Antrag die gleiche Rechtsstellung verliehen werden, wenn sie durch ihre Verfassung und die Zahl der Mitglieder die Gewähr der Dauer bieten.

(2) Der Zusammenschluß von Kirchen, Religions- und Weltanschauungsgemeinschaften unterliegt keinen Beschränkungen. Der aus mehreren öffentlich-rechtlichen Gemeinschaften gebildete Verband ist auch eine Körperschaft des öffentlichen Rechts.

(3) Kirchen, Religions- und Weltanschauungsgemeinschaften, die Körperschaften des öffentlichen Rechts sind, können nach näherer gesetzlicher Regelung auf Grund der bürgerlichen Steuerlisten Steuern erheben.

Artikel 52

[Kirchenlasten, Ablösung]

Die auf Gesetz, Vertrag oder besonderen Rechtstiteln beruhenden Staatsleistungen an die Kirchen, Religions- und Weltanschauungsgemeinschaften werden im Wege der Gesetzgebung abgelöst.

Artikel 53

[Sonn- und Feiertagsgewährleistung]

Der Sonntag und die staatlich anerkannten Feiertage bleiben als Tage der Arbeitsruhe und der seelischen Erhebung gesetzlich geschützt.

Artikel 54

[Religionsausübung in staatlichen Einrichtungen]

Soweit das Bedürfnis nach Gottesdienst und Seelsorge in Krankenhäusern, Strafanstalten und sonstigen öffentlichen Anstalten besteht, sind die Kirchen, Religions- und Weltanschauungsgemeinschaften zu religiösen Handlungen zugelassen. Dabei hat jeder Zwang zu unterbleiben.

V. Erziehung, Bildung und Denkmalschutz[1]

Artikel 55

[Erziehung als Elternrecht]

Die Erziehung der Jugend zu Gemeinsinn und zu leiblicher, geistiger und seelischer Tüchtigkeit ist Recht und Pflicht der Eltern. Dieses Recht kann nur durch Richterspruch nach Maßgabe der Gesetze entzogen werden.

Artikel 56

[Grundsätze der Bildung und Erziehung, Gemeinschaftsschule, Mitbestimmung der Eltern, Toleranzgebot]

(1) Es besteht allgemeine Schulpflicht. Das Schulwesen ist Sache des Staates. Die Schulaufsicht wird hauptamtlich durch Fachkräfte ausgeübt.

(2) An allen hessischen Schulen werden die Kinder aller religiösen Bekenntnisse und Weltanschauungen in der Regel gemeinsam erzogen (Gemeinschaftsschule).

(3) Grundsatz eines jeden Unterrichts muss die Duldsamkeit sein. Der Lehrer hat in jedem Fach auf die religiösen und weltanschaulichen Empfindungen aller Schüler Rücksicht zu nehmen und die religiösen und weltanschaulichen Auffassungen sachlich darzulegen.

(4) Ziel der Erziehung ist, den jungen Menschen zur sittlichen Persönlichkeit zu bilden, seine berufliche Tüchtigkeit und die politische Verantwortung vorzubereiten zum selbständigen und verantwortlichen Dienst am Volk und der Menschheit durch Ehrfurcht und Nächstenliebe, Achtung und Duldsamkeit, Rechtlichkeit und Wahrhaftigkeit.

(5) Der Geschichtsunterricht muss auf getreue, unverfälschte Darstellung der Vergangenheit gerichtet sein. Dabei sind in den Vordergrund zu stellen die großen Wohltäter der Menschheit, die Entwicklung von Staat, Wirtschaft, Zivilisation und Kultur, nicht aber Feldherren, Kriege und Schlachten. Nicht zu dulden sind Auffassungen, welche die Grundlagen des demokratischen Staates gefährden.

(6) Die Erziehungsberechtigten haben das Recht, die Gestaltung des Unterrichtswesens mitzubestimmen, soweit die Grundsätze der Absätze 2 bis 5 nicht verletzt werden.

[1] Die Überschrift des Abschnitts wurde geändert durch das Gesetz zur Ergänzung der Verfassung des Landes Hessen (Artikel 26g Staatsziel zum Schutz und zur Förderung des Sports) vom 11. 12. 2018 (GVBl. S. 743) aufgrund der Volksabstimmung vom 28. 10. 2018.

(7) Das Nähere regelt das Gesetz. Es muss Vorkehrungen dagegen treffen, dass in der Schule die religiösen und weltanschaulichen Grundsätze verletzt werden, nach denen die Erziehungsberechtigten ihre Kinder erzogen haben wollen.

Artikel 57

[Religionsunterricht als ordentliches Lehrfach]

(1) Der Religionsunterricht ist ordentliches Lehrfach. Der Lehrer ist im Religionsunterricht unbeschadet des staatlichen Aufsichtsrechts an die Lehren und die Ordnungen seiner Kirche oder Religionsgemeinschaft gebunden.

(2) Diese Bestimmungen sind sinngemäß auf die Weltanschauungsgemeinschaften anzuwenden.

Artikel 58

[Teilnahme am Religionsunterricht]

Über die Teilnahme des Kindes am Religionsunterricht bestimmt der Erziehungsberechtigte. Kein Lehrer kann verpflichtet oder gehindert werden, Religionsunterricht zu erteilen.

Artikel 59

[Unterrichtsgeldfreiheit]

(1) In allen öffentlichen Grund-, Mittel-, höheren und Hochschulen ist der Unterricht unentgeltlich. Unentgeltlich sind auch die Lernmittel mit Ausnahme der an den Hochschulen gebrauchten. Das Gesetz muss vorsehen, dass für begabte Kinder sozial Schwächergestellter Erziehungsbeihilfen zu leisten sind. Es kann anordnen, dass ein angemessenes Schulgeld zu zahlen ist, wenn die wirtschaftliche Lage des Schülers, seiner Eltern oder der sonst Unterhaltspflichtigen es gestattet.

(2) Der Zugang zu den Mittel-, höheren und Hochschulen ist nur von der Eignung des Schülers abhängig zu machen.

Artikel 60

[Universitäts- und Hochschulautonomie, theologische Fakultäten]

(1) Die Universitäten und staatlichen Hochschulen genießen den Schutz des Staates und stehen unter seiner Aufsicht. Sie haben das Recht der Selbstverwaltung, an der die Studenten zu beteiligen sind.

(2) Die theologischen Fakultäten an den Universitäten bleiben bestehen. Vor der Berufung ihrer Dozenten sind die Kirchen zu hören.

(3) Die kirchlichen theologischen Bildungsanstalten werden anerkannt.

Artikel 61

[Genehmigungsvorbehalt für Privatschulen]

Private Mittel-, höhere und Hochschulen und Schulen besonderer pädagogischer Prägung bedürfen der Genehmigung des Staates. Die Genehmigung ist zu versagen, wenn die Privatschulen in ihren Lehrzielen und Einrichtungen sowie in der wissenschaftlichen Ausbildung ihrer Lehrkräfte hinter den öffentlichen Schulen zurückstehen, wenn sie eine Sonderung nach den Besitzverhältnissen der Eltern fördern oder wenn die wirtschaftliche und rechtliche Stellung der Lehrkräfte nicht genügend gesichert ist. Das Nähere bestimmt das Gesetz.

Artikel 62

[Denkmal- und Landschaftsschutz]

Die Denkmäler der Kunst, der Geschichte und Kultur sowie die Landschaft genießen den Schutz und die Pflege des Staates und der Gemeinden. Sie wachen im Rahmen besonderer Gesetze über die künstlerische Gestaltung beim Wiederaufbau der deutschen Städte, Dörfer und Siedlungen.

VI. Gemeinsame Bestimmung für alle Grundrechte

Artikel 63

[Wesensgehaltsgarantie, Vorbehalt des Gesetzes]

(1) Soweit diese Verfassung die Beschränkung eines der vorstehenden Grundrechte durch Gesetz zuläßt oder die nähere Ausgestaltung einem Gesetz vorbehält, muss das Grundrecht als solches unangetastet bleiben.

(2) Gesetz im Sinne solcher grundrechtlichen Vorschriften ist nur eine vom Volk oder von der Volksvertretung beschlossene allgemeinverbindliche Anordnung, die ausdrücklich Bestimmungen über die Beschränkung oder Ausgestaltung des Grundrechts enthält. Verordnungen, Hinweise im Gesetzestext auf ältere Regelungen sowie durch Auslegung allgemeiner gesetzlicher Ermächtigungen gewonnene Bestimmungen genügen diesen Erfordernissen nicht.

Zweiter Hauptteil

Aufbau des Landes

I. Das Land Hessen

Artikel 64[1]

[Gliedstaat der Bundesrepublik Deutschland und Bekenntnis zur Europäischen Union]

Hessen ist ein Gliedstaat der Bundesrepublik Deutschland und als solcher Teil der Europäischen Union. Hessen bekennt sich zu einem geeinten Europa, das demokratischen, rechtsstaatlichen, sozialen und föderativen Grundsätzen sowie dem Grundsatz der Subsidiarität verpflichtet ist, die Eigenständigkeit der Regionen wahrt und deren Mitwirkung an europäischen Entscheidungen sichert.

Artikel 65

[Demokratie, parlamentarische Republik]

Hessen ist eine demokratische und parlamentarische Republik.

Artikel 66

[Landesfarben]

Die Landesfarben sind rot-weiß.

II. Völkerrechtliche Bindungen

Artikel 67

[Vorrang völkerrechtlicher Pflichten, Völkerrecht als Bestandteil des Landesrechts]

Die Regeln des Völkerrechts sind bindende Bestandteile des Landesrechts, ohne dass es ihrer ausdrücklichen Umformung in Landesrecht bedarf. Kein Gesetz ist gültig, das mit solchen Regeln oder mit einem Staatsvertrag in Widerspruch steht.

Artikel 68

[Indemnität für Rügen von Völkerrechtsverletzungen]

Niemand darf zur Rechenschaft gezogen werden, wenn er auf Tatsachen hinweist, die sich als eine Verletzung völkerrechtlicher Pflichten darstellen.

---

[1] Art. 64 wurde neu gefasst durch das Gesetz zur Änderung und Ergänzung des Artikel 64 der Verfassung des Landes Hessen (Bekenntnis zur Europäischen Integration) vom 12. 12. 2018 (GVBl. S. 739) aufgrund der Volksabstimmung vom 28. 10. 2018.

Artikel 69

[Friedensgebot, Völkerverständigung, Verbot jeglicher Kriegsvorbereitung]

(1) Hessen bekennt sich zu Frieden, Freiheit und Völkerverständigung. Der Krieg ist geächtet.

(2) Jede Handlung, die mit der Absicht vorgenommen wird, einen Krieg vorzubereiten, ist verfassungswidrig.

III. Die Staatsgewalt

Artikel 70

[Volkssouveränität]

Die Staatsgewalt liegt unveräußerlich beim Volke.

Artikel 71

[Volkswahl, Volksabstimmung, Volksbegehren, Volksentscheid]

Das Volk handelt nach den Bestimmungen dieser Verfassung unmittelbar durch Volksabstimmung (Volkswahl, Volksbegehren und Volksentscheid), mittelbar durch die Beschlüsse der verfassungsmäßig bestellten Organe.

Artikel 72

[Abstimmungsfreiheit und Abstimmungsgeheimnis]

Abstimmungsfreiheit und Abstimmungsgeheimnis werden gewährleistet.

Artikel 73 [1]

[Stimmrecht, allgemeine, gleiche, geheime und unmittelbare Wahl]

(1) Stimmberechtigt sind alle über achtzehn Jahre alten Deutschen im Sinne des

Artikel 116 Abs. 1 des Grundgesetzes, die in Hessen ihren Wohnsitz haben und nicht vom Stimmrecht ausgeschlossen sind.

(2) Das Stimmrecht ist allgemein, gleich, geheim und unmittelbar. Der Tag der Stimmabgabe muss ein Sonntag oder ein allgemeiner Feiertag sein.

(3) Das Nähere bleibt gesetzlicher Regelung vorbehalten.

Artikel 74

[Ausschluss vom Stimmrecht]

Vom Stimmrecht ist ausgeschlossen:

1. wer entmündigt ist oder unter vorläufiger Vormundschaft oder wegen geistiger Gebrechen unter Pflegschaft steht;
2. wer nicht im Vollbesitz der staatsbürgerlichen Rechte ist.

---

[1] Artikel 73 Abs. 1 wurde geändert durch Gesetz vom 23. 3. 1970 (GVBl. I S. 281) aufgrund der Volksabstimmung vom 8. 3. 1970

IV. Der Landtag

Artikel 75 [1]

[Wählbarkeit, Wahlrechtsgrundsätze]

(1) Der Landtag besteht aus den vom Volke gewählten Abgeordneten.

(2) Wählbar sind die Stimmberechtigten, die das achtzehnte Lebensjahr vollendet haben.

(3) Das Nähere bestimmt das Wahlgesetz. Verlangt es neben anderen Erfordernissen, dass eine Wählergruppe eine Mindestzahl von Stimmen aufweist, um im Landtag vertreten zu sein, so darf die Mindestzahl nicht höher sein als fünf vom Hundert der abgegebenen gültigen Stimmen.

Artikel 76

[Sicherung der Wählbarkeit, Immunität]

(1) Jedermann ist die Möglichkeit zu sichern, in den Landtag gewählt zu werden und sein Mandat ungehindert und ohne Nachteil auszuüben.

(2) Das Nähere regelt das Gesetz.

Artikel 77

[Repräsentationsprinzip]

Die Abgeordneten sind Vertreter des ganzen Volkes.

Artikel 78 [2]

[Wahlprüfung, Wahlprüfungsgericht].

(1) Die Gültigkeit der Wahlen prüft ein beim Landtage gebildetes Wahlprüfungsgericht. Es entscheidet auch über die Frage, ob ein Abgeordneter seinen Sitz verloren hat.

(2) Im Falle der Erheblichkeit für den Ausgang der Wahl machen eine Wahl ungültig: Unregelmäßigkeiten im Wahlverfahren und strafbare oder gegen die guten Sitten verstoßenden Handlungen, die das Wahlergebnis beeinflussen.

(3) Das Wahlprüfungsgericht besteht aus den beiden höchsten Richtern des Landes und drei vom Landtag für seine Wahlperiode gewählten Abgeordneten.

(4) Das Nähere wird durch Gesetz geregelt.

---

[1] Artikel 75 Abs. 1 und 3 wurde geändert durch das Gesetz vom 22. 7. 1950 (GVBl. S. 131) aufgrund der Volksabstimmung vom 9. 7. 1950, Abs. 2 wurde geändert durch das Gesetz vom 23. 3. 1970 (GVBl. 1. S. 281) aufgrund der Volksabstimmung vom 23. 3. 1970. Abs. 2 wurde erneut geändert durch das Gesetz zur Änderung des Artikel 75 der Verfassung des Landes Hessen (Herabsetzung des Wählbarkeitsalters) vom 11. 12. 2018 (GVBl. S. 744) aufgrund der Volksabstimmung vom 28. 10. 2018.

[2] Das Wahlprüfungsgericht nach Art. 78 Abs. 1 HV erfüllt wegen seiner Zusammensetzung und seines Verfahrens nicht die verfassungsrechtlichen Anforderungen an ein Gericht im Sinne der Art. 92 und 97 GG, vgl. BVerfG, Urt. vom 8. 2. 2001, und Hessischer StGH, Beschluss vom 9. 8. 2000.

Artikel 79 [1]

[Wahlperiode des Landtages]

Der Landtag wird auf fünf Jahre gewählt (Wahlperiode). Die Neuwahl muss vor Ablauf der Wahlperiode stattfinden.

Artikel 80

[Selbstauflösungsrecht des Landtages]

Der Landtag kann sich durch einen Beschluß, für den mehr als die Hälfte der gesetzlichen Zahl seiner Mitglieder gestimmt hat, selbst auflösen.

Artikel 81

[Frist für Neuwahl des Landtages]

Nach Auflösung des Landtags muss die Neuwahl binnen sechzig Tagen stattfinden.

Artikel 82

[Beginn der Wahlperiode des Landtages]

Die Wahlperiode des neuen Landtags beginnt, falls der alte Landtag aufgelöst worden ist, mit dem Tage der Neuwahl, im übrigen mit dem Ablaufe der Wahlperiode des alten Landtags.

Artikel 83

[Ort und Zeit des Zusammentretens des Landtages]

(1) Der Landtag versammelt sich in der Regel am Sitze der Landesregierung.

(2) Der Landtag tritt kraft eigenen Rechts am 18. Tage nach der Wahl zusammen. Falls an diesem Tage die Wahlperiode des alten Landtags noch nicht abgelaufen ist, versammelt sich der neue Landtag am Tage nach dem Ablauf dieser Wahlperiode.

(3) Fällt einer der vorgenannten Tage auf einen Sonn- oder Feiertag, so tritt der Landtag erst am darauffolgenden zweiten Werktag zusammen.

(4) Der Landtag bestimmt über Vertagungen, den Schluß der Tagung (Sitzungsperiode) und den Tag des Wiederzusammentritts.

(5) Der Präsident des Landtags kann den Landtag jederzeit einberufen. Er muss es tun, wenn die Landesregierung oder mindestens ein Fünftel der gesetzlichen Zahl der Mitglieder des Landtags es verlangt.

Artikel 84

[Präsidium des Landtages]

Der Landtag wählt den Präsidenten, seine Stellvertreter und die übrigen Mitglieder des Vorstandes.

---

[1] Art. 79 Satz 1 wurde geändert durch Gesetz vom 18. 10. 2002 (GVBl. I. S. 627) aufgrund der Volksabstimmung vom 22.9.2002.

Artikel 85

[Geschäftsführungsbefugnis des Präsidiums]

Zwischen zwei Tagungen sowie bis zum Zusammentritt eines neu gewählten Landtags führen der Präsident und die stellvertretenden Präsidenten der letzten Tagung ihre Geschäfte fort. Sie genießen die in den Artikel 95 bis 98 festgelegten Rechte.

Artikel 86

[Leitungs- und Vertretungsbefugnisse des Präsidenten, Hausrecht]

Der Präsident verwaltet die gesamten wirtschaftlichen Angelegenheiten des Landtags nach Maßgabe des Staatshaushaltsgesetzes. Ihm steht die Dienstaufsicht über sämtliche Beamten, Angestellten und Arbeiter des Landtags, sowie im Benehmen mit dem Vorstand des Landtages die Ernennung und Entlassung der Beamten des Landtags zu. Er vertritt das Land Hessen in allen Rechtsgeschäften und Rechtsstreitigkeiten seiner Verwaltung. Er übt das Hausrecht und die Polizeigewalt im Landtagsgebäude aus.

Artikel 87

[Beschlussfähigkeit des Landtages]

(1) Der Landtag kann nur dann beraten und beschließen, wenn mehr als die Hälfte der gesetzlichen Zahl seiner Mitglieder anwesend ist.

(2) Für die vom Landtag vorzunehmenden Wahlen kann die Geschäftsordnung abweichende Bestimmungen treffen.

Artikel 88

[Abstimmungsgrundsätze]

Der Landtag fasst seine Beschlüsse mit der Mehrheit der auf „Ja“ oder „Nein“ lautenden Stimmen. Stimmengleichheit bedeutet Ablehnung des gestellten Antrags.

Artikel 89

[Öffentlichkeit der Landtagssitzungen]

Die Vollsitzungen des Landtags sind öffentlich. Auf Antrag der Landesregierung oder von zehn Abgeordneten kann der Landtag mit Zweidrittelmehrheit der Anwesenden die Öffentlichkeit für einzelne Gegenstände der Tagesordnung ausschließen. Über den Antrag wird in geheimer Sitzung verhandelt.

Artikel 90

[Berichte aus dem Landtag]

Wahrheitsgetreue Berichte über die Verhandlungen in den öffentlichen Sitzungen des hessischen oder eines anderen deutschen Landtags und seiner Ausschüsse bleiben von jeder Verantwortlichkeit frei.

Artikel 91

[Anwesenheit und Rederecht des Ministerpräsidenten und der Minister, Zitierungsrecht]

Der Landtag und jeder seiner Ausschüsse können die Anwesenheit des Ministerpräsidenten und jedes Ministers verlangen. Der Ministerpräsident, die Minister und die von ihnen bestellten Beauftragten haben zu den Sitzungen des Landtags und seiner Ausschüsse Zutritt. Sie können jederzeit – auch außerhalb der Tagesordnung – das Wort ergreifen. Sie unterstehen der Ordnungsgewalt des Vorsitzenden.

Artikel 92

[Untersuchungsausschüsse, Verfahren der Untersuchungsausschüsse, Amtshilfe]

(1) Der Landtag hat das Recht und auf Antrag von einem Fünftel der gesetzlichen Zahl seiner Mitglieder die Pflicht, Untersuchungsausschüsse einzusetzen. Diese Ausschüsse erheben in öffentlicher Verhandlung die Beweise, die sie oder die Antragsteller für erforderlich erachten. Sie können mit Zweidrittelmehrheit die Öffentlichkeit ausschließen. Die Geschäftsordnung regelt ihr Verfahren und bestimmt die Zahl ihrer Mitglieder.

(2) Die Gerichte und Verwaltungsbehörden sind verpflichtet, dem Ersuchen dieser Ausschüsse um Auskünfte und Beweiserhebungen nachzukommen; die Akten der Behörden und der öffentlichen Körperschaften sind ihnen auf Verlangen vorzulegen.

(3) Für die Beweiserhebungen der Ausschüsse und der von ihnen ersuchten Behörden gelten die Vorschriften der Strafprozeßordnung sinngemäß, doch bleibt das Postgeheimnis unberührt.

Artikel 93

[Hauptausschuss des Landtages]

Der Landtag bestellt einen ständigen Ausschuß (Hauptausschuß). Dieser Ausschuß hat, während der Landtag nicht versammelt ist und zwischen dem Ende einer Wahlperiode oder der Auflösung des Landtags und dem Zusammentritt des neuen Landtags, die Rechte der Volksvertretung gegenüber der Landesregierung zu wahren. Er hat auch die Rechte eines Untersuchungsausschusses. Seine Zusammensetzung wird durch die Geschäftsordnung geregelt. Seine Mitglieder genießen die in den Artikel 95 bis 98 festgelegten Rechte.

Artikel 94

[Verweisungs- und Auskunftsrecht des Landtages]

Der Landtag kann an ihn gerichtete Eingaben der Landesregierung überweisen und von ihr Auskunft über eingegangene Anträge und Beschwerden verlangen.

Artikel 95

[Indemnität der Abgeordneten]

Kein Mitglied des hessischen oder eines anderen deutschen Landtags darf zu irgendeiner Zeit wegen seiner Abstimmung oder wegen der in Ausübung seiner Abgeordnetentätigkeit getanen Äußerungen gerichtlich oder dienstlich verfolgt oder sonst außerhalb der Versammlung zur Verantwortung gezogen werden.

Artikel 96

[Immunität der Abgeordneten]

(1) Kein Mitglied des hessischen oder eines anderen deutschen Landtags kann ohne Genehmigung des Hauses, dem der Abgeordnete angehört, während der Sitzungsperiode wegen einer mit Strafe bedrohten Handlung zur Untersuchung gezogen oder verhaftet werden, es sei denn, dass das Mitglied bei Ausübung der Tat oder spätestens im Laufe des folgenden Tages festgenommen wird.

(2) Die gleiche Genehmigung ist bei jeder anderen Beschränkung der persönlichen Freiheit erforderlich, die die Ausübung der Abgeordnetentätigkeit beeinträchtigt.

(3) Jedes Strafverfahren gegen ein Mitglied des hessischen oder eines anderen deutschen Landtags und jede Haft oder sonstige Beschränkung seiner persönlichen Freiheit wird auf Verlangen des Hauses, dem der Abgeordnete angehört, für die Dauer der Sitzungsperiode aufgehoben.

(4) Ein Abgeordneter, der wegen einer ihm als verantwortlichen Schriftleiter einer Zeitung oder Zeitschrift vorgeworfenen strafbaren Handlung verfolgt werden soll, kann sich auf die vorstehenden Bestimmungen nicht berufen.

Artikel 97

[Vertraulichkeit der Information und Zeugnisverweigerungsrecht der Abgeordneten]

(1) Die Mitglieder des hessischen oder eines anderen deutschen Landtags sind berechtigt, über Personen, die ihnen in ihrer Eigenschaft als Abgeordneten Tatsachen anvertrauen oder denen sie in Ausübung ihrer Abgeordnetentätigkeit solche anvertraut haben, sowie über diese Tatsachen selbst das Zeugnis zu verweigern. Auch in Beziehung auf Beschlagnahme von Schriftstücken stehen sie den Personen gleich, die ein gesetzliches Zeugnisverweigerungsrecht haben.

(2) Eine Durchsuchung oder Beschlagnahme darf in den Räumen des hessischen Landtags nur mit Zustimmung des Präsidenten vorgenommen werden.

Artikel 98

[Reisekostenfreiheit, Sitzungsgeld]

(1) Die Mitglieder des Landtags erhalten das Recht zur freien Fahrt auf allen in Hessen bestehenden staatlichen Verkehrseinrichtungen, ferner Erstattung der Reisekosten sowie Sitzungsgelder. Außerdem erhält der Präsident für die Dauer seines Amtes eine Aufwandsentschädigung.

(2) Ein Verzicht auf diese Rechte ist unstatthaft.

(3) Das Nähere bestimmt das Gesetz.

Artikel 99

[Geschäftsordnung des Landtages]

Der Landtag gibt sich seine Geschäftsordnung im Rahmen der Verfassung.

V. DIE LANDESREGIERUNG

Artikel 100

[Landesregierung]

Die Landesregierung (Kabinett) besteht aus dem Ministerpräsidenten und den Ministern.

Artikel 101

[Wahl des Ministerpräsidenten, Ernennung der Minister, Vertrauen des Landtags]

(1) Der Landtag wählt ohne Aussprache den Ministerpräsidenten mit mehr als der Hälfte der gesetzlichen Zahl seiner Mitglieder. Das Nähere bestimmt die Geschäftsordnung.

(2) Der Ministerpräsident ernennt die Minister. Er zeigt ihre Ernennung unverzüglich dem Landtag an.

(3) Angehörige der Häuser, die bis 1918 in Deutschland oder einem anderen Lande regiert haben oder in einem anderen Land regieren, können nicht Mitglieder der Landesregierung werden.

(4) Die Landesregierung kann die Geschäfte erst übernehmen, nachdem der Landtag ihr durch besonderen Beschluß das Vertrauen ausgesprochen hat.

Artikel 102

[Richtliniengewalt des Ministerpräsidenten, Verantwortung der Minister]

Der Ministerpräsident bestimmt die Richtlinien der Regierungspolitik und ist dafür dem Landtag verantwortlich. Innerhalb dieser Richtlinien leitet jeder Minister den ihm anvertrauten Geschäftszweig selbständig und unter eigener Verantwortung gegenüber dem Landtage.

Artikel 103

[Vertretung des Landes, Staatsverträge]

(1) Der Ministerpräsident vertritt das Land Hessen. Er kann die Vertretungsbefugnis auf den zuständigen Minister oder nachgeordnete Stellen übertragen.

(2) Staatsverträge bedürfen der Zustimmung des Landtags.

Artikel 104

[Vorsitz in der Landesregierung, Ministerzuständigkeit,
Geschäftsordnung der Landesregierung]

(1) Der Ministerpräsident führt den Vorsitz in der Landesregierung und leitet deren Geschäfte. Bei Stimmengleichheit gibt seine Stimme den Ausschlag. Weitere Einzelheiten regelt die Landesregierung durch eine Geschäftsordnung.

(2) Die Landesregierung beschließt über die Zuständigkeit der einzelnen Minister, soweit hierüber nicht gesetzliche Vorschriften getroffen sind. Die Beschlüsse sind unverzüglich dem Landtag vorzulegen und auf sein Verlangen zu ändern oder außer Kraft zu setzen.

(3) Meinungsverschiedenheiten über Fragen, die den Geschäftsbereich mehrerer Minister berühren, sind der Landesregierung zur Beratung und Beschlußfassung zu unterbreiten.

Artikel 105

[Amtsvergütung und Versorgung]

Die Mitglieder der Landesregierung haben Anspruch auf Besoldung. Über Ruhegehalt und Hinterbliebenenversorgung ergehen besondere gesetzliche Bestimmungen.

Artikel 106

[Gesetzesinitiativen der Landesregierung]

Die Landesregierung beschließt über Gesetzesvorlagen, die beim Landtag einzubringen sind.

Artikel 107

[Verordnungsrecht der Landesregierung]

Die Landesregierung erläßt die zur Ausführung eines Gesetzes erforderlichen Rechts- und Verwaltungsverordnungen, soweit das Gesetz diese Aufgabe nicht einzelnen Ministern zuweist.

Artikel 108

[Zuständigkeit für die Beamtenernennung]

Die Landesregierung ernennt die Landesbeamten, soweit gesetzlich nichts anderes bestimmt ist. Sie kann die Befugnis auf andere Stellen übertragen.

Artikel 109[1]

[Gnadenrecht des Ministerpräsidenten, Amnestiebefugnis des Landtages]

(1) Der Ministerpräsident übt namens des Volkes das Recht der Begnadigung aus. Er kann die Befugnis auf andere Stellen übertragen.

(2) Zugunsten eines wegen einer Amtshandlung verurteilten Ministers kann das Begnadigungsrecht nur auf Antrag des Landtags ausgeübt werden.

(3) Allgemeine Straferlasse und die Niederschlagung einer bestimmten Art gerichtlich anhängiger Strafsachen bedürfen der Zustimmung des Landtags. Die Niederschlagung einer einzelnen gerichtlich anhängigen Strafsache ist unzulässig.

---

[1] Bisheriger Absatz 2 Satz 2 wurde aufgehoben durch das Gesetz zur Änderung der Artikel 21 und 109 der Verfassung des Landes Hessen (Aufhebung der Regelungen zur Todesstrafe) vom 12. 12. 2018 (GVBl. S. 747) aufgrund der Volksabstimmung vom 28. 10. 2018.

Artikel 110 [1]

[Notverordnungsrecht]

Wenn die Beseitigung eines ungewöhnlichen Notstandes, der durch Naturkatastrophen oder andere äußere Einwirkungen hervorgerufen worden ist, es dringend erfordert, kann die Landesregierung, sofern der Landtag nicht versammelt ist und nicht rechtzeitig zusammentreten kann, in Übereinstimmung mit dem in Artikel 93 vorgesehenen ständigen Ausschuß Verordnungen, die der Verfassung nicht zuwiderlaufen, mit Gesetzeskraft erlassen. Diese Verordnungen sind dem Landtag bei seinem nächsten Zusammentritt zur Genehmigung vorzulegen. Wird die Genehmigung versagt, so ist die Verordnung durch Bekanntmachung im Gesetz- und Verordnungsblatt unverzüglich außer Kraft zu setzen. Artikel 122 gilt sinngemäß.

Artikel 111

[Amtseid, Eidesformel]

Beim Amtsantritt leisten der Ministerpräsident vor dem Landtag, die Minister vor dem Ministerpräsidenten in Gegenwart des Landtags folgenden Amtseid:

„Ich schwöre, dass ich das mir übertragene Amt unparteiisch nach bestem Wissen und Können verwalten sowie Verfassung und Gesetz in demokratischem Geiste befolgen und verteidigen werde."

Artikel 112

[Abberufung der Minister durch den Ministerpräsidenten]

Der Ministerpräsident kann jeden Minister mit Zustimmung des Landtags abberufen.

Artikel 113

[Rücktritt des Ministerpräsidenten und der Minister, geschäftsführende Landesregierung]

(1) Der Ministerpräsident und die Minister können jederzeit zurücktreten. Rücktritt oder Tod des Ministerpräsidenten bedeutet zugleich Rücktritt der gesamten Landesregierung.

(2) Der Ministerpräsident und die Landesregierung müssen zurücktreten, sobald ein neugewählter Landtag erstmalig zusammentritt.

(3) Tritt die Landesregierung zurück oder hat ihr der Landtag das Vertrauen entzogen, so führt sie die laufenden Geschäfte bis zu deren Übernahme durch die neue Landesregierung weiter.

Artikel 114

[Misstrauensvotum, Auflösung des Landtages]

(1) Der Landtag kann dem Ministerpräsidenten durch ausdrücklichen Beschluß sein Vertrauen entziehen oder durch Ablehnung eines Vertrauensantrages versagen.

---

[1] Vgl. die Berichtigung GVBl. 1947 S. 106 und 1948 S. 68.

(2) Der Antrag, dem Ministerpräsidenten das Vertrauen auszusprechen oder zu versagen, kann nur von mindestens einem Sechstel der gesetzlichen Zahl der Abgeordneten gestellt werden. Über den Antrag auf Herbeiführung eines Beschlusses zur Vertrauensfrage darf frühestens am zweiten Tage nach Schluß der Aussprache und muss spätestens am zehnten Tage, nachdem er eingebracht ist, abgestimmt werden.

(3) Über die Vertrauensfrage muss namentlich abgestimmt werden. Ein für den Ministerpräsidenten ungünstiger Beschluß des Landtages bedarf der Zustimmung von mehr als der Hälfte der gesetzlichen Zahl seiner Mitglieder.

(4) Kommt ein solcher Beschluß zustande, so muss der Ministerpräsident zurücktreten.

(5) Spricht der Landtag nicht binnen zwölf Tagen einer neuen Regierung das Vertrauen aus, so ist er aufgelöst.

Artikel 115

[Ministeranklage durch den Landtag]

(1) Der Landtag kann jedes Mitglied der Landesregierung vor dem Staatsgerichtshof anklagen, dass es schuldhaft die Verfassung oder die Gesetze verletzt habe. Der Antrag auf Erhebung der Anklage muss von mindestens 15 Mitgliedern des Landtags unterzeichnet sein und bedarf der Zustimmung von zwei Dritteln der gesetzlichen Zahl seiner Mitglieder.

(2) Das Anklagerecht des Landtags wird durch die Amtsniederlegung oder die Abberufung des Beschuldigten vom Dienste, mag sie vor oder nach erhobener Anklage erfolgen, nicht aufgehoben.

(3) Näheres bestimmt das Gesetz.

VI. Die Gesetzgebung

Artikel 116

[Formen der Gesetzgebung]

(1) Die Gesetzgebung wird ausgeübt

a) durch das Volk im Wege des Volksentscheids,

b) durch den Landtag.

(2) Außer in den Fällen des Volksentscheids beschließt der Landtag die Gesetze nach Maßgabe dieser Verfassung. Er überwacht ihre Ausführung.

Artikel 117

[Arten der Gesetzesinitiativrechte]

Die Gesetzentwürfe werden von der Landesregierung, aus der Mitte des Landtags oder durch Volksbegehren eingebracht.

Artikel 118

[Gesetzliche Ermächtigung zu Rechtsverordnungen, kein gesetzesvertretendes Verordnungsrecht]

Durch Gesetz kann der Landesregierung die Befugnis zum Erlaß von Verordnungen über bestimmte einzelne Gegenstände, aber nicht die Gesetzgebungsgewalt im ganzen oder für Teilgebiete übertragen werden.

Artikel 119

[Einspruchsrecht der Landesregierung gegen Gesetzesbeschlüsse, erneute Beschlussfassung des Landtages]

(1) Gegen ein vom Landtag beschlossenes Gesetz steht der Landesregierung der Einspruch zu.

(2) Der Einspruch muss innerhalb fünf Tagen, seine Begründung innerhalb zwei Wochen nach der Schlußabstimmung dem Landtag zugehen. Er kann bis zum Beginn der erneuten Beratung im Landtag zurückgezogen werden.

(3) Kommt keine Übereinstimmung zwischen Landtag und Landesregierung zustande, so gilt das Gesetz nur dann als angenommen, wenn der Landtag mit mehr als der Hälfte der gesetzlichen Zahl seiner Mitglieder entgegen dem Einspruch beschließt.

Artikel 120[1]

[Ausfertigung und Verkündung von Gesetzen, elektronische Formen]

Der Ministerpräsident hat mit den zuständigen Ministern die verfassungsmäßig zustande gekommenen Gesetze auszufertigen und binnen zwei Wochen im Gesetz- und Verordnungsblatt zu verkünden. Das Gesetz-und Verordnungsblatt kann nach Maßgabe eines Gesetzes in elektronischer Form geführt werden.

Artikel 121[2]

[Inkrafttreten von Gesetzen]

Gesetze treten, soweit sie nichts anderes bestimmen, mit dem vierzehnten Tage nach Ablauf des Tages in Kraft, an dem sie verkündet worden sind.

Artikel 122

[Gesetz- und Verordnungsblatt, sonstige Verkündungsorgane]

Kann das Gesetz- und Verordnungsblatt nicht rechtzeitig erscheinen, so genügt jede andere Art der Bekanntgabe des Gesetzes. In diesem Falle ist die Verkündung im Gesetz- und Verordnungsblatt alsbald nachzuholen.

---

[1] Artikel 120 Satz 2 wurde angefügt durch das Gesetz zur Ergänzung des Artikels 120 und zur Änderung des Artikels 121 der Verfassung des Landes Hessen (Elektronische Verkündung von Gesetzen) vom 12. 12. 2018 (GVBl. S. 748) aufgrund der Volksabstimmung vom 28. 10. 2018.

[2] Artikel 121 wurde geändert durch das Gesetz zur Ergänzung des Artikels 120 und zur Änderung des Artikels 121 der Verfassung des Landes Hessen (Elektronische Verkündung von Gesetzen) vom 12. 12. 2018 (GVBl. S. 748) aufgrund der Volksabstimmung vom 28. 10. 2018.

Artikel 123

[Verfahren bei Verfassungsänderungen]

(1) Bestimmungen der Verfassung können im Wege der Gesetzgebung geändert werden, jedoch nur in der Form, dass eine Änderung des Verfassungstextes oder ein Zusatzartikel zur Verfassung beschlossen wird.

(2) Eine Verfassungsänderung kommt dadurch zustande, dass der Landtag sie mit mehr als der Hälfte der gesetzlichen Zahl seiner Mitglieder beschließt und das Volk mit der Mehrheit der Abstimmenden zustimmt.

Artikel 124[1]

[Volksentscheid, Volksbegehren, Abstimmungsverfahren, Quoren]

(1) Ein Volksentscheid ist herbeizuführen, wenn ein Zwanzigstel der Stimmberechtigten das Begehren nach Vorlegung eines Gesetzentwurfs stellt. Dem Volksbegehren muss ein ausgearbeiteter Gesetzentwurf zugrunde liegen. Der Haushaltsplan, Abgabengesetze oder Besoldungsordnungen können nicht Gegenstand eines Volksbegehrens sein.

(2) Das dem Volksbegehren zugrunde liegende Gesetz ist von der Regierung unter Darlegung ihres Standpunktes dem Landtag zu unterbreiten. Der Volksentscheid unterbleibt, wenn der Landtag den begehrten Gesetzentwurf unverändert übernimmt.

(3) Die Volksabstimmung kann nur bejahend oder verneinend sein. Das Gesetz ist durch Volksentscheid beschlossen, wenn die Mehrheit der Abstimmenden, mindestens jedoch ein Viertel der Stimmberechtigten dem Gesetzentwurf zugestimmt hat.

(4) Das Verfahren beim Volksbegehren und Volksentscheid regelt das Gesetz.

Artikel 125

[Verfassungsrechtlicher Notstand, Beschränkung von Grundrechten]

(1) Nur der Landtag kann feststellen, dass der verfassungsmäßige Zustand des Landes gefährdet ist. Dieser Beschluß bedarf der Zustimmung von mindestens zwei Dritteln der gesetzlichen Zahl seiner Mitglieder und ist von dem Präsidenten des Landtages zu veröffentlichen. Der Beschluß kann die Freizügigkeit, das Postgeheimnis, das Versammlungsrecht und das Recht der Pressefreiheit außer Kraft setzen oder einschränken.

(2) Der Beschluß wird nach drei Monaten unwirksam, wenn in ihm nicht eine kürzere Frist bestimmt ist. Er kann unter den gleichen Bedingungen wiederholt werden.

---

[1] Artikel 124 Absatz 1 Satz 1 und Absatz 3 Satz 2 wurde geändert durch das Gesetz zur Änderung des Artikels 124 der Verfassung des Landes Hessen (Stärkung der Volksgesetzgebung) vom 11. 12. 2018 (GVBl. S. 745) aufgrund der Volksabstimmung vom 28. 10. 2018.

VII. Die Rechtspflege

Artikel 126

[Gesetzlicher Richter, Unabhängigkeit der Gerichte]

(1) Die rechtsprechende Gewalt wird ausschließlich durch die nach den Gesetzen bestellten Gerichte ausgeübt.

(2) Die Richter sind unabhängig und nur dem Gesetz unterworfen.

Artikel 127

[Berufsrichter, Richterwahl, Richterwahlausschuss]

(1) Die planmäßigen hauptamtlichen Richter werden auf Lebenszeit berufen.

(2) Auf Lebenszeit berufen werden Richter erst dann, wenn sie nach vorläufiger Anstellung in einer vom Gesetz zu bestimmenden Bewährungszeit nach ihrer Persönlichkeit und ihrer richterlichen Tätigkeit die Gewähr dafür bieten, dass sie ihr Amt im Geiste der Demokratie und des sozialen Verständnisses ausüben werden.

(3) Über die vorläufige Anstellung und die Berufung auf Lebenszeit entscheidet der Justizminister gemeinsam mit einem Richterwahlausschuß.

(4) Erfüllt ein Richter nach seiner Berufung auf Lebenszeit diese Erwartungen nicht, so kann ihn der Staatsgerichtshof auf Antrag des Landtages seines Amtes für verlustig erklären und zugleich bestimmen, ob er in ein anderes Amt oder in den Ruhestand zu versetzen oder zu entlassen ist. Der Antrag kann auch vom Justizminister im Einvernehmen mit dem Richterwahlausschuß gestellt werden. Während des Verfahrens ruht die Amtstätigkeit des Richters.

(5) Die Bestimmungen der Absätze 1 bis 4 gelten nicht für Laienrichter.

(6) Das Nähere regelt ein Gesetz, das auch auf die bereits ernannten Richter Anwendung findet.

Artikel 128

[Amtsenthebung]

(1) Außer nach vorstehender Bestimmung können die auf Lebenszeit berufenen Richter wider ihren Willen nur kraft richterlicher Entscheidung und nur aus den Gründen und unter den Formen, welche die Gesetze bestimmen, dauernd oder zeitweise ihres Amtes enthoben oder an eine andere Stelle oder in den Ruhestand versetzt werden. Die Gesetzgebung kann Altersgrenzen festsetzen, bei deren Erreichung Richter in den Ruhestand treten.

(2) Die vorläufige Amtsenthebung, die kraft Gesetzes eintritt, wird hierdurch nicht berührt.

(3) Bei einer Veränderung in der Einrichtung der Gerichte oder ihrer Bezirke kann die Landesregierung unfreiwillige Versetzungen an ein anderes Gericht oder Entfernung vom Amt, jedoch nur unter Belassung des vollen Gehalts, verfügen.

Artikel 129

[Prozeßkostenhilfe]

Niemand darf wegen Unzulänglichkeit seiner Mittel an der Verfolgung seiner Rechtsansprüche gehindert werden. Das Nähere bleibt gesetzlicher Regelung vorbehalten.

VIII. Der Staatsgerichtshof

Artikel 130

[Zusammensetzung des Staatsgerichtshofes, Richterwahl, Amtsperiode der Richter]

(1) Der Staatsgerichtshof besteht aus 11 Mitgliedern, und zwar fünf Richtern und sechs vom Landtag nach den Grundsätzen der Verhältniswahl gewählten Mitgliedern, die nicht dem Landtag angehören dürfen. Bei ihm wird ein öffentlicher Kläger bestellt.

(2) Die Richter werden vom Landtag auf Zeit gewählt, die übrigen Mitglieder zu Beginn jeder neuen Wahlperiode bis zur Wahl durch den neuen Landtag.

(3) Wiederwahl ist zulässig.

(4) Das Nähere über die Bildung des Staatsgerichtshofs, das Verfahren vor ihm, sowie über die Vollstreckung seiner Entscheidungen bestimmt das Gesetz.

Artikel 131

[Entscheidungszuständigkeiten, Antragsberechtigte]

(1) Der Staatsgerichtshof entscheidet über die Verfassungsmäßigkeit der Gesetze, die Verletzung der Grundrechte, bei Anfechtung des Ergebnisses einer Volksabstimmung, über Verfassungsstreitigkeiten sowie in den in der Verfassung und den Gesetzen vorgesehenen Fällen.

(2) Den Antrag kann stellen: eine Gruppe von Stimmberechtigten, die mindestens ein Hundertstel aller Stimmberechtigten des Volkes umfasst, der Landtag, ein Zehntel der gesetzlichen Zahl seiner Mitglieder, die Landesregierung sowie der Ministerpräsident.

(3) Das Gesetz bestimmt, in welchen Fällen und unter welchen Voraussetzungen jedermann das Recht hat, den Staatsgerichtshof anzurufen.

Artikel 132

[Alleinentscheidungsbefugnis bei Gesetzen und Rechtsverordnungen]

Nur der Staatsgerichtshof trifft die Entscheidung darüber, ob ein Gesetz oder eine Rechtsverordnung mit der Verfassung in Widerspruch steht.

Artikel 133

[Richterliches Vorlageverfahren]

(1) Hält ein Gericht ein Gesetz oder eine Rechtsverordnung, auf deren Gültigkeit es bei einer Entscheidung ankommt, für verfassungswidrig, so teilt es seine Bedenken auf dem Dienstwege dem Präsidenten des höchsten ihm übergeordneten Gerichts mit. Dieser führt eine Entscheidung des Staatsgerichtshofes herbei. Die Entscheidung des Staatsgerichtshofes ist endgültig und hat Gesetzeskraft.

(2) Das Nähere bleibt gesetzlicher Regelung vorbehalten.

IX. Die Staats- und die Selbstverwaltung

Artikel 134

[Zugang zu den öffentlichen Ämtern]

Jeder, ohne Unterschied der Herkunft, der Rasse, des religiösen Bekenntnisses und des Geschlechts, hat Zugang zu den öffentlichen Ämtern, wenn er die nötige Eignung und Befähigung besitzt.

Artikel 135

[Einheitliches öffentliches Dienstrecht]

Die Rechtsverhältnisse aller Arbeitnehmer der öffentlichen Verwaltungen sind im Rahmen des in Artikel 29 vorgesehenen einheitlichen Arbeitsrechts nach den Erfordernissen der Verwaltung zu gestalten.

Artikel 136

[Staatshaftung]

(1) Verletzt jemand in Ausübung der ihm anvertrauten öffentlichen Gewalt die ihm einem Dritten gegenüber obliegende Amtspflicht, so trifft die Verantwortlichkeit grundsätzlich den Staat oder die Körperschaft, in deren Dienst er steht. Der Rückgriff gegen ihn bleibt vorbehalten. Der Rechtsweg darf nicht ausgeschlossen werden.

(2) Näheres bestimmt das Gesetz.

Artikel 137 [1]

[Selbstverwaltung der Gemeinden und Landkreise, örtliche Allzuständigkeit der Gemeinden, Auftragsverwaltung, staatliche Finanzgarantie]

(1) Die Gemeinden sind in ihrem Gebiet unter eigener Verantwortung die ausschließlichen Träger der gesamten örtlichen öffentlichen Verwaltung. Sie können jede öffentliche Aufgabe übernehmen, soweit sie nicht durch ausdrückliche gesetzliche Vorschrift anderen Stellen im dringenden öffentlichen Interesse ausschließlich zugewiesen sind.

(2) Die Gemeindeverbände haben im Rahmen ihrer gesetzlichen Zuständigkeit die gleiche Stellung.

(3) Das Recht der Selbstverwaltung ihrer Angelegenheiten wird den Gemeinden und Gemeindeverbänden vom Staat gewährleistet. Die Aufsicht des Staates beschränkt sich darauf, dass ihre Verwaltung im Einklang mit den Gesetzen geführt wird.

(4) Den Gemeinden und Gemeindeverbänden oder ihren Vorständen können durch Gesetz oder Verordnung staatliche Aufgaben zur Erfüllung nach Anweisung übertragen werden.

(5) Der Staat hat den Gemeinden und Gemeindeverbänden die zur Durchführung ihrer eigenen und der übertragenen Aufgaben erforderlichen Geldmittel im Wege des Lasten- und Finanzausgleichs zu sichern. Er stellt ihnen für ihre freiwillige öffentliche Tätigkeit in eigener Verantwortung zu verwaltende Einnahmequellen zu Verfügung.

---

[1] Artikel 137 wurde geändert durch Gesetz vom 22. 7. 1950 (GVBl. S. 131) aufgrund der Volksabstimmung vom 9. 7. 1950. Abs. 6 wurde angefügt durch Gesetz vom 18. 10. 2002 (GBVl. I. S. 628) aufgrund der Volksabstimmung vom 22. 9. 2002.

(6) Werden die Gemeinden oder Gemeindeverbände durch Landesgesetz oder Landesrechtsverordnung zur Erfüllung staatlicher Aufgaben verpflichtet, so sind Regelungen über die Kostenfolgen zu treffen. Führt die Übertragung neuer oder die Veränderung bestehender eigener oder übertragener Aufgaben zu einer Mehrbelastung oder Entlastung der Gemeinden oder Gemeindeverbände in ihrer Gesamtheit, ist ein entsprechender Ausgleich zu schaffen. Das Nähere regelt ein Gesetz.

Artikel 138 [1]

[Direktwahl der Bürgermeister und Landräte]

Die Oberbürgermeister, Bürgermeister und Landräte als Leiter der Gemeinden oder Gemeindeverbände werden von den Bürgern in allgemeiner, unmittelbarer, freier, gleicher und geheimer Wahl gewählt.

X. Das Finanzwesen

Artikel 139

[Haushaltsgesetz und Haushaltsplan]

(1) Der Landtag sorgt durch Bewilligung der erforderlichen laufenden Mittel für die Deckung des Staatsbedarfs.

(2) Alle Einnahmen und Ausgaben des Staates müssen für jedes Rechnungsjahr veranschlagt und auf den Haushaltsplan gebracht werden. Dieser wird vor Beginn des Rechnungsjahres durch ein förmliches Gesetz festgestellt.

(3) Die Ausgaben werden in der Regel für ein Jahr bewilligt; sie können in besonderen Fällen auch für längere Dauer bewilligt werden. Im übrigen sind im Haushaltsgesetz Vorschriften unzulässig, die über das Rechnungsjahr hinausreichen oder sich nicht auf die Einnahmen und Ausgaben des Staates oder ihrer Verwaltung beziehen.

Artikel 140

[Nothaushaltsrecht]

Ist bis zum Schluß eines Rechnungsjahres der Haushaltsplan für das folgende Jahr nicht durch Gesetz festgestellt, so ist bis zu seinem Inkrafttreten die Landesregierung ermächtigt:

1. alle Ausgaben zu leisten, die nötig sind:

   a) um gesetzlich bestehende Einrichtungen zu erhalten und gesetzlich beschlossene Maßnahmen durchzuführen,

   b) um die rechtlich begründeten Verpflichtungen des Staates zu erfüllen,

   c) um Bauten, Beschaffungen und sonstige Leistungen fortzusetzen oder Beihilfen für diese Zwecke weiter zu gewähren, sofern durch den Haushaltsplan eines Vorjahres bereits bewilligte Beträge noch verfügbar sind;

---

[1] Artikel 138 wurde geändert durch Gesetz vom 20. 3. 1991 (GVBl. I. S. 101) aufgrund der Volksabstimmung vom 20. 1. 1991.

2. Schatzanweisungen bis zur Höhe eines Viertels der Endsumme des abgelaufenen Haushaltsplanes für je drei Monate auszugeben, soweit nicht auf besonderen Gesetzen beruhende Einnahmen aus Steuern und Abgaben und Einnahmen aus sonstigen Quellen die Ausgaben unter Ziffer 1 decken.

Artikel 141[1]

[Grenzen der Neuverschuldung]

(1) Der Haushalt ist ungeachtet der Einnahmen- und Ausgabenverantwortung des Landtages und der Landesregierung grundsätzlich ohne Kredite auszugleichen.

(2) Art. 137 Abs. 5 bleibt unberührt.

(3) Bei einer von der Normallage abweichenden konjunkturellen Entwicklung kann von Abs. 1 abgewichen werden. In diesem Fall sind die Auswirkungen auf den Haushalt im Auf- und Abschwung symmetrisch zu berücksichtigen.

(4) Bei Naturkatastrophen oder außergewöhnlichen Notsituationen, die sich der Kontrolle des Staates entziehen und die staatliche Finanzlage erheblich beeinträchtigen, kann von Abs. 1 abgewichen werden. Die Abweichung ist mit einer Tilgungsregelung zu verbinden. Die Kredite sind binnen eines angemessenen Zeitraums zurückzuführen.

(5) Das Nähere bestimmt das Gesetz.

Artikel 142

[Deckungsnachweis bei Ausgabenvermehrung]

Beschlüsse des Landtags, welche Ausgaben in sich schließen oder für die Zukunft mit sich bringen, müssen bestimmen, wie diese Ausgaben gedeckt werden.

Artikel 143

[Haushaltsüberschreitung und außerplanmäßige Ausgaben]

(1) Haushaltsüberschreitungen und außerplanmäßige Ausgaben bedürfen der Zustimmung des Finanzministers. Sie darf nur im Falle eines unvorhergesehenen und unabweisbaren Bedürfnisses erteilt werden.

(2) Zu Haushaltsüberschreitungen und außerplanmäßigen Ausgaben ist die nachträgliche Genehmigung des Landtags erforderlich, die im Laufe des nächsten Rechnungsjahres eingeholt werden muss.

[1] Art. 141 wurde neu gefasst durch Gesetz vom 29. 4. 2011 (GVBl. I 2011, S. 182) aufgrund der Volksabstimmung vom 27. 3. 2011.

Artikel 144[1]

[Rechnungshof, Unabhängigkeit, Befugnisse, Entlastung]

Der Rechnungshof, dessen Mitglieder richterliche Unabhängigkeit besitzen, prüft die Wirtschaftlichkeit und Ordnungsmäßigkeit der Haushalts- und Wirtschaftsführung sowie die Rechnungen über den Haushaltsplan und stellt diese fest. Die allgemeine Rechnung über den Haushalt jedes Jahres und eine Übersicht der Staatsschulden werden mit den Bemerkungen des Rechnungshofs und der Stellungnahme der Landesregierung zu deren Entlastung dem Landtage vorgelegt.

Artikel 145

[Ertragswirtschaftliche Unternehmungen des Staates]

Das Finanzwesen der ertragswirtschaftlichen Unternehmungen des Staates kann durch Gesetz abweichend von den Vorschriften der Artikel 139 bis 144 geregelt werden.

XI. Der Schutz der Verfassung

Artikel 146

[Pflicht zum Verfassungsschutz]

(1) Es ist Pflicht eines jeden, für den Bestand der Verfassung mit allen ihm zu Gebote stehenden Kräften einzutreten.

(2) Das Gesetz bestimmt, welche Rechte aus dieser Verfassung durch Entscheidung des Staatsgerichtshofes aberkannt werden können, wenn jemand dieser Pflicht zuwiderhandelt oder einer politischen Gruppe angehört oder angehört hat, welche die Grundgedanken der Demokratie bekämpft.

Artikel 147

[Widerstandsrecht und -pflicht, Verfassungsbruch]

(1) Widerstand gegen verfassungswidrig ausgeübte öffentliche Gewalt ist jedermanns Recht und Pflicht.

(2) Wer von einem Verfassungsbruch oder einem auf Verfassungsbruch gerichteten Unternehmen Kenntnis erhält, hat die Pflicht, die Strafverfolgung des Schuldigen durch Anrufung des Staatsgerichtshofes zu erzwingen. Näheres bestimmt das Gesetz.

---

[1] Art. 144 S. 1 wurde geändert durch das Gesetz zur Änderung des Artikels 144 der Verfassung des Landes Hessen (Stärkung der Unabhängigkeit des Rechnungshofs) vom 11. 12. 2018 (GVBl. S. 746) aufgrund der Volksabstimmung vom 28. 10. 2018.

Artikel 148

[Strafbarkeit des Verfassungsbruchs]

Sollte die Verfassung durch revolutionäre Handlungen ihre tatsächliche Wirkung auf kürzere oder längere Zeit verlieren, so sind alle, die sich beim Umsturz oder danach einer Verletzung der Verfassung schuldig gemacht haben, zur Rechenschaft zu ziehen, sobald der verfassungswidrige Zustand wieder beseitigt ist.

Artikel 149

[Ausführungsgesetzgebung]

Die aus Artikel 147 und 148 sich ergebenden strafrechtlichen Folgen bestimmt das Gesetz.

Artikel 150

[Unabänderlichkeit der demokratischen, republikanisch-parlamentarischen Staatsform, Diktaturverbot]

(1) Keinerlei Verfassungsänderung darf die demokratischen Grundgedanken der Verfassung und die republikanisch-parlamentarische Staatsform antasten. Die Errichtung einer Diktatur, in welcher Form auch immer, ist verboten.

(2) Hiergegen verstoßende Gesetzesanträge gelangen nicht zur Abstimmung, gleichwohl beschlossene Gesetze nicht zur Ausfertigung. Trotzdem verkündete Gesetze sind nicht zu befolgen.

(3) Auch dieser Artikel selbst kann nicht Gegenstand einer Verfassungsänderung sein.

ÜBERGANGSBESTIMMUNGEN

Artikel 151

[Bundesstaatliche Pflichten des Landes, Rechtseinheit Deutschlands]

(1) Hessen wird alle Maßnahmen, die es auf Gebieten trifft, für welche die deutsche Republik die Zuständigkeit beanspruchen könnte, unter den Grundsatz stellen, dass die gesamtdeutsche Einheit zu wahren ist.

(2) Vor allem wird es die bestehende Rechtseinheit nicht ohne zwingenden Grund antasten. Ob ein zwingender Grund vorliegt, entscheidet das Gesetz.

Artikel 152

[Staatsverträge zur Wahrung der Rechtseinheit]

(1) Bis zur Bildung einer gesetzgebenden Körperschaft für die Deutsche Republik kann die Regierung mit anderen deutschen Regierungen vereinbaren, dass für bestimmte Teile des Rechts eine einheitliche Gesetzgebung, geschaffen wird, die der endgültigen gesamtdeutschen Einheit kein Hindernis bereiten darf.

(2) Solche Vereinbarungen bedürfen der Zustimmung des Landtags. Sie müssen vorsehen, dass die gesetzgebende Gewalt auf ein Organ übertragen wird, das mittelbar oder unmittelbar aus demokratischen Wahlen hervorgegangen ist. Gesetze, die von diesen Organen beschlossen werden, binden das Land Hessen nur, wenn sie dieser Verfassung nicht zuwiderlaufen.

Artikel 153

[Bundesstaatsvorbehalt, Bundesrecht bricht Landesrecht]

(1) Die Zuständigkeiten zwischen der Deutschen Republik und Hessen sind von einer deutschen Nationalversammlung, die vom ganzen deutschen Volk zu wählen ist, verfassungsmäßig abzugrenzen.

(2) Künftiges Recht der Deutschen Republik bricht Landesrecht.

Artikel 154

[Geltung hessischen Rechts]

Inländer im Sinne gesetzlicher Bestimmungen sind alle Angehörigen der deutschen Länder. Inland ist das gesamte Gebiet dieser Länder.

Artikel 155

[Vorbehalt für ein Zweikammersystem]

Es bleibt vorbehalten, durch ein Verfassungsgesetz nach Artikel 123 Abs. 2 in das Verfahren der Gesetzgebung ein weiteres aus demokratischen Wahlen hervorgehendes Organ einzuschalten.

Artikel 156

[Übergangsvorschrift zum Bestandsschutz für das herkömmliche Schulwesen]

(1) Bis zum Erlaß des im Artikel 56 Abs. 7 vorgesehenen Gesetzes bleibt es im Schulwesen bei dem derzeitigen tatsächlichen Zustand.

(2) Vorbehalten bleibt lediglich, die Verhältnisse, die am 30. Januar 1933 bestanden und nachher abgeändert worden sind, wiederherzustellen, wenn die Mehrheit der Erziehungsberechtigten im Schulbezirk es wünscht. Im übrigen darf an dem derzeitigen Zustand bis zum 1. Januar 1950 auch durch Gesetz nichts geändert werden. Die Umgestaltung des Bildungsganges wird hierdurch nicht berührt.

Artikel 157

[Befristeter Notstandsvorbehalt]

(1) Gesetze, die aus Anlaß der gegenwärtigen Notlage ergangen sind oder noch ergehen werden, können unerläßliche Eingriffe in die folgenden Grundrechte zulassen:

a) in das Grundrecht der Freizügigkeit nach Artikel 6,

b) in das Recht nach Artikel 8 im Rahmen einer Wohnungszwangswirtschaft,

c) in das Recht auf freien Gebrauch der Arbeitskraft nach dem Artikel 28 Abs. 2 in Verbindung mit Artikel 2 im Rahmen von Notdienstpflichtgesetzen,

d) in das Recht auf den Gebrauch des Eigentums im Rahmen von Gesetzen zur Milderung des Mangels an Gegenständen des täglichen Bedarfs.

(2) Die im ersten Absatz zugelassenen Beschränkungen der Grundrechte fallen mit dem 31. Dezember 1950 weg. Mit mehr als der Hälfte der gesetzlichen Zahl seiner Mitglieder kann der Landtag diese Frist verlängern.

Artikel 158

[Befreiung vom Nationalsozialismus]

Die verfassungsmäßigen Freiheiten und Rechte können nicht den Bestimmungen entgegengehalten werden, die ergangen sind oder vor dem 1. Januar 1949 noch ergehen werden, um den Nationalsozialismus und den Militarismus zu überwinden und das von ihm verschuldete Unrecht wieder gut zu machen.

Artikel 159

[Vorbehalt für Recht des Kontrollrats und der Militärregierung]

Der vom Kontrollrat für Deutschland und von der Militärregierung für ihre Anordnungen nach Völker- und Kriegsrecht beanspruchte Vorrang vor dieser Verfassung, den verfassungsmäßig erlassenen Gesetzen und sonstigem deutschem Recht bleibt unberührt.

Artikel 160

[Inkrafttreten der Verfassung, Übergangsrecht]

(1) Diese Verfassung tritt mit ihrer Annahme durch das Volk in Kraft. Gleichzeitig tritt das Staatsgrundgesetz vom 22. November 1945 außer Kraft.

(2) Die zu dieser Zeit die Staatsgeschäfte führende Landesregierung gilt bis zur Bildung einer neuen Regierung als geschäftsführende Regierung im Sinne des Artikels 113 Abs. 3 dieser Verfassung, der Hauptausschuß der Verfassung-beratenden Landesversammlung als Ausschuß im Sinne des Artikel 93.

(3) Die am Tage der Annahme dieser Verfassung durch das Volk gewählten Abgeordneten bilden den ersten Landtag im Sinne dieser Verfassung.

Artikel 161 [1]

[Inkrafttreten der Schuldenbremse]

Artikel 141 in der ab dem 10. Mai 2011 geltenden Fassung ist erstmals für das Haushaltsjahr 2020 anzuwenden. Bis dahin ist Artikel 141 in der bis zum 9. Mai 2020 geltenden Fassung anzuwenden. Der Abbau des bestehenden Defizits beginnt im Haushaltsjahr 2011. Die Haushalte sind so aufzustellen, dass im Haushaltsjahr 2020 die Vorgabe des Artikels 141 Abs. 1 in der ab dem 10. Mai 2020 geltenden Fassung erfüllt wird.

—

Vorstehende Verfassung ist am 1. Dezember 1946 in der Volksabstimmung angenommen worden, mit ihrer Annahme durch das Volk in Kraft getreten und wird hiermit verkündet.

Wiesbaden, den 11. Dezember 1946.

Die Landesregierung

Geiler

Hilpert Häring

Zinnkann Oskar Müller

Dr. Schramm Binder

Zinn

[1] Art. 161 wurde neu gefasst durch Gesetz vom 29. 4. 2011 (GVBl. I 2011, S. 182) aufgrund der Volksabstimmung vom 27. 3. 2011.

Verzeichnis aller Änderungen der Hessischen Verfassung

Die Hessische Verfassung ist deutlich seltener geändert worden als das Grundgesetz. Das liegt nicht zuletzt an dem aufwendigen und schwierigen Verfahren, das in Artikel 123 Absatz 2 der Hessischen Verfassung für Verfassungsänderungen vorgesehen ist: Zustimmen müssen mehr als die Hälfte der gesetzlichen Zahl der Mitglieder des Hessischen Landtages und das Volk mit der Mehrheit der Abstimmenden. Insbesondere die vorgesehene Zustimmung des Volkes wirkt erschwerend. Die größte Zahl der Verfassungsänderungen fand im Zuge der Verfassungsrevision von 2018 statt; anlässlich der Landtagswahl vom 28. 10. 2018 wurden insgesamt 15 Änderungen verabschiedet. Im Einzelnen sind die folgenden 30 Verfassungsartikel geändert worden:

Die 1. Änderung erfolgte durch das Gesetz vom 22. 7. 1950 (GVBl. I S. 131). Sie bezweckte, die ursprünglich vorgeschriebene Bindung der Landtagswahlen sowie der Wahlen für die Gemeinden und Gemeindeverbände an das Verhältniswahlrecht zu beseitigen und dem Gesetzgeber bei der Bestimmung der Wahlsysteme freie Hand zu lassen. Geändert wurden die Artikel 75 Abs. 1 und 3 und Artikel 137 Abs. 6. Die Begründung der Landesregierung zur Verfassungsänderung findet sich in Drucksache 1/1466. Bei der Volksabstimmung am 9. 7. 1950 beteiligten sich nur 33,9 % der Stimmberechtigten, davon stimmten 73,5 % zu.

Die 2. Änderung durch das Gesetz vom 23. 3. 1970 (GVBl. I S. 281) setzte sowohl das Alter für das Stimmrecht zum Landtag – aktives Wahlrecht – als auch das Alter für die Wählbarkeit in den Landtag – passives Wahlrecht – herab. Geändert wurden die Artikel 73 Abs. 1 und Artikel 75 Abs. 2 HV. Das aktive Wahlrecht beginnt seitdem mit der Vollendung des 18. statt des 21. Lebensjahres. Das passive Wahlrecht war bis zur Verfassungsänderung von 2018 auf die Vollendung des 21. statt des 25. Lebensjahres festgelegt. Die Begründung der Landesregierung zur Verfassungsänderung findet sich in Drucksache 6/2477. Bei der Volksabstimmung am 8. 3. 1970 beteiligten sich nur 40,3 % der Stimmberechtigten, davon stimmten 61,4 % zu.

Die 3. Änderung durch das Gesetz vom 20. 3. 1991 (GVBl. I S. 101) führte die unmittelbare Wahl der Oberbürgermeister, der Bürgermeister und der Landräte als Leiter der Gemeinden oder Gemeindeverbände durch die Bürger ein (Artikel 138, Artikel 161). Die Begründung des gemeinsamen Initiativantrages der Fraktionen der CDU und der FDP zur Verfassungsänderung findet sich in Drucksache 12/7217. Bei der Volksabstimmung am 20. 1. 1991 beteiligten sich 70,8 % der Stimmberechtigten, davon stimmten 75,2 % zu.

Die 4. Änderung durch ein weiteres Gesetz vom 20. 3. 1991 (GVBl. I S. 102) der Naturschutz in Artikel 26 a zum Staatsziel erhoben. Artikel 26 a (seit 2018 Artikel 26 b) ist anthropozentrisch gefasst und enthält im Unterschied zu Artikel 20 a GG keinen Gesetzesvorbehalt. Die Begründung des gemeinsamen Initiativantrages der Fraktionen der CDU und der FDP zur Verfassungsänderung findet sich in Drucksache 12/7216. Bei der Volksabstimmung am 20. 1. 1991 beteiligten sich 70,8 % der Stimmberechtigten, davon stimmten 74,6 % zu.

Mit dem 5. Änderungsgesetz vom 18. 10. 2002 (GVBl. I S. 626) wurde Artikel 62 a eingeführt. Danach genießt der Sport den Schutz und die Pflege des Staates, der Gemeinden und Gemeindeverbände. Seit 2018 findet sich das Staatsziel in Artikel 26g. Die Begründung des gemeinsamen Initiativantrages der Fraktionen der CDU und der FDP zur Verfassungsänderung findet sich in Drucksache 15/3553. Bei der Volksabstimmung am 22. 9. 2002 beteiligten sich 79,6 % der Stimmberechtigten, davon stimmten 69,1 % zu.

Mit dem 6. Änderungsgesetz vom 18. 10. 2002 (GVBl. I S. 627) wurde 79 Satz 1 dahin geändert, dass sich die bis dahin 4 Jahre währende Wahlperiode des Hessischen Landtages auf 5 Jahre verlängert. Als Grund für die Verlängerung der Wahlperiode ist die verbesserte Arbeitsfähigkeit des Parlamentes genannt worden. Die Verfassungsänderung ist mit Wirkung von 2003 wirksam geworden (Artikel 161 Abs. 2). Die Begründung des gemeinsamen Initiativantrages der Fraktionen der CDU und der FDP zur Verfassungsänderung findet sich in Drucksache 15/3553. Bei der Volksabstimmung am 22. 9. 2002 beteiligten sich 79,6 % der Stimmberechtigten, davon stimmten nur 52,23 % zu.

Das 7. Änderungsgesetz vom 18. 10. 2002 (GVBl. I S. 628) fügte dem Artikel 137 einen neuen Absatz 6 an und verankerte den sog. „Konnexitätsgrundsatz" in der Verfassung. Er besagt, dass den Gemeinden und Landkreisen für Verwaltungsaufgaben, zu denen sie das Land verpflichtet, die dadurch entstehenden Mehrkosten erstattet werden. Die Begründung des gemeinsamen Initiativantrages der Fraktionen der CDU und der FDP zur Verfassungsänderung findet sich in Drucksache 15/3553. Bei der Volksabstimmung am 22. September 2002 beteiligten sich knapp 79,6 % der Stimmberechtigten, davon stimmten 69,52 % zu.

Das 8. Änderungsgesetz vom 29. 4. 2011 (GVBl. I S. 182) führte mit Artikel 141 und 161 HV eine ergänzende Regelung zur sog. „Schuldenbremse" ein, nachdem Artikel 109 Abs. 3 GG die Länder dazu verpflichtet hatte. Ab 2020 darf der Landeshaushalt nicht mehr durch die Aufnahme von Krediten finanziert werden; bis dahin musste die jährliche Neuverschuldung nach und nach zurückgeführt werden. Drei Ausnahmen sind zugelassen worden: für die Abwehr von Naturkatastrophen, von außergewöhnlichen Notsituationen und von wirtschaftlichen Rezessionen. Die Begründung des gemeinsamen Initiativantrages der Fraktionen der CDU und der FDP zur Verfassungsänderung findet sich in Drucksache 18/2732. Bei der Volksabstimmung am 27. 3. 2011 beteiligten sich 48,9 % der Stimmberechtigten, davon stimmten 67,72 % zu.

Das 9. Änderungsgesetz: das Gesetz zur Ergänzung des Artikels 1 der Verfassung des Landes Hessen (Stärkung und Förderung der Gleichberechtigung von Frauen und Männern) vom 11. 12. 2018 (GVBl. S. 751), hat dem Gleichheitssatz des Artikels 1 HV einen zweiten Absatz hinzugefügt, der die Gleichberechtigung von Frauen und Männern garantiert und das Land verpflichtet, die tatsächliche Durchsetzung der Gleichberechtigung von Frauen und Männern zu fördern und auf die Beseitigung bestehender Nachteile hinzuwirken. Die Erläuterungen des Landtages zur Ergänzung des Artikels 1 finden sich in Drucksache 19/6416. Bei der Volksabstimmung am 28. 10. 2018 beteiligten sich 67,2 % der Stimmberechtigten, davon stimmten 88,6 % zu.

Das 10. Änderungsgesetz: das Gesetz zur Ergänzung des Artikels 4 der Verfassung des Landes Hessen (Stärkung der Kinderrechte) vom 12. 12. 2018 (GVBl. S. 752), hat dem Schutz von Ehe und Familie durch Artikel 4 HV einen zweiter Absatz hinzugefügt, der allen Kindern den Schutz und die Förderung ihrer Entwicklung zu einer eigenverantwortlichen und gemeinschaftsfähigen Persönlichkeit garantiert. Das Wohl des Kindes wird als zentraler Gesichtspunkt bestimmt. Der Wille des Kindes ist entsprechend seinem Alter und seiner Reife angemessen zu berücksichtigen. Die verfassungsmäßigen Rechte und Pflichten der Eltern bleiben unberührt. Die Erläuterungen des Landtages zur Ergänzung des Artikels 4 finden sich in Drucksache 19/6417. Bei der Volksabstimmung am 28. 10. 2018 beteiligten sich 67,2 % der Stimmberechtigten, davon stimmten 89,1 % zu.

Das 11. Änderungsgesetz: das Gesetz zur Ergänzung der Verfassung des Landes Hessen (Artikel 12a Recht auf informationelle Selbstbestimmung und Schutz informationstechnischer Systeme) vom 11. 12. 2018 (GVBl. S. 741), hat mit Artikel 12 a HV erstmals ein hessisches Grundrecht für den Datenschutz und die informationelle Selbstbestimmung geschaffen. Danach ist jeder Mensch berechtigt, über die Preisgabe und Verwendung seiner personenbezogenen Daten selbst zu bestimmen. Außerdem werden die Vertraulichkeit und Integrität informationstechnischer Systeme gewährleistet. Einschränkungen dürfen nur durch Gesetz erfolgen. Die Erläuterungen des Landtages zu Artikel 12 a finden sich in Drucksache 19/6418. Bei der Volksabstimmung am 28. 10. 2018 beteiligten sich 67,2 % der Stimmberechtigten, davon stimmten 90,9 % zu.

Das 12. Änderungsgesetz: das Gesetz zur Änderung der Artikel 21 und 109 der Verfassung des Landes Hessen (Aufhebung der Regelungen zur Todesstrafe) vom 12. 12. 2018 (GVBl. S. 747), hat die in den ursprünglichen Fassungen der Artikels 21 Absatz 1 Satz 2 und 109 Absatz 1 Satz 3 HV vorgesehene Todesstrafe in Anpassung an das Verbot des Grundgesetzes förmlich abgeschafft. Die Erläuterungen des Landtages zur Änderung der Artikel 21 und 109 finden sich in Drucksache 19/6419. Bei der Volksabstimmung am 28. 10. 2018 beteiligten sich 67,2 % der Stimmberechtigten, davon stimmten 83,2 % zu.

Das 13. Änderungsgesetz: das Gesetz zur Ergänzung der Verfassung des Landes Hessen (Artikel 26a Aufnahme eines Staatszielbegriffs) vom 11. 12. 2018 (GVBl. S. 738), hat den Abschnitt IIa umbenannt, den Artikel 26 a (neu) eingefügt und den bisherigen Artikel 26a nach 26b verschoben. Die Änderung macht die Staatsziele der Hessischen Verfassung nicht nur für den Staat, sondern auch für die Gemeinden und Gemeindeverbände verbindlich, soweit ihre jeweilige Zuständigkeit und Leistungsfähigkeit reicht. Staatsorgane, Behörden, öffentlich-rechtliche Körperschaften und Anstalten, Gemeinden und Gemeindeverbände werden zur fortlaufenden Beachtung verpflichtet und müssen ihr Handeln an den Staatszielen auszurichten. Das bisherige Staatsziel des Schutzes der natürlichen Lebensgrundlagen ist nunmehr in Art. 26 b HV verankert. Die Erläuterungen des Landtages zu Artikel 26 a finden sich in Drucksache 19/6420. Bei der Volksabstimmung am 28. 10. 2018 beteiligten sich 67,2 % der Stimmberechtigten, davon stimmten 84,8 % zu.

Das 14. Änderungsgesetz: das Gesetz zur Ergänzung der Verfassung des Landes Hessen (Artikel 26c Staatsziel zur stärkeren Berücksichtigung der Nachhaltigkeit) vom 11. 12. 2018 (GVBl. S. 750), hat den Staat, die Gemeinden und Gemeindeverbände verpflichtet, bei ihrem Handeln das Prinzip der Nachhaltigkeit zu berücksichtigen, um die Interessen künftiger Generationen zu wahren. Die Erläuterungen des Landtages zu Artikel 26 c finden sich in Drucksache 19/6421. Bei der Volksabstimmung am 28. 10. 2018 beteiligten sich 67,2 % der Stimmberechtigten, davon stimmten 89,1 % zu.

Das 15. Änderungsgesetz: das Gesetz zur Ergänzung der Verfassung des Landes Hessen (Artikel 26d Staatsziel zur Förderung der Infrastruktur) vom 12. 12. 2018 (GVBl. S. 740), hat erstmals als Staatsziel festgelegt, dass Staat, Gemeinden und Gemeindeverbände die technische, digitale und soziale Infrastruktur zu verbessern haben, um dadurch gleichwertige Lebensverhältnisse in Stadt und Land zu erreichen. Außerdem wird zum Staatsziel erhoben, dass Staat, Gemeinden und Gemeindeverbände die Errichtung und den Erhalt von angemessenem Wohnraum zu fördern haben. Die Erläuterungen des Landtages zu Artikel 26 d finden sich in Drucksache 19/6422. Bei der Volksabstimmung am 28. 10. 2018 beteiligten sich 67,2 % der Stimmberechtigten, davon stimmten 90,0 % zu.

Das 16. Änderungsgesetz: das Gesetz zur Ergänzung der Verfassung des Landes Hessen (Artikel 26e Staatsziel zum Schutz und zur Förderung der Kultur) vom 12. 12. 2018 (GVBl. S. 749), hat mit als Staatsziel festgelegt, dass der Staat, die Gemeinden und Gemeindeverbände die Pflicht haben, die Kultur zu schützen und zu fördern. Die Erläuterungen des Landtages zu Artikel 26e finden sich in Drucksache 19/6423. Bei der Volksabstimmung am 28. 10. 2018 beteiligten sich 67,2 % der Stimmberechtigten, davon stimmten 87,7 % zu.

Das 17. Änderungsgesetz: das Gesetz zur Ergänzung der Verfassung des Landes Hessen (Artikel 26f Staatsziel zum Schutz und zur Förderung des Ehrenamtes) vom 11. 12. 2018 (GVBl. S. 742), hat als Staatsziel festgelegt, dass der Staat, die Gemeinden und Gemeindeverbände den ehrenamtlichen Einsatz der Bürgerinnen und Bürger für das Gemeinwohl zu schützen und zu fördern haben. Die Erläuterungen des Landtages zu Artikel 26 f Gemeinden und Gemeindeverbände finden sich in Drucksache 19/6424. Bei der Volksabstimmung am 28. 10. 2018 beteiligten sich 67,2 % der Stimmberechtigten, davon stimmten 89,0 % zu.

Das 18. Änderungsgesetz: das Gesetz zur Ergänzung der Verfassung des Landes Hessen (Artikel 26g Staatsziel zum Schutz und zur Förderung des Sports) vom 11. 12. 2018 (GVBl. S. 743). hat als Staatsziel festgelegt, dass der Sport den Schutz und die Förderung des Staates, der Gemeinden und Gemeindeverbände genieße. Diese Regelung befand sich bislang in Artikel 62 a HV; sie wurde aus systematischen Gründen in Artikel 26 g HV verlagert. Die Erläuterungen des Landtages zu Artikel 26 g finden sich in Drucksache 19/6425. Bei der Volksabstimmung am 28. 10. 2018 beteiligten sich 67,2 % der Stimmberechtigten, davon stimmten 87,8 % zu.

Das 19. Änderungsgesetz: das Gesetz zur Änderung und Ergänzung des Artikel 64 der Verfassung des Landes Hessen (Bekenntnis zur Europäischen Integration) vom 12. 12. 2018 (GVBl. S. 739), hat als Staatsziel festgelegt, dass Hessen Gliedstaat der Bundesrepublik und der Europäischen Union sein soll und sich zu einem geeinten demokratischen, rechtsstaatlichen, sozialen und föderativen Europa bekennt. Die Erläuterungen des Landtages zu Artikel 64 Absatz 2 finden sich in Drucksache 19/6426. Bei der Volksabstimmung am 28. 10. 2018 beteiligten sich 67,2 % der Stimmberechtigten, davon stimmten 82,4 % zu.

Das 20. Änderungsgesetz: das Gesetz zur Änderung des Artikel 75 der Verfassung des Landes Hessen (Herabsetzung des Wählbarkeitsalters) vom 11. 12. 2018 (GVBl. S. 744), hat mit der Änderung des Artikels 75 Abs. 2 HV die Wählbarkeit zum Mitglied des Hessischen Landtages auf das vollendete achtzehnte Lebensjahr herabgesetzt. Eine inhaltsgleiche Änderung des Artikels 75 war zuvor in einer Volksabstimmung vom 19. 2. 1995 verworfen worden, obwohl der Landtag einen entsprechenden Gesetzentwurf seinerzeit einstimmig verabschiedet hatte, Die Erläuterungen des Landtages zur Änderung des Artikels 75 Absatz 2 finden sich in Drucksache 19/6427. Bei der Volksabstimmung am 28. 10. 2018 beteiligten sich 67,2 % der Stimmberechtigten, davon stimmten 70,3 % zu.

Das 21. Änderungsgesetz: das Gesetz zur Ergänzung des Artikels 120 und zur Änderung des Artikels 121 der Verfassung des Landes Hessen (Elektronische Verkündung von Gesetzen) vom 12. 12. 2018 (GVBl. S. 748), hat die Führung des Gesetz- und Verordnungsblatts in elektronischer Form zugelassen. In Artikel 121 ist vorgesehen, dass Gesetze künftig mit dem vierzehnten Tage nach ihrer Verkündung in Kraft treten, soweit nichts anderes bestimmt worden ist. Die Erläuterungen des Landtages zu diesen Änderungen finden sich in Drucksache 19/6428. Bei der Volksabstimmung am 28. 10. 2018 beteiligten sich 67,2 % der Stimmberechtigten, davon stimmten 81,4 % zu.

Das 22. Änderungsgesetz: das Gesetz zur Änderung des Artikels 124 der Verfassung des Landes Hessen (Stärkung der Volksgesetzgebung) vom 11. 12. 2018 (GVBl. S. 745), hat das Quorum für Volksbegehren von einem Fünftel auf ein Zwanzigstel der Stimmberechtigten herabgesetzt und Volksentscheide bereits anerkannt, wenn die Mehrheit der Abstimmenden, mindestens jedoch ein Viertel der Stimmberechtigten dem Gesetzentwurf zugestimmt hat. Die Erläuterungen des Landtages zu dieser Änderung finden sich in Drucksache 19/6429. Bei der Volksabstimmung am 28. 10. 2018 beteiligten sich 67,2 % der Stimmberechtigten, davon stimmten 86,3 % zu.

Das 23. Änderungsgesetz: das Gesetz zur Änderung des Artikels 144 der Verfassung des Landes Hessen (Stärkung der Unabhängigkeit des Rechnungshofs) vom 11. 12. 2018 (GVBl. S. 746), hat die Garantie für die richterliche Unabhängigkeit seiner Mitglieder, die bislang nur einfachgesetzlich gesichert war, in den Rang einer Verfassungsgarantie erhoben. Außerdem sind die Prüfungsbefugnisse des Rechnungshofs – entsprechend der Rechtsprechung des Staatsgerichtshofs – erweitert worden. Artikels 144 Satz 1 gewährleistet nunmehr, dass der Rechnungshof künftig auch die Wirtschaftlichkeit und Ordnungsmäßigkeit der Haushalts- und Wirtschaftsführung zu prüfen hat, und zwar einschließlich der Sondervermögen und Landesbetriebe. Die Erläuterungen des Landtages zu dieser Änderung finden sich in Drucksache 19/6430. Bei der Volksabstimmung am 28. 10. 2018 beteiligten sich 67,2 % der Stimmberechtigten, davon stimmten 88,3 % zu.

Grundgesetz für die Bundesrepublik Deutschland

vom 23. Mai 1949

INHALTSÜBERSICHT [1]

PRÄAMBEL

I. DIE GRUNDRECHTE

II. DER BUND UND DIE LÄNDER

[1] Das Inhaltsverzeichnis und die Überschriften zu den einzelnen Artikeln gehören nicht zum amtlichen Text des Grundgesetzes. Sie sind vom Herausgeber hinzugefügt worden und stehen deswegen in eckigen Klammern.

Die Rechtschreibung in dieser Ausgabe weicht teilweise von der heute üblichen ab, denn die ursprüngliche Schreibweise von 1949 ist bewusst beibehalten worden.

III. Der Bundestag

IV. Der Bundesrat

IVa. Gemeinsamer Ausschuss

V. Der Bundespräsident

VI. Die Bundesregierung

VII. Die Gesetzgebung des Bundes

VIII. Die Ausführung der Bundesgesetze und die Bundesverwaltung

VIIIa. Gemeinschaftsaufgaben

IX. Die Rechtsprechung

X. Das Finanzwesen

XA. VERTEIDIGUNGSFALL

XI. ÜBERGANGS- UND SCHLUßBESTIMMUNGEN

Der Parlamentarische Rat hat am 23. Mai 1949 in Bonn am Rhein in öffentlicher Sitzung festgestellt, dass das am 8. Mai des Jahres 1949 vom Parlamentarischen Rat beschlossene Grundgesetz für die Bundesrepublik Deutschland in der Woche vom 16. bis 22. Mai 1949 durch die Volksvertretungen von mehr als Zweidritteln der beteiligten deutschen Länder angenommen worden ist.
Auf Grund dieser Feststellung hat der Parlamentarische Rat, vertreten durch seine Präsidenten, das Grundgesetz ausgefertigt und verkündet.
Das Grundgesetz wird hiermit, gemäß Artikel 145 Abs. 3 im Bundesgesetzblatt veröffentlicht:

PRÄAMBEL [1]

Im Bewußtsein seiner Verantwortung vor Gott und den Menschen, von dem Willen beseelt, als gleichberechtigtes Glied in einem vereinten Europa dem Frieden der Welt zu dienen, hat sich das Deutsche Volk kraft seiner verfassungsgebenden Gewalt dieses Grundgesetz gegeben.
Die Deutschen in den Ländern Baden-Württemberg, Bayern, Berlin, Brandenburg, Bremen, Hamburg, Hessen, Mecklenburg-Vorpommern, Niedersachsen, Nordrhein-Westfalen, Rheinland-Pfalz, Saarland, Sachsen, Sachsen-Anhalt, Schleswig-Holstein und Thüringen haben in freier Selbstbestimmung die Einheit und Freiheit Deutschlands vollendet. Damit gilt dieses Grundgesetz für das gesamte Deutsche Volk.

I. DIE GRUNDRECHTE

Artikel 1 [2]

[Menschenwürde, unmittelbare Geltung der Grundrechte]

(1) Die Würde des Menschen ist unantastbar. Sie zu achten und zu schützen ist Verpflichtung aller staatlichen Gewalt.

(2) Das Deutsche Volk bekennt sich darum zu unverletzlichen und unveräußerlichen Menschenrechten als Grundlage jeder menschlichen Gemeinschaft, des Friedens und der Gerechtigkeit in der Welt.

(3) Die nachfolgenden Grundrechte binden Gesetzgebung, vollziehende Gewalt und Rechtsprechung als unmittelbar geltendes Recht.

Artikel 2

[Allgemeine Handlungsfreiheit, Freiheit der Person]

(1) Jeder hat das Recht auf die freie Entfaltung seiner Persönlichkeit, soweit er nicht die Rechte anderer verletzt und nicht gegen die verfassungsmäßige Ordnung oder das Sittengesetz verstößt.

(2) Jeder hat das Recht auf Leben und körperliche Unversehrtheit. Die Freiheit der Person ist unverletzlich. In diese Rechte darf nur auf Grund eines Gesetzes eingegriffen werden.

---

[1] Die Präambel wurde durch den Einigungsvertrag vom 31. 8. 1990 (BGBl. II S. 889) neu gefasst.

[2] Artikel 1 Abs. 3 wurde durch Gesetz vom 19. 3. 1956 (BGBl. I S. 111) geändert.

Artikel 3 [1]

[Gleichheit, Gleichberechtigung von Mann und Frau]

(1) Alle Menschen sind vor dem Gesetz gleich.

(2) Männer und Frauen sind gleichberechtigt. Der Staat fördert die tatsächliche Durchsetzung der Gleichberechtigung von Frauen und Männern und wirkt auf die Beseitigung bestehender Nachteile hin.

(3) Niemand darf wegen seines Geschlechtes, seiner Abstammung, seiner Rasse, seiner Sprache, seiner Heimat und Herkunft, seines Glaubens, seiner religiösen oder politischen Anschauungen benachteiligt oder bevorzugt werden. Niemand darf wegen seiner Behinderung benachteiligt werden.

Artikel 4

[Glaubens- und Gewissenfreiheit]

(1) Die Freiheit des Glaubens, des Gewissens und die Freiheit des religiösen und weltanschaulichen Bekenntnisses sind unverletzlich.

(2) Die ungestörte Religionsausübung wird gewährleistet.

(3) Niemand darf gegen sein Gewissen zum Kriegsdienst mit der Waffe gezwungen werden. Das Nähere regelt ein Bundesgesetz.

Artikel 5

[Meinungs-, Informations- und Pressefreiheit]

(1) Jeder hat das Recht, seine Meinung in Wort, Schrift und Bild frei zu äußern und zu verbreiten und sich aus allgemein zugänglichen Quellen ungehindert zu unterrichten. Die Pressefreiheit und die Freiheit der Berichterstattung durch Rundfunk und Film werden gewährleistet. Eine Zensur findet nicht statt.

(2) Diese Rechte finden ihre Schranken in den Vorschriften der allgemeinen Gesetze, den gesetzlichen Bestimmungen zum Schutze der Jugend und in dem Recht der persönlichen Ehre.

(3) Kunst und Wissenschaft, Forschung und Lehre sind frei. Die Freiheit der Lehre entbindet nicht von der Treue zur Verfassung.

Artikel 6

[Schutz von Ehe, Familien und Kindern]

(1) Ehe und Familie stehen unter dem besonderen Schutze der staatlichen Ordnung.

(2) Pflege und Erziehung der Kinder sind das natürliche Recht der Eltern und die zuvörderst ihnen obliegende Pflicht. Über ihre Betätigung wacht die staatliche Gemeinschaft.

---

[1] Artikel 3 wurde durch Gesetz vom 27. 10. 1994 (BGBl. I S. 3146) geändert.

(3) Gegen den Willen der Erziehungsberechtigten dürfen Kinder nur auf Grund eines Gesetzes von der Familie getrennt werden, wenn die Erziehungsberechtigten versagen oder wenn die Kinder aus anderen Gründen zu verwahrlosen drohen.

(4) Jede Mutter hat Anspruch auf den Schutz und die Fürsorge der Gemeinschaft.

(5) Den unehelichen Kindern sind durch die Gesetzgebung die gleichen Bedingungen für ihre leibliche und seelische Entwicklung und ihre Stellung in der Gesellschaft zu schaffen wie den ehelichen Kindern.

Artikel 7

[Schulwesen]

(1) Das gesamte Schulwesen steht unter der Aufsicht des Staates.

(2) Die Erziehungsberechtigten haben das Recht, über die Teilnahme des Kindes am Religionsunterricht zu bestimmen.

(3) Der Religionsunterricht ist in den öffentlichen Schulen mit Ausnahme der bekenntnisfreien Schulen ordentliches Lehrfach. Unbeschadet des staatlichen Aufsichtsrechtes wird der Religionsunterricht in Übereinstimmung mit den Grundsätzen der Religionsgemeinschaften erteilt. Kein Lehrer darf gegen seinen Willen verpflichtet werden, Religionsunterricht zu erteilen.

(4) Das Recht zur Errichtung von privaten Schulen wird gewährleistet. Private Schulen als Ersatz für öffentliche Schulen bedürfen der Genehmigung des Staates und unterstehen den Landesgesetzen. Die Genehmigung ist zu erteilen, wenn die privaten Schulen in ihren Lehrzielen und Einrichtungen sowie in der wissenschaftlichen Ausbildung ihrer Lehrkräfte nicht hinter den öffentlichen Schulen zurückstehen und eine Sonderung der Schüler nach den Besitzverhältnissen der Eltern nicht gefördert wird. Die Genehmigung ist zu versagen, wenn die wirtschaftliche und rechtliche Stellung der Lehrkräfte nicht genügend gesichert ist.

(5) Eine private Volksschule ist nur zuzulassen, wenn die Unterrichtsverwaltung ein besonderes pädagogisches Interesse anerkennt oder auf Antrag von Erziehungsberechtigten, wenn sie als Gemeinschaftsschule, als Bekenntnis- oder Weltanschauungsschule errichtet werden soll und eine öffentliche Volksschule dieser Art in der Gemeinde nicht besteht.

(6) Vorschulen bleiben aufgehoben.

Artikel 8

[Versammlungsfreiheit]

(1) Alle Deutschen haben das Recht, sich ohne Anmeldung oder Erlaubnis friedlich und ohne Waffen zu versammeln.

(2) Für Versammlungen unter freiem Himmel kann dieses Recht durch Gesetz oder auf Grund eines Gesetzes beschränkt werden.

Artikel 9 [1]

[Vereinigungsfreiheit, Koalitionsgarantie]

(1) Alle Deutschen haben das Recht, Vereine und Gesellschaften zu bilden.

(2) Vereinigungen, deren Zwecke oder deren Tätigkeit den Strafgesetzen zuwiderlaufen oder die sich gegen die verfassungsmäßige Ordnung oder gegen den Gedanken der Völkerverständigung richten, sind verboten.

(3) Das Recht, zur Wahrung und Förderung der Arbeits- und Wirtschaftsbedingungen Vereinigungen zu bilden, ist für jedermann und für alle Berufe gewährleistet. Abreden, die dieses Recht einschränken oder zu behindern suchen, sind nichtig, hierauf gerichtete Maßnahmen sind rechtswidrig. Maßnahmen nach dem Artikel 12 a, 35 Abs. 2 und 3, Artikel 87 a Abs. 4 und Artikel 91 dürfen sich nicht gegen Arbeitskämpfe richten, die zur Wahrung und Förderung der Arbeits- und Wirtschaftsbedingungen von Vereinigungen im Sinne des Satzes 1 geführt werden.

Artikel 10 [2]

[Brief-, Post- und Fernmeldegeheimnis]

(1) Das Briefgeheimnis sowie das Post- und Fernmeldegeheimnis sind unverletzlich.

(2) Beschränkungen dürfen nur auf Grund eines Gesetzes angeordnet werden. Dient die Beschränkung dem Schutze der freiheitlichen demokratischen Grundordnung oder des Bestandes oder der Sicherung des Bundes oder eines Landes, so kann das Gesetz bestimmen, dass sie dem Betroffenen nicht mitgeteilt wird und dass an die Stelle des Rechtsweges die Nachprüfung durch von der Volksvertretung bestellte Organe und Hilfsorgane tritt.

Artikel 11 [3]

[Freizügigkeit]

(1) Alle Deutschen genießen Freizügigkeit im ganzen Bundesgebiet.

(2) Dieses Recht darf nur durch Gesetz oder auf Grund eines Gesetzes und nur für die Fälle eingeschränkt werden, in denen eine ausreichende Lebensgrundlage nicht vorhanden ist und der Allgemeinheit daraus besondere Lasten entstehen würden oder in denen es zur Abwehr einer drohenden Gefahr für den Bestand oder die freiheitliche demokratische Grundordnung des Bundes oder eines Landes, zur Bekämpfung von Seuchengefahr, Naturkatastrophen oder besonders schweren Unglücksfällen, zum Schutze der Jugend vor Verwahrlosung oder um strafbaren Handlungen vorzubeugen, erforderlich ist.

---

[1] Artikel 9 Abs. 3 wurde durch Gesetz vom 24. 6. 1968 (BGBl. I S. 709) ergänzt.

[2] Artikel 10 wurde durch Gesetz vom 24. 6. 1968 (BGBl. I S. 709) geändert.

[3] Artikel 11 Abs. 2 wurde durch Gesetz vom 24. 6. 1968 (BGBl. I S. 709) geändert.

Artikel 12 [1]

[Berufsfreiheit, freie Wahl der Ausbildungsstätte, Verbot der Zwangsarbeit]

(1) Alle Deutschen haben das Recht, Beruf, Arbeitsplatz und Ausbildungsstätte frei zu wählen. Die Berufsausübung kann durch Gesetz oder auf Grund eines Gesetzes geregelt werden.

(2) Niemand darf zu einer bestimmten Arbeit gezwungen werden, außer im Rahmen einer herkömmlichen allgemeinen, für alle gleichen öffentlichen Dienstleistungspflicht.

(3) Zwangsarbeit ist nur bei einer gerichtlich angeordneten Freiheitsentziehung zulässig.

Artikel 12a [2]

[Wehr- und Zivildienstpflicht]

(1) Männer können vom vollendeten achtzehnten Lebensjahr an zum Dienst in den Streitkräften, im Bundesgrenzschutz oder in einem Zivilschutzverband verpflichtet werden.

(2) Wer aus Gewissensgründen den Kriegsdienst mit der Waffe verweigert, kann zu einem Ersatzdienst verpflichtet werden. Die Dauer des Ersatzdienstes darf die Dauer des Wehrdienstes nicht übersteigen. Das Nähere regelt ein Gesetz, das die Freiheit der Gewissensentscheidung nicht beeinträchtigen darf und auch eine Möglichkeit des Ersatzdienstes vorsehen muss, die in keinem Zusammenhang mit den Verbänden der Streitkräfte und des Bundesgrenzschutzes steht.

(3) Wehrpflichtige, die nicht zu einem Dienst nach Abs. 1 oder 2 herangezogen sind, können im Verteidigungsfalle durch Gesetz oder auf Grund eines Gesetzes zu zivilen Dienstleistungen für Zwecke der Verteidigung einschließlich des Schutzes der Zivilbevölkerung in Arbeitsverhältnisse verpflichtet werden; Verpflichtungen in öffentlich-rechtliche Dienstverhältnisse sind nur zur Wahrnehmung polizeilicher Aufgaben oder solcher hoheitlichen Aufgaben der öffentlichen Verwaltung, die nur in einem öffentlich-rechtlichen Dienstverhältnis erfüllt werden können, zulässig. Arbeitsverhältnisse nach Satz 1 können bei den Streitkräften, im Bereich ihrer Versorgung sowie bei der öffentlichen Verwaltung begründet werden; Verpflichtungen in Arbeitsverhältnisse im Bereiche der Versorgung der Zivilbevölkerung sind nur zulässig, um ihren lebensnotwendigen Bedarf zu decken oder ihren Schutz sicherzustellen.

(4) Kann im Verteidigungsfalle der Bedarf an zivilen Dienstleistungen im zivilen Sanitäts- und Heilwesen sowie in der ortsfesten militärischen Lazarettorganisation nicht auf freiwilliger Grundlage gedeckt werden, so können Frauen vom vollendeten achtzehnten bis zum vollendeten fünfundfünfzigsten Lebensjahr durch Gesetz oder auf Grund eines Gesetzes zu derartigen Dienstleistungen herangezogen werden. Sie dürfen auf keinen Fall zum Dienst mit der Waffe verpflichtet werden.

---

[1] Artikel 12 wurde durch Gesetze vom 19. 3. 1956 (BGBl. I S. 111) und vom 24. 6. 1968 (BGBl. I S. 709) geändert.

[2] Artikel 12 a wurde durch Gesetz vom 24. 6. 1968 (BGBl. I S. 709) eingefügt. Abs. 4 Satz 2 wurde geändert durch Gesetz vom 19. 12. 2000 (BGBl. I S. 1755).

(5) Für die Zeit vor dem Verteidigungsfalle können Verpflichtungen nach Abs. 3 nur nach Maßgabe des Artikels 80 a Abs. 1 begründet werden. Zur Vorbereitung auf Dienstleistungen nach Abs. 3, für die besondere Kenntnisse oder Fertigkeiten erforderlich sind, kann durch Gesetz oder auf Grund eines Gesetzes die Teilnahme an Ausbildungsveranstaltungen zur Pflicht gemacht werden. Satz 1 findet insoweit keine Anwendung.

(6) Kann im Verteidigungsfalle der Bedarf an Arbeitskräften für die in Abs. 3 S. 2 genannten Bereiche auf freiwilliger Grundlage nicht gedeckt werden, so kann zur Sicherung dieses Bedarfs die Freiheit der Deutschen, die Ausübung eines Berufs oder den Arbeitsplatz aufzugeben, durch Gesetz oder auf Grund eines Gesetzes eingeschränkt werden. Vor Eintritt des Verteidigungsfalles gilt Abs. 5 S. 1 entsprechend.

Artikel 13 [1]

[Wohnungsfreiheit]

(1) Die Wohnung ist unverletzlich.

(2) Durchsuchungen dürfen nur durch den Richter, bei Gefahr im Verzuge auch durch die in den Gesetzen vorgesehenen anderen Organe angeordnet und nur in der dort vorgeschriebenen Form durchgeführt werden.

(3) Begründen bestimmte Tatsachen den Verdacht, dass jemand eine durch Gesetz einzeln bestimmte besonders schwere Straftat begangen hat, so dürfen zur Verfolgung der Tat auf Grund richterlicher Anordnung technische Mittel zur akustischen Überwachung von Wohnungen, in denen der Beschuldigte sich vermutlich aufhält, eingesetzt werden, wenn die Erforschung des Sachverhalts auf andere Weise unverhältnismäßig erschwert oder aussichtslos wäre. Die Maßnahme ist zu befristen. Die Anordnung erfolgt durch einen mit drei Richtern besetzten Spruchkörper. Bei Gefahr im Verzuge kann sie auch durch einen einzelnen Richter getroffen werden.

(4) Zur Abwehr dringender Gefahren für die öffentliche Sicherheit, insbesondere einer gemeinen Gefahr oder einer Lebensgefahr, dürfen technische Mittel zur Überwachung von Wohnungen nur auf Grund richterlicher Anordnung eingesetzt werden. Bei Gefahr im Verzuge kann die Maßnahme auch durch eine andere gesetzlich bestimmte Stelle angeordnet werden; eine richterliche Entscheidung ist unverzüglich nachzuholen.

(5) Sind technische Mittel ausschließlich zum Schutze der bei einem Einsatz in Wohnungen tätiger Personen vorgesehen, kann die Maßnahme durch eine gesetzlich bestimmte Stelle angeordnet wenden. Eine anderweitige Verwertung der hierbei erlangten Erkenntnisse ist nur zum Zwecke der Strafverfolgung oder der Gefahrenabwehr und nur zulässig, wenn zuvor die Rechtmäßigkeit der Maßnahmen richterlich festgestellt ist; bei Gefahr im Verzuge ist die richterliche Entscheidung unverzüglich nachzuholen.

(6) Die Bundesregierung unterrichtet den Bundestag jährlich über den nach Abs. 3 sowie über den im Zuständigkeitsbereich des Bundes nach Abs. 4 und, soweit richterlich überprüfungsbedürftig, nach Abs. 5 erfolgten Einsatz technischer Mittel. Ein vom Bundestag gewähltes Gremium übt auf der Grundlage dieses Berichts die parlamentarische Kontrolle aus. Die Länder gewährleisten eine gleichwertige parlamentarische Kontrolle.

---

[1] Artikel 13 Abs. 3 – 6 wurden durch Gesetz vom 26. 3. 1998 (BGBl. I S. 610) eingefügt. Der bisherige Abs. 3 ist seither Abs. 7 geworden.

(7) Eingriffe und Beschränkungen dürfen im übrigen nur zur Abwehr einer gemeinen Gefahr oder einer Lebensgefahr für einzelne Personen, auf Grund eines Gesetzes auch zur Verhütung dringender Gefahren für die öffentliche Sicherheit und Ordnung, insbesondere zur Behebung der Raumnot, zur Bekämpfung von Seuchengefahr oder zum Schutze gefährdeter Jugendlicher vorgenommen werden.

Artikel 14

[Garantie des Eigentums und Erbrechtes]

(1) Das Eigentum und das Erbrecht werden gewährleistet. Inhalt und Schranken werden durch die Gesetze bestimmt.

(2) Eigentum verpflichtet. Sein Gebrauch soll zugleich dem Wohle der Allgemeinheit dienen.

(3) Eine Enteignung ist nur zum Wohle der Allgemeinheit zulässig. Sie darf nur durch Gesetz oder auf Grund eines Gesetzes erfolgen, das Art und Ausmaß der Entschädigung regelt. Die Entschädigung ist unter gerechter Abwägung der Interessen der Allgemeinheit, und der Beteiligten zu bestimmen. Wegen der Höhe der Entschädigung steht im Streitfalle der Rechtsweg vor den ordentlichen Gerichten offen.

Artikel 15

[Verstaatlichung]

Grund und Boden, Naturschätze und Produktionsmittel können zum Zwecke der Vergesellschaftung durch ein Gesetz, das Art und Ausmaß der Entschädigung regelt, in Gemeineigentum oder in andere Formen der Gemeinwirtschaft überführt werden. Für die Entschädigung gilt Artikel 14 Abs. 3 S. 3 und 4 entsprechend.

Artikel 16 [1]

[Staatsangehörigkeit, Auslieferungsverbot]

(1) Die deutsche Staatsangehörigkeit darf nicht entzogen werden. Der Verlust der Staatsangehörigkeit darf nur auf Grund eines Gesetzes und gegen den Willen des Betroffenen nur dann eintreten, wenn der Betroffene dadurch nicht staatenlos wird.

(2) Kein Deutscher darf an das Ausland ausgeliefert werden. Durch Gesetz kann eine abweichende Regelung für Auslieferungen an einen Mitgliedstaat der Europäischen Union oder an einen internationalen Gerichtshof getroffen werden, soweit rechtsstaatliche Grundsätze gewahrt sind.

---

[1] Artikel 16 Absatz 2 wurde geändert durch Gesetz vom 28. 6. 1993 (BGBl. I S. 1002); Satz 2 angefügt durch Gesetz vom 19. 12. 2000 (BGBl. I S. 1755).

Artikel 16a [1]

[Asylrecht]

(1) Politisch Verfolgte genießen Asylrecht.

(2) Auf Abs. 1 kann sich nicht berufen, wer aus einem Mitgliedstaat der Europäischen Gemeinschaften oder aus einem anderen Drittstaat einreist, in dem die Anwendung des Abkommens über die Rechtsstellung der Flüchtlinge und der Konvention zum Schutze der Menschenrechte und Grundfreiheiten sichergestellt ist. Die Staaten außerhalb der Europäischen Gemeinschaften, auf die die Voraussetzungen des Satzes 1 zutreffen, werden durch Gesetz, das der Zustimmung des Bundesrates bedarf, bestimmt. In den Fällen des Satzes 1 können aufenthaltsbeendende Maßnahmen unabhängig von einem hiergegen eingelegten Rechtsbehelf vollzogen werden.

(3) Durch Gesetz, das der Zustimmung des Bundesrates bedarf, können Staaten bestimmt werden, bei denen auf Grund der Rechtslage, der Rechtsanwendung und der allgemeinen politischen Verhältnisse gewährleistet erscheint, dass dort weder politische Verfolgung noch unmenschliche oder erniedrigende Bestrafung oder Behandlung stattfindet. Es wird vermutet, dass ein Ausländer aus einem solchen Staat nicht verfolgt wird, solange er nicht Tatsachen vorträgt, die die Annahme begründen, dass er entgegen dieser Vermutung politisch verfolgt wird.

(4) Die Vollziehung aufenthaltsbeendender Maßnahmen wird in den Fällen des Absatzes 3 und in anderen Fällen, die offensichtlich unbegründet sind oder als offensichtlich unbegründet gelten, durch das Gericht nur ausgesetzt, wenn ernstliche Zweifel an der Rechtmäßigkeit der Maßnahme bestehen; der Prüfungsumfang kann eingeschränkt werden und verspätetes Vorbringen unberücksichtigt bleiben. Das Nähere ist durch Gesetz zu bestimmen.

(5) Die Absätze 1 bis 4 stehen völkerrechtlichen Verträgen von Mitgliedstaaten der Europäischen Gemeinschaften untereinander und mit dritten Staaten nicht entgegen, die unter Beachtung der Verpflichtungen aus dem Abkommen über die Rechtsstellung der Flüchtlinge und der Konvention zum Schutze der Menschenrechte und Grundfreiheiten, deren Anwendung in den Vertragsstaaten sichergestellt sein muss, Zuständigkeitsregelungen für die Prüfung von Asylbegehren einschließlich der gegenseitigen Anerkennung von Asylentscheidungen treffen.

Artikel 17

[Petitionsrecht]

Jedermann hat das Recht, sich einzeln oder in Gemeinschaft mit anderen schriftlich mit Bitten oder Beschwerden an die zuständigen Stellen und an die Volksvertretung zu wenden.

[1] Artikel 16 a wurde neu eingefügt durch Gesetz vom 28. 6. 1993 (BGBl. I S. 1002).

Artikel 17a [1]

[Grundrechtsbeschränkungen während des Wehr- oder Zivildienstes]

(1) Gesetze über Wehrdienst und Ersatzdienst können bestimmen, dass für die Angehörigen der Streitkräfte und des Ersatzdienstes während der Zeit des Wehr- oder Ersatzdienstes das Grundrecht, seine Meinung in Wort, Schrift und Bild frei zu äußern und zu verbreiten (Artikel 5 Abs. 1 S. 1 erster Halbsatz), das Grundrecht der Versammlungsfreiheit (Artikel 8) und das Petitionsrecht (Artikel 17), soweit es das Recht gewährt, Bitten oder Beschwerden in Gemeinschaft mit anderen vorzubringen, eingeschränkt werden.

(2) Gesetze, die der Verteidigung einschließlich des Schutzes der Zivilbevölkerung dienen, können bestimmen, dass die Grundrechte der Freizügigkeit (Artikel 11) und der Unverletzlichkeit der Wohnung (Artikel 13) eingeschränkt werden.

Artikel 18 [2]

[Grundrechtsverwirkung]

Wer die Freiheit der Meinungsäußerung, insbesondere die Pressefreiheit (Artikel 5 Abs. 1), die Lehrfreiheit (Artikel 5 Abs. 3), die Versammlungsfreiheit (Artikel 8), die Vereinigungsfreiheit (Artikel 9), das Brief-, Post- und Fernmeldegeheimnis (Artikel 10), das Eigentum (Artikel 14) oder das Asylrecht (Artikel 16 a) zum Kampfe gegen die freiheitliche demokratische Grundordnung mißbraucht, verwirkt diese Grundrechte. Die Verwirkung und ihr Ausmaß werden durch das Bundesverfassungsgericht ausgesprochen.

Artikel 19 [3]

[Zitiergebot, Wesensgehalt- und Rechtsweggewährleistung]

(1) Soweit nach diesem Grundgesetz ein Grundrecht durch Gesetz oder auf Grund eines Gesetzes eingeschränkt werden kann, muss das Gesetz allgemein und nicht nur für den Einzelfall gelten. Außerdem muss das Gesetz das Grundrecht unter Angabe des Artikels nennen.

(2) In keinem Falle darf ein Grundrecht in seinem Wesensgehalt angetastet werden.

(3) Die Grundrechte gelten auch für inländische juristische Personen, soweit sie ihrem Wesen nach auf diese anwendbar sind.

(4) Wird jemand durch die öffentliche Gewalt in seinen Rechten verletzt, so steht ihm der Rechtsweg offen. Soweit eine andere Zuständigkeit nicht begründet ist, ist der ordentliche Rechtsweg gegeben. Artikel 10 Abs. 2 S. 2 bleibt unberührt.

---

[1] Artikel 17 a wurde durch Gesetz vom 19. 3. 1956 (BGBl. I. S. 111) eingefügt.

[2] Artikel 18 S. 1 wurde durch Gesetz vom 28. 6. 1993 (BGBl. I S. 1002) geändert.

[3] Artikel 19 Abs. 4 wurde durch Gesetz vom 24. 6. 1968 (BGBl. I S. 709) ergänzt.

II. Der Bund und die Länder

Artikel 20 [1]

[Demokratie, Bundes-, Rechts- und Sozialstaat, verfassungsmäßige Ordnung, Widerstandsrecht]

(1) Die Bundesrepublik Deutschland ist ein demokratischer und sozialer Bundesstaat.

(2) Alle Staatsgewalt geht vom Volke aus. Sie wird vom Volke in Wahlen und Abstimmungen und durch besondere Organe der Gesetzgebung, der vollziehenden Gewalt und der Rechtsprechung ausgeübt.

(3) Die Gesetzgebung ist an die verfassungsmäßige Ordnung, die vollziehende Gewalt und die Rechtsprechung sind an Gesetz und Recht gebunden.

(4) Gegen jeden, der es unternimmt, diese Ordnung zu beseitigen, haben alle Deutschen das Recht zum Widerstand, wenn andere Abhilfe nicht möglich ist.

Artikel 20 a [2]

[Schutz der natürlichen Lebensgrundlagen und der Tiere]

Der Staat schützt auch in Verantwortung für die künftigen Generationen die natürlichen Lebensgrundlagen und die Tiere im Rahmen der verfassungsmäßigen Ordnung durch die Gesetzgebung und nach Maßgabe von Gesetz und Recht durch die vollziehende Gewalt und die Rechtsprechung.

Artikel 21 [3]

[Parteien, Parteienfinanzierung]

(1) Die Parteien wirken bei der politischen Willensbildung des Volkes mit. Ihre Gründung ist frei. Ihre innere Ordnung muss demokratischen Grundsätzen entsprechen. Sie müssen über die Herkunft und Verwendung ihrer Mittel sowie über ihr Vermögen öffentlich Rechenschaft geben.

(2) Parteien, die nach ihren Zielen oder nach dem Verhalten ihrer Anhänger darauf ausgehen, die freiheitliche demokratische Grundordnung zu beeinträchtigen oder zu beseitigen oder den Bestand der Bundesrepublik Deutschland zu gefährden, sind verfassungswidrig.

(3) Parteien, die nach ihren Zielen oder dem Verhalten ihrer Anhänger darauf ausgerichtet sind, die freiheitliche demokratische Grundordnung zu beeinträchtigen oder zu beseitigen oder den Bestand der Bundesrepublik Deutschland zu gefährden, sind von staatlicher Finanzierung ausgeschlossen. Wird der Ausschluss festgestellt, so entfällt auch eine steuerliche Begünstigung dieser Parteien und von Zuwendungen an diese Parteien.

---

[1] Artikel 20 Abs. 4 wurde durch Gesetz vom 24. 6. 1968 (BGBl. I S. 709) angefügt.

[2] Artikel 20 a wurde durch Gesetz vom 27. 10. 1994 (BGBl. I S. 3146) eingefügt, Art. 20 a geändert (Tierschutz) durch Gesetz vom 26. 7. 2002 (BGBl. I. S. 2862).

[3] Artikel 21 Abs. 1 S. 4 ist durch Gesetz vom 21. 12. 1983 (BGBl. I S. 1481) geändert worden. Die Absätze 3 und 4 sind durch Gesetz vom 13. 7. 2017 (BGBl. I S. 2346) eingefügt worden; der bisherige Absatz 3 wurde Absatz 5.

(4) Über die Frage der Verfassungswidrigkeit nach Absatz 2 sowie über den Ausschluss von staatlicher Finanzierung nach Absatz 3 entscheidet das Bundesverfassungsgericht.

(5) Das Nähere regeln Bundesgesetze.

Artikel 22 [1]

[Bundeshauptstadt, Bundesflagge]

(1) Die Hauptstadt der Bundesrepublik Deutschland ist Berlin. Die Repräsentation des Gesamtstaates in der Hauptstadt ist Aufgabe des Bundes. Das Nähere wird durch Bundesgesetz geregelt.

(2) Die Bundesflagge ist schwarz-rot-gold.

Artikel 23 [2]

[Europäische Union, Mitwirkung der Länder]

(1) Zur Verwirklichung eines vereinten Europas wirkt die Bundesrepublik Deutschland bei der Entwicklung der Europäischen Union mit, die demokratischen, rechtsstaatlichen, sozialen und föderativen Grundsätzen und dem Grundsatz der Subsidiarität verpflichtet ist und einen diesem Grundgesetz im wesentlichen vergleichbaren Grundrechtsschutz gewährleistet. Der Bund kann hierzu durch Gesetz mit Zustimmung des Bundesrates Hoheitsrechte übertragen. Für die Begründung der Europäischen Union sowie für Änderungen ihrer vertraglichen Grundlagen und vergleichbare Regelungen, durch die dieses Grundgesetz seinem Inhalt nach geändert oder Ergänzungen ermöglicht werden, gilt Artikel 79 Abs. 2 und 3.

(1a) Der Bundestag und der Bundesrat haben das Recht, wegen Verstoßes eines Gesetzgebungsaktes der Europäischen Union gegen das Subsidiaritätsprinzip vor dem Gerichtshof der Europäischen Union Klage zu erheben. Der Bundestag ist hierzu auf Antrag eines Viertels seiner Mitglieder verpflichtet. Durch Gesetz, das der Zustimmung des Bundesrates bedarf, können für die Wahrnehmung der Rechte, die dem Bundestag und dem Bundesrat in den vertraglichen Grundlagen der Europäischen Union eingeräumt sind, Ausnahmen von Artikel 42 Abs. 2 Satz 1 und 52 Abs. 3 Satz 1 zugelassen werden.

(2) In Angelegenheiten der Europäischen Union wirken der Bundestag und durch den Bundesrat die Länder mit. Die Bundesregierung hat den Bundestag und den Bundesrat umfassend und zum frühestmöglichen Zeitpunkt zu unterrichten.

(3) Die Bundesregierung gibt dem Bundestag Gelegenheit zur Stellungnahme vor ihrer Mitwirkung an Rechtsetzungsakten der Europäischen Union. Die Bundesregierung berücksichtigt die Stellungnahmen des Bundestages bei den Verhandlungen. Das Nähere regelt ein Gesetz.

(4) Der Bundesrat ist an der Willensbildung des Bundes zu beteiligen, soweit er an einer entsprechenden innerstaatlichen Maßnahme mitzuwirken hätte oder soweit die Länder innerstaatlich zuständig wären.

---

[1] Abs. 1 wurde durch Änderungsgesetz vom 28. 8. 2006 (BGBl. I S. 2034) eingefügt.

[2] Artikel 23 wurde durch den Einigungsvertrag vom 31. 8. 1990 (BGBl. II S. 889) aufgehoben und in neuer Fassung wieder eingefügt durch Gesetz vom 21. 12. 1992 (BGBl. I S. 2086). Abs. 6 Satz 1 wurde geändert durch Gesetz vom 28. 8. 2006 (BGBl. I S. 2034). Abs. 1 a wurde eingefügt durch Gesetz vom 8. 10. 2008 (BGBl. I S. 1926). Abs. 1 a trat allerdings erst am 1. 12. 2009 in Kraft, nachdem der Vertrag von Lissabon vom 13. 12. 2007 (BGBl. II 2008 S. 1038) für Deutschland wirksam geworden war.

(5) Soweit in einem Bereich ausschließlicher Zuständigkeiten des Bundes Interessen der Länder berührt sind oder soweit im übrigen der Bund das Recht zur Gesetzgebung hat, berücksichtigt die Bundesregierung die Stellungnahme des Bundesrates. Wenn im Schwerpunkt Gesetzgebungsbefugnisse der Länder, die Einrichtung ihrer Behörden oder ihrer Verwaltungsverfahren betroffen sind, ist bei der Willensbildung des Bundes insoweit die Auffassung des Bundesrates maßgeblich zu berücksichtigen; dabei ist die gesamtstaatliche Verantwortung des Bundes zu wahren. In Angelegenheiten, die zu Ausgabenerhöhungen oder Einnahmeminderungen für den Bund führen können, ist die Zustimmung der Bundesregierung erforderlich.

(6) Wenn im Schwerpunkt ausschließliche Gesetzgebungsbefugnisse der Länder auf den Gebieten der schulischen Bildung, der Kultur oder des Rundfunks betroffen sind, wird die Wahrnehmung der Rechte, die der Bundesrepublik Deutschland als Mitgliedstaat der Europäischen Union zustehen, vom Bund auf einen vom Bundesrat benannten Vertreter der Länder übertragen. Die Wahrnehmung der Rechte erfolgt unter Beteiligung und in Abstimmung mit der Bundesregierung; dabei ist die gesamtstaatliche Verantwortung des Bundes zu wahren.

(7) Das Nähere zu den Absätzen 4 bis 6 regelt ein Gesetz, das der Zustimmung des Bundesrates bedarf.

Artikel 24 [1]

[Übertragung von Hoheitsrechten auf internationale Einrichtungen]

(1) Der Bund kann durch Gesetz Hoheitsrechte auf zwischenstaatliche Einrichtungen übertragen.

(1a) Soweit die Länder für die Ausübung der staatlichen Befugnisse und die Erfüllung der staatlichen Aufgaben zuständig sind, können sie mit Zustimmung der Bundesregierung Hoheitsrechte auf grenznachbarschaftliche Einrichtungen übertragen.

(2) Der Bund kann sich zur Wahrung des Friedens einem System gegenseitiger kollektiver Sicherheit einordnen; er wird hierbei in die Beschränkungen seiner Hoheitsrechte einwilligen, die eine friedliche und dauerhafte Ordnung in Europa und zwischen den Völkern der Welt herbeiführen und sichern.

(3) Zur Regelung zwischenstaatlicher Streitigkeiten wird der Bund Vereinbarungen über eine allgemeine, umfassende, obligatorische, internationale Schiedsgerichtsbarkeit beitreten.

Artikel 25

[Allgemeine Regeln des Völkerrechts]

Die allgemeinen Regeln des Völkerrechtes sind Bestandteil des Bundesrechtes. Sie gehen den Gesetzen vor und erzeugen Rechte und Pflichten unmittelbar für die Bewohner des Bundesgebietes.

Artikel 26

[Verbot des Angriffskrieges]

(1) Handlungen, die geeignet sind und in der Absicht vorgenommen werden, das friedliche Zusammenleben der Völker zu stören, insbesondere die Führung eines Angriffskrieges vorzubereiten, sind verfassungswidrig. Sie sind unter Strafe zu stellen.

[1] Artikel 24 Abs. 1a wurde durch Gesetz vom 12. 1992 (BGBl. I S. 2086) eingefügt.

(2) Zur Kriegführung bestimmte Waffen dürfen nur mit Genehmigung der Bundesregierung hergestellt, befördert und in Verkehr gebracht wenden. Das Nähere regelt ein Bundesgesetz.

Artikel 27

[Handelsflotte]

Alle deutschen Kauffahrteischiffe bilden eine einheitliche Handelsflotte.

Artikel 28 [1]

[Verfassungsmäßige Ordnung in den Ländern, Selbstverwaltungsgarantie der Gemeinden und Kreise]

(1) Die verfassungsmäßige Ordnung in den Ländern muss den Grundsätzen des republikanischen, demokratischen und sozialen Rechtsstaates im Sinne dieses Grundgesetzes entsprechen. In den Ländern, Kreisen und Gemeinden muss das Volk eine Vertretung haben, die aus allgemeinen, unmittelbaren, freien, gleichen und geheimen Wahlen hervorgegangen ist. Bei Wahlen in Kreisen und Gemeinden sind auch Personen, die die Staatsangehörigkeit eines Mitgliedstaates der Europäischen Gemeinschaft besitzen, nach Maßgabe von Recht der Europäischen Gemeinschaft wahlberechtigt und wählbar. In Gemeinden kann an die Stelle einer gewählten Körperschaft die Gemeindeversammlung treten.

(2) Den Gemeinden muss das Recht gewährleistet sein, alle Angelegenheiten der örtlichen Gemeinschaft im Rahmen der Gesetze in eigener Verantwortung zu regeln. Auch die Gemeindeverbände haben im Rahmen ihres gesetzlichen Aufgabenbereiches nach Maßgabe der Gesetze das Recht der Selbstverwaltung. Die Gewährleistung der Selbstverwaltung umfasst auch die Grundlagen der finanziellen Eigenverantwortung; zu diesen Grundlagen gehört eine den Gemeinden mit Hebesatzrecht zustehende wirtschaftskraftbezogene Steuerquelle.

(3) Der Bund gewährleistet, dass die verfassungsmäßige Ordnung der Länder den Grundrechten und den Bestimmungen der Absätze 1 und 2 entspricht.

Artikel 29 [2]

[Neugliederung des Bundesgebietes]

(1) Das Bundesgebiet kann neu gegliedert werden, um zu gewährleisten, dass die Länder nach Größe und Leistungsfähigkeit die ihnen obliegenden Aufgaben wirksam erfüllen können. Dabei sind die landsmannschaftliche Verbundenheit, die geschichtlichen und kulturellen Zusammenhänge, die wirtschaftliche Zweckmäßigkeit sowie die Erfordernisse der Raumordnung und der Landesplanung zu berücksichtigen.

(2) Maßnahmen zur Neugliederung des Bundesgebietes ergehen durch Bundesgesetz, das der Bestätigung durch Volksentscheid bedarf. Die betroffenen Länder sind zu hören.

---

[1] Art. 28 Abs. Satz 3 wurde durch Gesetz vom 21. 12. 1992 (BGBl. I S. 2086) eingefügt, Abs. 2 Satz 3 angefügt durch Gesetz vom 27. 10. 1994 (BGBl. I. S. 3146) und erneut erweitert durch Gesetz vom 20. 10. 1997 (BGBl. I S. 2470).

[2] Artikel 29 wurde durch Gesetz vom 19. 8. 1969 (BGBl. I S. 1241) geändert, neu gefasst durch gesetz vom 23. 8. 1976 (BGBl. I S. 2381) geändert und Abs. 8 angefügt durch Gesetz vom 27. 10. 1994 (BGBl. I S. 3136).

(3) Der Volksentscheid findet in den Ländern statt, aus deren Gebieten oder Gebietsteilen ein neues oder neu umgrenztes Land gebildet werden soll (betroffene Länder). Abzustimmen ist über die Frage, ob die betroffenen Länder wie bisher bestehen bleiben sollen oder ob das neue oder neu umgrenzte Land gebildet werden soll. Der Volksentscheid für die Bildung eines neuen oder neu umgrenzten Landes kommt zustande, wenn in dessen künftigem Gebiet und insgesamt in den Gebieten oder Gebietsteilen eines betroffenen Landes, deren Landeszugehörigkeit im gleichen Sinne geändert werden soll, jeweils eine Mehrheit der Änderung zustimmt. Er kommt nicht zustande, wenn im Gebiet eines der betroffenen Länder eine Mehrheit die Änderung ablehnt; die Ablehnung ist jedoch unbeachtlich, wenn in einem Gebietsteil, dessen Zugehörigkeit zu dem betroffenen Land geändert werden soll, eine Mehrheit von zwei Dritteln der Änderung zustimmt, es sei denn, dass im Gesamtgebiet des betroffenen Landes eine Mehrheit von zwei Dritteln die Änderung ablehnt.

(4) Wird in einem zusammenhängenden, abgegrenzten Siedlungs- und Wirtschaftsraum, dessen Teile in mehreren Ländern liegen und der mindestens eine Million Einwohner hat, von einem Zehntel der in ihm zum Bundestag Wahlberechtigten durch Volksbegehren gefordert, dass für diesen Raum eine einheitliche Landeszugehörigkeit herbeigeführt werde, so ist durch Bundesgesetz innerhalb von zwei Jahren entweder zu bestimmen, ob die Landeszugehörigkeit gemäß Abs. 2 geändert wird, oder dass in den betroffenen Ländern eine Volksbefragung stattfindet.

(5) Die Volksbefragung ist darauf gerichtet festzustellen, ob eine in dem Gesetz vorzuschlagende Änderung der Landeszugehörigkeit Zustimmung findet. Das Gesetz kann verschiedene, jedoch nicht mehr als zwei Vorschläge der Volksbefragung vorlegen. Stimmt eine Mehrheit einer vorgeschlagenen Änderung der Landeszugehörigkeit zu, so ist durch Bundesgesetz innerhalb von zwei Jahren zu bestimmen, ob die Landeszugehörigkeit gemäß Abs. 2 geändert wird. Findet ein der Volksbefragung vorgelegter Vorschlag eine den Maßgaben des Absatzes 3 Satz 3 und 4 entsprechende Zustimmung, so ist innerhalb von zwei Jahren nach der Durchführung der Volksbefragung ein Bundesgesetz zur Bildung des vorgeschlagenen Landes zu erlassen, das der Bestätigung durch Volksentscheid nicht mehr bedarf.

(6) Mehrheit im Volksentscheid und in der Volksbefragung ist die Mehrheit der abgegebenen Stimmen, wenn sie mindestens ein Viertel der zum Bundestag Wahlberechtigten umfasst. Im übrigen wird das Nähere über Volksentscheid, Volksbegehren und Volksbefragung durch ein Bundesgesetz geregelt; dieses kann auch vorsehen, dass Volksbegehren innerhalb eines Zeitraumes von fünf Jahren nicht wiederholt werden können.

(7) Sonstige Änderungen des Gebietsbestandes der Länder können durch Staatsverträge der beteiligten Länder oder durch Bundesgesetz mit Zustimmung des Bundesrates erfolgen, wenn das Gebiet, dessen Landeszugehörigkeit geändert werden soll, nicht mehr als 50 000 Einwohner hat. Das Nähere regelt ein Bundesgesetz, das der Zustimmung des Bundesrates und der Mehrheit der Mitglieder des Bundestages bedarf. Es muss die Anhörung der betroffenen Gemeinden und Kreise vorsehen.

(8) Die Länder können eine Neugliederung für das jeweils von ihnen umfasste Gebiet oder für Teilgebiete abweichend von den Vorschriften der Absätze 2 bis 7 durch Staatsvertrag regeln. Die betroffenen Gemeinden und Kreise sind zu hören. Der Staatsvertrag bedarf der Bestätigung durch Volksentscheid in jedem beteiligten Land. Betrifft der Staatsvertrag Teilgebiete der Länder, kann die Bestätigung auf Volksentscheide in diesen Teilgebieten beschränkt werden; S. 5 zweiter Halbsatz findet keine Anwendung. Bei einem Volksentscheid entscheidet die Mehrheit der abgegebenen Stimmen, wenn sie mindestens ein Viertel der zum Bundestag Wahlberechtigten umfasst; das Nähere regelt ein Bundesgesetz. Der Staatsvertrag bedarf der Zustimmung des Bundestages.

Artikel 30

[Staatlichkeit und Zuständigkeit der Länder]

Die Ausübung der staatlichen Befugnisse und die Erfüllung der staatlichen Aufgaben ist Sache der Länder, soweit dieses Grundgesetz keine andere Regelung trifft oder zuläßt.

Artikel 31

[Vorrang des Bundesrechts]

Bundesrecht bricht Landesrecht.

Artikel 32

[Auswärtige Beziehungen]

(1) Die Pflege der Beziehungen zu auswärtigen Staaten ist Sache des Bundes.

(2) Vor dem Abschlusse eines Vertrages, der die besonderen Verhältnisse eines Landes berührt, ist das Land rechtzeitig zu hören.

(3) Soweit die Länder für die Gesetzgebung zuständig sind, können sie mit Zustimmung der Bundesregierung mit auswärtigen Staaten Verträge abschließen.

Artikel 33 [1]

[Staatsbürgerliche Gleichheit, hergebrachte Grundsätze des Beamtenrechts]

(1) Jeder Deutsche hat in jedem Lande die gleichen staatsbürgerlichen Rechte und Pflichten.

(2) Jeder Deutsche hat nach seiner Eignung, Befähigung und fachlichen Leistung gleichen Zugang zu jedem öffentlichen Amte.

(3) Der Genuß bürgerlicher und staatsbürgerlicher Rechte, die Zulassung zu öffentlichen Ämtern sowie die im öffentlichen Dienste erworbenen Rechte sind unabhängig von dem religiösen Bekenntnis. Niemandem darf aus seiner Zugehörigkeit oder Nichtzugehörigkeit zu einem Bekenntnisse oder einer Weltanschauung ein Nachteil erwachsen.

(4) Die Ausübung hoheitsrechtlicher Befugnisse ist als ständige Aufgabe in der Regel Angehörigen des öffentlichen Dienstes zu übertragen, die in einem öffentlich-rechtlichen Dienst- und Treueverhältnis stehen.

(5) Das Recht des öffentlichen Dienstes ist unter Berücksichtigung der hergebrachten Grundsätze des Berufsbeamtentums zu regeln und fortzuentwickeln.

Artikel 34

[Staatshaftung für Amtspflichtverletzungen]

Verletzt jemand in Ausübung eines ihm anvertrauten öffentlichen Amtes die ihm einem Dritten gegenüber obliegende Amtspflicht, so trifft die Verantwortlichkeit grundsätzlich den Staat oder die Körperschaft, in deren Dienst er steht. Bei Vorsatz oder grober Fahrlässigkeit bleibt der Rückgriff vorbehalten. Für den Anspruch auf Schadensersatz und für den Rückgriff darf der ordentliche Rechtsweg nicht ausgeschlossen werden.

---

[1] Abs. 5 wurde durch Gesetz vom 28. 8. 2006 (BGBl. I S. 2034) geändert.

Artikel 35 [1]

[Rechts- und Amtshilfe]

(1) Alle Behörden des Bundes und der Länder leisten sich gegenseitig Rechts- und Amtshilfe.

(2) Zur Aufrechterhaltung oder Wiederherstellung der öffentlichen Sicherheit oder Ordnung kann ein Land in Fällen von besonderer Bedeutung Kräfte und Einrichtungen des Bundesgrenzschutzes zur Unterstützung seiner Polizei anfordern, wenn die Polizei ohne diese Unterstützung eine Aufgabe nicht oder nur unter erheblichen Schwierigkeiten erfüllen könnte. Zur Hilfe bei einer Naturkatastrophe oder bei einem besonders schweren Unglücksfall kann ein Land Polizeikräfte anderer Länder, Kräfte und Einrichtungen anderer Verwaltungen sowie des Bundesgrenzschutzes und der Streitkräfte anfordern.

(3) Gefährdet die Naturkatastrophe oder der Unglücksfall das Gebiet mehr als eines Landes, so kann die Bundesregierung, soweit es zur wirksamen Bekämpfung erforderlich ist, den Landesregierungen die Weisung erteilen, Polizeikräfte anderen Ländern zur Verfügung zu stellen, sowie Einheiten des Bundesgrenzschutzes, und der Streitkräfte zur Unterstützung der Polizeikräfte einsetzen. Maßnahmen der Bundesregierung nach Satz 1 sind jederzeit auf Verlangen des Bundesrates, im übrigen unverzüglich nach Beseitigung der Gefahr aufzuheben.

Artikel 36 [2]

[Bundesbeamte]

(1) Bei den obersten Bundesbehörden sind Beamte aus allen Ländern in angemessenem Verhältnis zu verwenden. Die bei den übrigen Bundesbehörden beschäftigten Personen sollen in der Regel aus dem Lande genommen werden, in dem sie tätig sind.

(2) Die Wehrgesetze haben auch die Gliederung des Bundes in Länder und ihre besonderen landsmannschaftlichen Verhältnisse zu berücksichtigen.

Artikel 37

[Bundeszwang]

(1) Wenn ein Land die ihm nach dem Grundgesetze oder einem anderen Bundesgesetze obliegenden Bundespflichten nicht erfüllt, kann die Bundesregierung mit Zustimmung des Bundesrates die notwendigen Maßnahmen treffen, um das Land im Wege des Bundeszwanges zur Erfüllung seiner Pflichten anzuhalten.

(2) Zur Durchführung des Bundeszwanges hat die Bundesregierung oder ihr Beauftragter das Weisungsrecht gegenüber allen Ländern und ihren Behörden.

---

[1] Artikel 35 wurde durch Gesetz vom 24. 6. 1968 (BGBl. I S. 709) ergänzt und durch Gesetz vom 28. 7. 1972 (BGBl. I S. 1305) geändert.

[2] Artikel 36 wurde durch Gesetz vom 19. 3. 1956 (BGBl. I S. 111) ergänzt.

III. Der Bundestag

Artikel 38 [1]

[Wahlen, Abgeordnetenstellung]

(1) Die Abgeordneten des Deutschen Bundestages werden in allgemeiner, unmittelbarer, freier, gleicher und geheimer Wahl gewählt. Sie sind Vertreter des ganzen Volkes, an Aufträge und Weisungen nicht gebunden und nur ihrem Gewissen unterworfen.

(2) Wahlberechtigt ist, wer das achtzehnte Lebensjahr vollendet hat; wählbar ist, wer das Alter erreicht hat, mit dem die Volljährigkeit eintritt.

(3) Das Nähere bestimmt ein Bundesgesetz.

Artikel 39 [2]

[Wahlperiode, Selbstorganisation]

(1) Der Bundestag wird vorbehaltlich der nachfolgenden Bestimmungen auf vier Jahre gewählt. Seine Wahlperiode endet mit dem Zusammentritt eines neuen Bundestages. Die Neuwahl findet frühestens sechsundvierzig, spätestens achtundvierzig Monate nach Beginn der Wahlperiode statt. Im Falle einer Auflösung des Bundestages findet die Neuwahl innerhalb von sechzig Tagen statt.

(2) Der Bundestag tritt spätestens am dreißigsten Tage nach der Wahl zusammen.

(3) Der Bundestag bestimmt den Schluß und den Wiederbeginn seiner Sitzungen. Der Präsident des Bundestages kann ihn früher einberufen. Er ist hierzu verpflichtet, wenn ein Drittel der Mitglieder, der Bundespräsident oder der Bundeskanzler es verlangen.

Artikel 40

[Bundestagspräsident, Stellvertreter]

(1) Der Bundestag wählt seinen Präsidenten, dessen Stellvertreter und die Schriftführer. Er gibt sich eine Geschäftsordnung.

(2) Der Präsident übt das Hausrecht und die Polizeigewalt im Gebäude des Bundestages aus. Ohne seine Genehmigung darf in den Räumen des Bundestages keine Durchsuchung oder Beschlagnahme stattfinden.

Artikel 41

[Wahlprüfung]

(1) Die Wahlprüfung ist Sache des Bundestages. Er entscheidet auch, ob ein Abgeordneter des Bundestages die Mitgliedschaft verloren hat.

(2) Gegen die Entscheidung des Bundestages ist die Beschwerde an das Bundesverfassungsgericht zulässig.

(3) Das Nähere regelt ein Bundesgesetz.

---

[1] Artikel 38 Abs. 2 wurde durch Gesetz vom 31. 7. 1970 (BGBl. I S. 1161) geändert.

[2] Artikel 39 Abs. 1 und 2 wurde durch Gesetz vom 23. 8. 1976 (BGBl. I S. 2381) geändert. Abs. 1 Satz 1 und 3 wurde durch Gesetz vom 16. 7. 1998 (BGBl. I S. 1822) erneut geändert.

Artikel 42

[Öffentlichkeit der Verhandlungen, Mehrheiten]

(1) Der Bundestag verhandelt öffentlich. Auf Antrag eines Zehntels seiner Mitglieder oder auf Antrag der Bundesregierung kann mit Zweidrittelmehrheit die Öffentlichkeit ausgeschlossen werden. Über den Antrag wird in nichtöffentlicher Sitzung entschieden.

(2) Zu einem Beschlusse des Bundestages ist die Mehrheit der abgegebenen Stimmen erforderlich, soweit dieses Grundgesetz nichts anderes bestimmt. Für die vom Bundestage vorzunehmenden Wahlen kann die Geschäftsordnung Ausnahmen zulassen.

(3) Wahrheitsgetreue Berichte über die öffentlichen Sitzungen des Bundestages und seiner Ausschüsse bleiben von jeder Verantwortlichkeit frei.

Artikel 43

[Anwesenheitspflicht und -recht der Bundesregierung]

(1) Der Bundestag und seine Ausschüsse können die Anwesenheit jedes Mitgliedes der Bundesregierung verlangen.

(2) Die Mitglieder des Bundesrates und der Bundesregierung sowie ihre Beauftragten haben zu allen Sitzungen des Bundestages und seiner Ausschüsse Zutritt. Sie müssen jederzeit gehört werden.

Artikel 44

[Untersuchungsausschüsse]

(1) Der Bundestag hat das Recht und auf Antrag eines Viertels seiner Mitglieder die Pflicht, einen Untersuchungsausschuß einzusetzen, der in öffentlicher Verhandlung die erforderlichen Beweise erhebt. Die Öffentlichkeit kann ausgeschlossen werden.

(2) Auf Beweiserhebungen finden die Vorschriften über den Strafprozeß sinngemäß Anwendung. Das Brief-, Post- und Fernmeldegeheimnis bleibt unberührt.

(3) Gerichte und Verwaltungsbehörden sind zur Rechts- und Amtshilfe verpflichtet.

(4) Die Beschlüsse der Untersuchungsausschüsse sind der richterlichen Erörterung entzogen. In der Würdigung und Beurteilung des der Untersuchung zugrunde liegenden Sachverhaltes sind die Gerichte frei.

Artikel 45 [1]

[Ausschuss für Europäische Union]

Der Bundestag bestellt einen Ausschuß für die Angelegenheiten der Europäischen Union. Er kann ihn ermächtigen, die Rechte des Bundestages gemäß Artikel 23 gegenüber der Bundesregierung wahrzunehmen. Er kann ihn auch ermächtigen, die Rechte wahrzunehmen, die dem Bundestag in den vertraglichen Grundlagen der Europäischen Union eingeräumt sind.

---

[1] Artikel 45 wurde durch Gesetz vom 23. 8. 1976 (BGBl. I S. 2381) gestrichen und mit neuem Text durch Gesetz vom 21. 12. 1992 (BGBl, I, S. 2086) wieder eingefügt. Satz 3 wurde angefügt durch Gesetz vom 8. 10. 2008 (BGBl. I S. 1926). Satz 3 trat allerdings erst am 1. 12. 2009 in Kraft, als der Vertrag von Lissabon vom 13. 12. 2007 (BGBl. II 2008 S. 1038) für Deutschland wirksam wurde.

Artikel 45 a [1]

[Ausschüsse für auswärtige Angelegenheiten und Verteidigung]

(1) Der Bundestag bestellt einen Ausschuß für auswärtige Angelegenheiten und einen Ausschuß für Verteidigung.

(2) Der Ausschuß für Verteidigung hat auch die Rechte eines Untersuchungsausschusses. Auf Antrag eines Viertels seiner Mitglieder hat er die Pflicht, eine Angelegenheit zum Gegenstand seiner Untersuchung zu machen.

(3) Artikel 44 Abs. 1 findet auf dem Gebiet der Verteidigung keine Anwendung.

Artikel 45b[2]

[Wehrbeauftragter]

Zum Schutz der Grundrechte und als Hilfsorgan des Bundestages bei der Ausübung der parlamentarischen Kontrolle wird ein Wehrbeauftragter des Bundestages berufen. Das Nähere regelt ein Bundesgesetz.

Artikel 45c [3]

[Petitionsausschuss]

(1) Der Bundestag bestellt einen Petitionsausschuß, dem die Behandlung der nach Artikel 17 an den Bundestag gerichteten Bitten und Beschwerden obliegt.

(2) Die Befugnisse des Ausschusses zur Überprüfung von Beschwerden regelt ein Bundesgesetz.

Artikel 45d [4]

[Parlamentarisches Kontrollgremium]

(1) Der Bundestag bestellt ein Gremium zur Kontrolle der nachrichtendienstlichen Tätigkeit des Bundes.

(2) Das Nähere regelt ein Bundesgesetz.

Artikel 46

[Immunität und Indemnität der Abgeordneten]

(1) Ein Abgeordneter darf zu keiner Zeit wegen seiner Abstimmung oder wegen einer Äußerung, die er im Bundestage oder in einem seiner Ausschüsse getan hat, gerichtlich oder dienstlich verfolgt oder sonst außerhalb des Bundestages zur Verantwortung gezogen werden. Dies gilt nicht für verleumderische Beleidigungen.

---

[1] Artikel 45 a wurde durch Gesetz vom 19. 3. 1956 (BGBl. I S. 111) eingefügt; Artikel 45 a Abs. 1 Satz 2 durch Gesetz vom 23. 8. 1976 (BGBl. I S. 2381) gestrichen.

[2] 45 b wurde durch Gesetz vom 19. 3. 1956 (BGBl. I S. 111) eingefügt.

[3] Artikel 45 c wurde durch Gesetz vom 15. 7. 1975 (BGBl. I S. 1901) eingefügt.

[4] Artikel 45 d wurde durch Gesetz vom 17. 7. 2009 (BGBl. I S. 1977) eingefügt.

(2) Wegen einer mit Strafe bedrohten Handlung darf ein Abgeordneter nur mit Genehmigung des Bundestages zur Verantwortung gezogen oder verhaftet werden, es sei denn, dass er bei Begehung der Tat oder im Laufe des folgenden Tages festgenommen wird.

(3) Die Genehmigung des Bundestages ist ferner bei jeder anderen Beschränkung der persönlichen Freiheit eines Abgeordneten oder zur Einleitung eines Verfahrens gegen einen Abgeordneten gemäß Artikel 18 erforderlich.

(4) Jedes Strafverfahren und jedes Verfahren gemäß Artikel 18 gegen einen Abgeordneten, jede Haft und jede sonstige Beschränkung seiner persönlichen Freiheit sind auf Verlangen des Bundestages auszusetzen.

Artikel 47

[Zeugnisverweigerungsrecht der Abgeordneten]

Die Abgeordneten sind berechtigt, über Personen, die ihnen in ihrer Eigenschaft als Abgeordnete oder denen sie in dieser Eigenschaft Tatsachen anvertraut haben, sowie über diese Tatsachen selbst das Zeugnis zu verweigern. Soweit dieses Zeugnisverweigerungsrecht reicht, ist die Beschlagnahme von Schriftstücken unzulässig.

Artikel 48

[Wahlurlaub, Benachteiligungsverbot, Reisekostenfreiheit]

(1) Wer sich um einen Sitz im Bundestage bewirbt, hat Anspruch auf den zur Vorbereitung seiner Wahl erforderlichen Urlaub.

(2) Niemand darf gehindert werden, das Amt eines Abgeordneten zu übernehmen und auszuüben. Eine Kündigung oder Entlassung aus diesem Grunde ist unzulässig.

(3) Die Abgeordneten haben Anspruch auf eine angemessene, ihre Unabhängigkeit sichernde Entschädigung. Sie haben das Recht der freien Benutzung aller staatlichen Verkehrsmittel. Das Nähere regelt ein Bundesgesetz.

Artikel 49 [1]

IV. Der Bundesrat

Artikel 50 [2]

[Mitwirkungsrechte]

Durch den Bundesrat wirken die Länder bei der Gesetzgebung und Verwaltung des Bundes und in Angelegenheiten der Europäischen Union mit.

---

[1] Artikel 49 wurde durch Gesetz vom 19. 3. 1956 (BGBl. I S. 111) ergänzt und durch Gesetz vom 23. 8. 1976 (BGBl. I S. 2381) gestrichen.

[2] Artikel 50 wurde durch Gesetz vom 21. 12. 1992 (BGBl. I S. 2086) geändert.

Artikel 51 [1]

[Zusammensetzung des Bundesrates]

(1) Der Bundesrat besteht aus Mitgliedern der Regierungen der Länder, die sie bestellen und abberufen. Sie können durch andere Mitglieder ihrer Regierungen vertreten werden.

(2) Jedes Land hat mindestens drei Stimmen, Länder mit mehr als zwei Millionen Einwohnern haben vier, Länder mit mehr als sechs Millionen Einwohnern fünf, Länder mit mehr als sieben Millionen Einwohnern sechs Stimmen.

(3) Jedes Land kann so viele Mitglieder entsenden, wie es Stimmen hat. Die Stimmen eines Landes können nur einheitlich und nur durch anwesende Mitglieder oder deren Vertreter abgegeben werden.

Artikel 52 [2]

[Bundesratspräsident, Stellvertreter, Mehrheiten, Europakammer]

(1) Der Bundesrat wählt seinen Präsidenten auf ein Jahr.

(2) Der Präsident beruft den Bundesrat ein. Er hat ihn einzuberufen, wenn die Vertreter von mindestens zwei Ländern oder die Bundesregierung es verlangen.

(3) Der Bundesrat fasst seine Beschlüsse mit mindestens der Mehrheit seiner Stimmen. Er gibt sich eine Geschäftsordnung. Er verhandelt öffentlich. Die Öffentlichkeit kann ausgeschlossen werden.

(3a) Für Angelegenheiten der Europäischen Union kann der Bundesrat eine Europakammer bilden, deren Beschlüsse als Beschlüsse des Bundesrates gelten; die Anzahl der einheitlich abzugebenden Stimmen der Länder bestimmt sich nach Artikel 51 Abs. 2.

(4) Den Ausschüssen des Bundesrates können andere Mitglieder oder Beauftragte der Regierungen der Länder angehören.

Artikel 53

[Anwesenheitsrecht, und -pflicht der Bundesregierung]

Die Mitglieder der Bundesregierung haben das Recht und auf Verlangen die Pflicht, an den Verhandlungen des Bundesrates und seiner Ausschüsse teilzunehmen. Sie müssen jederzeit gehört werden. Der Bundesrat ist von der Bundesregierung über die Führung der Geschäfte auf dem Laufenden zu halten.

---

[1] Artikel 51 Abs. 2 wurde durch den Einigungsvertrag vom 31. 8. 1990 (BGBl. II S. 889) neu gefasst.

[2] Artikel 52 Abs. 3a wurde durch Gesetz vom 21. 12. 1992 (BGBl. I S. 2086) eingefügt. Abs. 3a wurde durch Gesetz vom 28. 8. 2006 (BGBl. I S. 2034) geändert.

IVa. Gemeinsamer Ausschuss [1]

Artikel 53a

[Zusammensetzung, Wahlen]

(1) Der Gemeinsame Ausschuß besteht zu zwei Dritteln aus Abgeordneten des Bundestages, zu einem Drittel aus Mitgliedern des Bundesrates. Die Abgeordneten werden vom Bundestage entsprechend dem Stärkeverhältnis der Fraktionen bestimmt; sie dürfen nicht der Bundesregierung angehören. Jedes Land wird durch ein von ihm bestelltes Mitglied des Bundesrates vertreten; diese Mitglieder sind nicht an Weisungen gebunden. Die Bildung des Gemeinsamen Ausschusses und sein Verfahren werden durch eine Geschäftsordnung geregelt, die vom Bundestage zu beschließen ist und der Zustimmung des Bundesrates bedarf.

(2) Die Bundesregierung hat den Gemeinsamen Ausschuß über ihre Planungen für den Verteidigungsfall zu unterrichten. Die Rechte des Bundestages und seiner Ausschüsse nach Artikel 43 Abs. 1 bleiben unberührt.

V. Der Bundespräsident

Artikel 54

[Wahl, Wählbarkeit, Amtsdauer, Bundesversammlung]

(1) Der Bundespräsident wird ohne Aussprache von der Bundesversammlung gewählt. Wählbar ist jeder Deutsche, der das Wahlrecht zum Bundestage besitzt und das vierzigste Lebensjahr vollendet hat.

(2) Das Amt des Bundespräsidenten dauert fünf Jahre. Anschließende Wiederwahl ist nur einmal zulässig.

(3) Die Bundesversammlung besteht aus den Mitgliedern des Bundestages und einer gleichen Anzahl von Mitgliedern, die von den Volksvertretungen der Länder nach den Grundsätzen der Verhältniswahl gewählt werden.

(4) Die Bundesversammlung tritt spätestens dreißig Tage vor Ablauf der Amtszeit des Bundespräsidenten, bei vorzeitiger Beendigung spätestens dreißig Tage nach diesem Zeitpunkt zusammen. Sie wird von dem Präsidenten des Bundestages einberufen.

(5) Nach Ablauf der Wahlperiode beginnt die Frist des Absatzes 4 S. 1 mit dem ersten Zusammentritt des Bundestages.

(6) Gewählt ist, wer die Stimmen der Mehrheit der Mitglieder der Bundesversammlung erhält. Wird diese Mehrheit in zwei Wahlgängen von keinem Bewerber erreicht, so ist gewählt, wer in einem weiteren Wahlgang die meisten Stimmen auf sich vereinigt.

(7) Das Nähere regelt ein Bundesgesetz.

---

[1] Abschnitt IVa wurde durch Gesetz vom 24. 6. 1968 (BGBl. I S. 709) eingefügt.

Artikel 55

[Unvereinbarkeiten]

(1) Der Bundespräsident darf weder der Regierung, noch einer gesetzgebenden Körperschaft des Bundes oder eines Landes angehören.

(2) Der Bundespräsident darf kein anderes besoldetes Amt, kein Gewerbe und keinen Beruf ausüben und weder der Leitung noch dem Aufsichtsrate eines auf Erwerb gerichteten Unternehmens angehören.

Artikel 56

[Amtseid]

Der Bundespräsident leistet bei seinem Amtsantritt vor den versammelten Mitgliedern des Bundestages und des Bundesrates folgenden Eid:

„Ich schwöre, dass ich meine Kraft dem Wohle des deutschen Volkes widmen, seinen Nutzen mehren, Schaden von ihm wenden, das Grundgesetz und die Gesetze des Bundes wahren und verteidigen, meine Pflichten gewissenhaft erfüllen und Gerechtigkeit gegen jedermann üben werde. So wahr mir Gott helfe."

Der Eid kann auch ohne religiöse Beteuerung geleistet werden.

Artikel 57

[Vertretung des Bundespräsidenten]

Die Befugnisse des Bundespräsidenten werden im Falle seiner Verhinderung oder bei vorzeitiger Erledigung des Amtes durch den Präsidenten des Bundesrates wahrgenommen.

Artikel 58

[Gegenzeichnung durch den Bundeskanzler oder Bundesminister]

Anordnungen und Verfügungen des Bundespräsidenten bedürfen zu ihrer Gültigkeit der Gegenzeichnung durch den Bundeskanzler oder durch den zuständigen Bundesminister. Dies gilt nicht für die Ernennung und Entlassung des Bundeskanzlers, die Auflösung des Bundestages gemäß Artikel 63 und das Ersuchen gemäß Artikel 69 Abs. 3.

Artikel 59

[Völkerrechtliche Vertretung des Bundes, völkerrechtliche Verträge]

(1) Der Bundespräsident vertritt den Bund völkerrechtlich. Er schließt im Namen des Bundes die Verträge mit auswärtigen Staaten. Er beglaubigt und empfängt die Gesandten.

(2) Verträge, welche die politischen Beziehungen des Bundes regeln oder sich auf Gegenstände der Bundesgesetzgebung beziehen, bedürfen der Zustimmung oder der Mitwirkung der jeweils für die Bundesgesetzgebung zuständigen Körperschaften in der Form eines Bundesgesetzes. Für Verwaltungsabkommen gelten die Vorschriften über die Bundesverwaltung entsprechend.

Artikel 60 [1]

[Ernennung der Bundesrichter, Bundesbeamten und Offiziere, Begnadigungsrecht]

(1) Der Bundespräsident ernennt und entläßt die Bundesrichter, die Bundesbeamten, die Offiziere und Unteroffiziere, soweit gesetzlich nichts anderes bestimmt ist.

(2) Er übt im Einzelfalle für den Bund das Begnadigungsrecht aus.

(3) Er kann diese Befugnisse auf andere Behörden übertragen.

(4) Die Absätze 2 bis 4 des Artikels 46 finden auf den Bundespräsidenten entsprechende Anwendung.

Artikel 61

[Präsidentenanklage wegen vorsätzlicher Rechtsverletzungen]

(1) Der Bundestag oder der Bundesrat können den Bundespräsidenten wegen vorsätzlicher Verletzung des Grundgesetzes oder eines anderen Bundesgesetzes vor dem Bundesverfassungsgericht anklagen. Der Antrag auf Erhebung der Anklage muss von mindestens einem Viertel der Mitglieder des Bundestages oder einem Viertel der Stimmen des Bundesrates gestellt werden. Der Beschluß auf Erhebung der Anklage bedarf der Mehrheit von zwei Dritteln der Mitglieder des Bundestages oder von zwei Dritteln der Stimmen des Bundesrates. Die Anklage wird von einem Beauftragten der anklagenden Körperschaft vertreten.

(2) Stellt das Bundesverfassungsgericht fest, dass der Bundespräsident einer vorsätzlichen Verletzung des Grundgesetzes oder eines anderen Bundesgesetzes schuldig ist, so kann es ihn des Amtes für verlustig erklären. Durch einstweilige Anordnung kann es nach der Erhebung der Anklage bestimmen, dass er an der Ausübung seines Amtes verhindert ist.

VI. Die Bundesregierung

Artikel 62

[Zusammensetzung]

Die Bundesregierung besteht aus dem Bundeskanzler und aus den Bundesministern.

Artikel 63

[Wahl des Bundeskanzlers]

(1) Der Bundeskanzler wird auf Vorschlag des Bundespräsidenten vom Bundestag ohne Aussprache gewählt.

(2) Gewählt ist, wer die Stimmen der Mehrheit der Mitglieder des Bundestages auf sich vereinigt. Der Gewählte ist vom Bundespräsidenten zu ernennen.

(3) Wird der Vorgeschlagene nicht gewählt, so kann der Bundestag binnen vierzehn Tagen nach dem Wahlgange mit mehr als der Hälfte seiner Mitglieder einen Bundeskanzler wählen.

---

[1] Artikel 60 Abs. 1 wurde durch Gesetz vom 19. 3. 1956 (BGBl. I S. 111) ergänzt.

(4) Kommt eine Wahl innerhalb dieser Frist nicht zustande, so findet unverzüglich ein neuer Wahlgang statt, in dem gewählt ist, wer die meisten Stimmen erhält. Vereinigt der Gewählte die Stimmen der Mehrheit der Mitglieder des Bundestages auf sich, so muss der Bundespräsident ihn binnen sieben Tagen nach der Wahl ernennen. Erreicht der Gewählte diese Mehrheit nicht, so hat der Bundespräsident binnen sieben Tagen entweder ihn zu ernennen oder den Bundestag aufzulösen.

Artikel 64

[Auswahl und Ernennung der Bundesminister, Amtseid]

(1) Die Bundesminister werden auf Vorschlag des Bundeskanzlers vom Bundespräsidenten ernannt und entlassen.

(2) Der Bundeskanzler und die Bundesminister leisten bei der Amtsübernahme vor dem Bundestage den in Artikel 56 vorgesehenen Eid.

Artikel 65

[Richtlinien der Politik, Eigenverantwortlichkeit der Minister]

Der Bundeskanzler bestimmt die Richtlinien der Politik und trägt dafür die Verantwortung. Innerhalb dieser Richtlinien leitet jeder Bundesminister seinen Geschäftsbereich selbständig und unter eigener Verantwortung. Über Meinungsverschiedenheiten zwischen den Bundesministern entscheidet die Bundesregierung. Der Bundeskanzler leitet ihre Geschäfte nach einer von der Bundesregierung beschlossenen und vom Bundespräsidenten genehmigten Geschäftsordnung.

Artikel 65 a [1]

[Kommandogewalt]

Der Bundesminister für Verteidigung hat die Befehls- und Kommandogewalt über die Streitkräfte.

Artikel 66

[Unvereinbarkeiten]

Der Bundeskanzler und die Bundesminister dürfen kein anderes besoldetes Amt, kein Gewerbe und keinen Beruf ausüben und weder der Leitung noch ohne Zustimmung des Bundestages dem Aufsichtsrate eines auf Erwerb gerichteten Unternehmens angehören.

Artikel 67

[Konstruktives Misstrauensvotum gegen den Bundeskanzler]

(1) Der Bundestag kann dem Bundeskanzler das Mißtrauen nur dadurch aussprechen, dass er mit der Mehrheit seiner Mitglieder einen Nachfolger wählt und den Bundespräsidenten ersucht, den Bundeskanzler zu entlassen. Der Bundespräsident muss dem Ersuchen entsprechen und den Gewählten ernennen.

(2) Zwischen dem Antrage und der Wahl müssen achtundvierzig Stunden liegen.

---

[1] Artikel 65 a wurde durch Gesetz vom 19. 3. 1956 (BGBl. I S. 111) eingefügt und durch Gesetz vom 24. 6. 1968 (BGBl. I S. 709) geändert.

Artikel 68

[Vertrauensfrage, Auflösung des Bundestages]

(1) Findet ein Antrag des Bundeskanzlers, ihm das Vertrauen auszusprechen, nicht die Zustimmung der Mehrheit der Mitglieder des Bundestages, so kann der Bundespräsident auf Vorschlag des Bundeskanzlers binnen einundzwanzig Tagen den Bundestag auflösen. Das Recht zur Auflösung erlischt, sobald der Bundestag mit der Mehrheit seiner Mitglieder einen anderen Bundeskanzler wählt.

(2) Zwischen dem Antrage und der Abstimmung müssen achtundvierzig Stunden liegen.

Artikel 69

[Vertretung des Bundeskanzlers]

(1) Der Bundeskanzler ernennt einen Bundesminister zu seinem Stellvertreter.

(2) Das Amt des Bundeskanzlers oder eines Bundesministers endigt in jedem Falle mit dem Zusammentritt eines neuen Bundestages, das Amt eines Bundesministers auch mit jeder anderen Erledigung des Amtes des Bundeskanzlers.

(3) Auf Ersuchen des Bundespräsidenten ist der Bundeskanzler, auf Ersuchen des Bundeskanzlers oder des Bundespräsidenten ein Bundesminister verpflichtet, die Geschäfte bis zur Ernennung seines Nachfolgers weiterzuführen.

VII. Die Gesetzgebung des Bundes

Artikel 70

[Länderzuständigkeit]

(1) Die Länder haben das Recht der Gesetzgebung, soweit dieses Grundgesetz nicht dem Bunde Gesetzgebungsbefugnisse verleiht.

(2) Die Abgrenzung der Zuständigkeit zwischen Bund und Ländern bemißt sich nach den Vorschriften dieses Grundgesetzes über die ausschließliche und die konkurrierende Gesetzgebung.

Artikel 71

[Übertragung auf die Länder]

Im Bereiche der ausschließlichen Gesetzgebung des Bundes haben die Länder die Befugnis zur Gesetzgebung nur, wenn und soweit sie hierzu in einem Bundesgesetze ausdrücklich ermächtigt werden.

Artikel 72 [1]

[Herstellung gleichwertiger Lebensverhältnisse und Wahrung der Rechtseinheit]

(1) Im Bereich der konkurrierenden Gesetzgebung haben die Länder die Befugnis zur Gesetzgebung, solange und soweit der Bund von seiner Gesetzgebungszuständigkeit nicht durch Gesetz Gebrauch gemacht hat.

(2) Auf den Gebieten des Artikels 74 Abs. 1 Nr. 4, 7, 11, 13, 15, 19 a, 20, 22, 25 und 26 hat der Bund das Gesetzgebungsrecht, wenn und soweit die Herstellung gleichwertiger Lebensverhältnisse im Bundesgebiet oder die Wahrung der Rechts- oder Wirtschaftseinheit im gesamtstaatlichen Interesse eine bundesgesetzliche Regelung erforderlich macht.

(3) Hat der Bund von seiner Gesetzgebungszuständigkeit Gebrauch gemacht, können die Länder durch Gesetz hiervon abweichende Regelungen treffen über:

1. das Jagdwesen (ohne das Recht der Jagdscheine);
2. den Naturschutz und die Landschaftspflege (ohne die allgemeinen Grundsätze des Naturschutzes, das Recht des Artenschutzes oder des Meeresnaturschutzes);
3. die Bodenverteilung;
4. die Raumordnung;
5. den Wasserhaushalt (ohne stoff- oder anlagenbezogene Regelungen);
6. die Hochschulzulassung und die Hochschulabschlüsse.

Bundesgesetze auf diesen Gebieten treten frühestens sechs Monate nach ihrer Verkündung in Kraft, soweit nicht mit Zustimmung des Bundesrates anderes bestimmt ist. Auf den Gebieten des Satzes 1 geht im Verhältnis von Bundes- und Landesrecht das jeweils spätere Gesetz vor.

(4) Durch Bundesgesetz kann bestimmt werden, dass eine bundesgesetzliche Regelung, für die eine Erforderlichkeit im Sinne des Absatzes 2 nicht mehr besteht, durch Landesrecht ersetzt werden kann.

Artikel 73 [2]

[Gegenstände der ausschließlichen Gesetzgebung des Bundes]

(1) Der Bund hat die ausschließliche Gesetzgebung über:

1. die auswärtigen Angelegenheiten sowie die Verteidigung einschließlich des Schutzes der Zivilbevölkerung;
2. die Staatsangehörigkeit im Bunde;
3. die Freizügigkeit, das Paßwesen, das Melde- und Ausweiswesen, die Ein- und Auswanderung und die Auslieferung;

---

[1] Artikel 72 wurde durch Gesetz vom 27. 10. 1994 (BGBl. I S. 3146) geändert. Abs. 2 wurde erneut geändert und Abs. 3 neu eingefügt durch Gesetz vom 28. 8. 2006 (BGBl. I S. 2034)

[2] Artikel 73 Nr. 1 wurde durch Gesetze vom 26. 3. 1954 (BGBl. I S. 45) und vom 24. 6. 1968 (BGBl 1, S. 709), Artikel 73 Nr. 10 durch Gesetz vom 28. 7. l972 (BGBl. I S. 1305) geändert, Artikel 73 Nr. 6 wurde geändert und Nr. 6 a eingefügt durch Gesetz vom 20. 12. 1993 (BGBl. I S. 2089). Artikel 73 Nr. 7 geändert durch Gesetz vom 30. 8. 1994 (BGBl. I S. 2245), Abs. 1 Nr. 3 geändert, Nr. 5a, 9a eingefügt, Nr. 11 – 14 geändert und Abs. 2 angefügt durch Gesetz vom 28. 8. 2006 (BGBl. I S. 2034).

4. das Währungs-, Geld- und Münzwesen, Maße und Gewichte sowie die Zeitbestimmung;
5. die Einheit des Zoll- und Handelsgebietes, die Handels- und Schiffahrtsverträge, die Freizügigkeit des Warenverkehrs und den Waren- und Zahlungsverkehr mit dem Auslande einschließlich des Zoll- und Grenzschutzes;
5a. den Schutz deutschen Kulturgutes gegen Abwanderung ins Ausland;
6. den Luftverkehr;
6a. den Verkehr von Eisenbahnen, die ganz oder mehrheitlich im Eigentum des Bundes stehen (Eisenbahnen des Bundes), den Bau, die Unterhaltung und das Betreiben von Schienenwegen der Eisenbahnen des Bundes sowie die Erhebung von Entgelten für die Benutzung dieser Schienenwege;
7. das Postwesen und die Telekommunikation;
8. die Rechtsverhältnisse der im Dienste des Bundes und der bundesunmittelbaren Körperschaften des öffentlichen Rechtes stehenden Personen;
9. den gewerblichen Rechtsschutz, das Urheberrecht und das Verlagsrecht;
9a. die Abwehr von Gefahren des internationalen Terrorismus durch das Bundeskriminalpolizeiamt in Fällen, in denen eine länderübergreifende Gefahr vorliegt, die Zuständigkeit einer Landespolizeibehörde nicht erkennbar ist oder die oberste Landesbehörde um eine Übernahme ersucht;
10. die Zusammenarbeit des Bundes und der Länder
    a) in der Kriminalpolizei,
    b) zum Schutz der freiheitlichen demokratischen Grundordnung, des Bestandes und der Sicherheit des Bundes oder eines Landes (Verfassungsschutz) und
    c) zum Schutze gegen Bestrebungen im Bundesgebiet, die durch Anwendung von Gewalt oder darauf gerichtete Vorbereitungshandlungen auswärtige Belange der Bundesrepublik Deutschland gefährden, sowie die Einrichtung eines Bundeskriminalpolizeiamtes und die internationale Verbrechensbekämpfung;
11. die Statistik für Bundeszwecke;
12. das Waffen- und das Sprengstoffrecht;
13. die Versorgung der Kriegsbeschädigten und Kriegshinterbliebenen und die Fürsorge für die ehemaligen Kriegsgefangenen;
14. die Erzeugung und Nutzung der Kernenergie zu friedlichen Zwecken, die Errichtung und den Betrieb von Anlagen, die diesen Zwecken dienen, den Schutz gegen Gefahren, die bei Freiwerden von Kernenergie oder durch ionisierende Strahlen entstehen, und die Beseitigung radioaktiver Stoffe.

(2) Gesetze nach Absatz 1 Nr. 9 a bedürfen der Zustimmung des Bundesrates.

Artikel 74 [1]

[Gegenstände der konkurrierenden Gesetzgebung des Bundes]

(1) Die konkurrierende Gesetzgebung erstreckt sich auf folgende Gebiete:

1. das bürgerliche Recht, das Strafrecht, die Gerichtsverfassung, das gerichtliche Verfahren (ohne das Recht des Untersuchungshaftvollzugs), die Rechtsanwaltschaft, das Notariat und die Rechtsberatung;
2. das Personenstandswesen;
3. das Vereinsrecht;
4. (aufgehoben)
5. (aufgehoben)
6. die Angelegenheiten der Flüchtlinge und Vertriebenen;
7. die öffentliche Fürsorge (ohne das Heimrecht);
8. (aufgehoben)
9. die Versorgung der Kriegsbeschädigten und Kriegshinterbliebenen und die Fürsorge für die ehemaligen Kriegsgefangenen;
10. die Kriegsgräber und Gräber anderer Opfer des Krieges und Opfer von Gewaltherrschaft;
11. das Recht der Wirtschaft (Bergbau, Industrie, Energiewirtschaft, Handwerk, Gewerbe, Handel, Bank- und Börsenwesen, privatrechtliches Versicherungswesen) ohne das Recht des Ladenschlusses, der Gaststätten, der Spielhallen, der Schaustellung von Personen, der Messen, der Ausstellungen und der Märkte;

11a. (aufgehoben)

12. das Arbeitsrecht einschließlich der Betriebsverfassung, des Arbeitsschutzes und der Arbeitsvermittlung sowie die Sozialversicherung einschließlich der Arbeitslosenversicherung;
13. die Regelung der Ausbildungsbeihilfen und die Förderung der wissenschaftlichen Forschung;
14. das Recht der Enteignung, soweit sie auf den Sachgebieten der Artikel 73 und 74 in Betracht kommt;
15. die Überführung von Grund und Boden, von Naturschätzen und Produktionsmitteln in Gemeineigentum oder in andere Formen der Gemeinwirtschaft;
16. die Verhütung des Mißbrauchs wirtschaftlicher Machtstellung;

---

[1] Durch Gesetz vom 16. 6. 1965 (BGBl. I S. 513) wurde Artikel 74 Nr. 10 geändert und Artikel 74 Nr. 10 a eingefügt, durch Gesetz- vom 23. 12. 1959 (BGBl. I S. 813) Artikel 74 Nr. 11 a eingefügt, durch Gesetz vom 12. Mai 1969 (BGBl. I S. 363) Artikel 74 Nr. 13 und 22 geändert und Artikel 74 Nr. 19 a eingefügt, durch Gesetz vom 18. 3. 1971 (BGBl. I S. 207) Artikel 74 Nr. 20 geändert, durch Gesetz vom 12. 4. 1972 (BGBl. I S. 593) wurde Artikel 74 Nr. 24 angefügt, durch Gesetz vom 28. 7. 1972 (BGBl. I S. 1305) Artikel 74 Nr. 4 a eingefügt und durch Gesetz vom 23. 8. 1976 (BGBl. I S. 2383). Artikel 74 Nr. 4 a wurde erneut ergänzt, Artikel 74 Nr. 23 wurde geändert durch Gesetz vom 20. 12. 1993 (BGBl. I S. 2089). Durch Gesetz vom 27. 10. 1994 (BGBl. I S. 3146) wurden Nr. 18 und Abs. 2 geändert sowie Nr. 5 und 8 aufgehoben, Abs. 1 Nr. 1, 3, 7, 10, 11, 17 – 21, 22, 24, 26 wurde geändert, Nr. 27 – 33 angefügt, Nr. 4a, 11a aufgehoben und Abs. 2 geändert. Durch Gesetz vom 28. 8. 2006 (BGBl. I S. 2034) wurden Artikel 74 Nr. 25 und 26 eingefügt.

17. die Förderung der land- und forstwirtschaftlichen Erzeugung (ohne das Recht der Flurbereinigung), die Sicherung der Ernährung, die Ein- und Ausfuhr land- und forstwirtschaftlicher Erzeugnisse, die Hochsee- und Küstenfischerei und den Küstenschutz;
18. den städtebaulichen Grundstücksverkehr, das Bodenrecht (ohne das Recht der Erschließungsbeiträge) und das Wohngeldrecht, das Altschuldenhilferecht, das Wohnungsbauprämienrecht, das Bergarbeiterwohnungsbaurecht und das Bergmannssiedlungsrecht;
19. Maßnahmen gegen gemeingefährliche oder übertragbare Krankheiten bei Menschen und Tieren, Zulassung zu ärztlichen und anderen Heilberufen und zum Heilgewerbe, sowie das Recht des Apothekenwesens, der Arzneien, der Medizinprodukte, der Heilmittel, der Betäubungsmittel und der Gifte;

19a. die wirtschaftliche Sicherung der Krankenhäuser und die Regelung der Krankenhauspflegesätze;

20. das Recht der Lebensmittel einschließlich der ihrer Gewinnung dienenden Tiere, das Recht der Genußmittel, Bedarfsgegenstände und Futtermittel sowie den Schutz beim Verkehr mit land- und forstwirtschaftlichem Saat- und Pflanzgut, den Schutz der Pflanzen gegen Krankheiten und Schädlinge sowie den Tierschutz;
21. die Hochsee- und Küstenschiffahrt sowie die Seezeichen, die Binnenschiffahrt, den Wetterdienst, die Seewasserstraßen und die dem allgemeinen Verkehr dienenden Binnenwasserstraßen;
22. den Straßenverkehr, das Kraftfahrwesen, den Bau und die Unterhaltung von Landstraßen für den Fernverkehr sowie die Erhebung und Verteilung von Gebühren oder Entgelten für die Benutzung öffentlicher Straßen mit Fahrzeugen;
23. die Schienenbahnen, die nicht Eisenbahnen des Bundes sind, mit Ausnahme der Bergbahnen;
24. die Abfallwirtschaft, die Luftreinhaltung und die Lärmbekämpfung (ohne Schutz vor verhaltensbezogenem Lärm);
25. die Staatshaftung;
26. die medizinisch unterstützte Erzeugung menschlichen Lebens, die Untersuchung und die künstliche Veränderung von Erbinformationen sowie Regelungen zur Transplantation von Organen, Geweben und Zellen;
27. die Statusrechte und -pflichten der Beamten der Länder, Gemeinden und anderen Körperschaften des öffentlichen Rechts sowie der Richter in den Ländern mit Ausnahme der Laufbahnen, Besoldung und Versorgung;
28. das Jagdwesen;
29. den Naturschutz und die Landschaftspflege;
30. die Bodenverteilung;
31. die Raumordnung;
32. den Wasserhaushalt;
33. die Hochschulzulassung und die Hochschulabschlüsse.

(2) Gesetze nach Absatz 1 Nr. 25 und 27 bedürfen der Zustimmung des Bundesrates.

Artikel 75 [1]

Artikel 76 [2]

[Gesetzesvorlagen, Verfahren bei der Gesetzgebung]

(1) Gesetzesvorlagen werden beim Bundestage durch die Bundesregierung, aus der Mitte des Bundestages oder durch den Bundesrat eingebracht.

(2) Vorlagen der Bundesregierung sind zunächst dem Bundesrat zuzuleiten. Der Bundesrat ist berechtigt, innerhalb von sechs Wochen zu diesen Vorlagen Stellung zu nehmen. Verlangt er aus wichtigem Grunde, insbesondere mit Rücksicht auf den Umfang einer Vorlage, eine Fristverlängerung, so beträgt die Frist neun Wochen. Die Bundesregierung kann eine Vorlage, die sie bei der Zuleitung an den Bundesrat ausnahmsweise als besonders eilbedürftig bezeichnet hat, nach drei Wochen oder, wenn der Bundesrat ein Verlangen nach S. 3 geäußert hat, nach sechs Wochen dem Bundestag zuleiten, auch wenn die Stellungnahme des Bundesrates noch nicht bei ihr eingegangen ist; sie hat die Stellungnahme des Bundesrates unverzüglich nach Eingang dem Bundestag nachzureichen. Bei Vorlagen zur Änderung dieses Grundgesetzes und zur Übertragung von Hoheitsrechten nach Artikel 23 oder Artikel 24 beträgt die Frist zur Stellungnahme neun Wochen; Satz 4 findet keine Anwendung.

(3) Vorlagen des Bundesrates sind dem Bundestag durch die Bundesregierung innerhalb von sechs Wochen zuzuleiten. Sie soll hierbei ihre Auffassung darlegen. Verlangt sie aus wichtigem Grunde, insbesondere mit Rücksicht auf den Umfang einer Vorlage, eine Fristverlängerung, so beträgt die Frist neun Wochen. Wenn der Bundesrat eine Vorlage ausnahmsweise als besonders eilbedürftig bezeichnet hat, beträgt die Frist drei Wochen oder, wenn die Bundesregierung ein Verlangen nach Satz 3 geäußert hat, sechs Wochen. Bei Vorlagen zur Änderung dieses Grundgesetzes und zur Übertragung von Hoheitsrechten nach Artikel 23 oder Artikel 24 beträgt die Frist neun Wochen; Satz 4 findet keine Anwendung. Der Bundestag hat über die Vorlagen in angemessener Frist zu beraten und Beschluß zufassen.

Artikel 77 [3]

[Behandlung der Gesetzesvorlagen im Bundestag und Bundesrat, Vermittlungsausschuss]

(1) Die Bundesgesetze werden vom Bundestage beschlossen. Sie sind nach ihrer Annahme durch den Präsidenten des Bundestages unverzüglich dem Bundesrate zuzuleiten.

(2) Der Bundesrat kann binnen drei Wochen nach Eingang des Gesetzesbeschlusses verlangen, dass ein aus Mitgliedern des Bundestages und des Bundesrates für die gemeinsame Beratung von Vorlagen gebildeter Ausschuß einberufen wird. Die Zusammensetzung und das Verfahren dieses Ausschusses regelt eine Geschäftsordnung, die vom Bundestag beschlossen wird und der Zustimmung des Bundesrates bedarf. Die in

---

1 Art. 75 wurde durch Gesetz vom 28. 8. 2006 (BGBl. I S. 2034) aufgehoben.

2 Artikel 76 wurde durch Gesetze vorn. 15. 11. 1968 (BGBl. I S. 1177), vom 17. 7. 1969 (BGBl. I S. 817) und vom 27. 10. 1994 (BGBl. I S. 3146) geändert.

3 Artikel 77 wurde durch Gesetz vom 15. 11. 1968 (BGBl. I S. 1177) geändert; Abs. 2 a eingefügt durch Gesetz vom 27. 10. 1994 (BGBl. I S. 3146).

diesen Ausschuß entsandten Mitglieder des Bundesrates sind nicht an Weisungen gebunden. Ist zu einem Gesetze die Zustimmung des Bundesrates erforderlich, so können auch der Bundestag und die Bundesregierung die Einberufung verlangen. Schlägt der Ausschuß eine Änderung des Gesetzesbeschlusses vor, so hat der Bundestag erneut Beschluß zu fassen.

(2a) Soweit zu einem Gesetz die Zustimmung des Bundesrates erforderlich ist, hat der Bundesrat, wenn ein Verlangen nach Abs. 2 S. 1 nicht gestellt oder das Vermittlungsverfahren ohne einen Vorschlag zur Änderung des Gesetzesbeschlusses beendet ist, in angemessener Frist über die Zustimmung Beschluß zu fassen.

(3) Soweit zu einem Gesetze die Zustimmung des Bundesrates nicht erforderlich ist, kann der Bundesrat, wenn das Verfahren nach Abs. 2 beendigt ist, gegen ein vom Bundestage beschlossenes Gesetz binnen zwei Wochen Einspruch einlegen. Die Einspruchsfrist beginnt im Falle des Absatzes 2 letzter Satz mit dem Eingange des vom Bundestage erneut gefassten Beschlusses, in allen anderen Fällen mit dem Eingange der Mitteilung des Vorsitzenden des in Abs. 2 vorgesehenen Ausschusses, dass das Verfahren vor dem Ausschusse abgeschlossen ist.

(4) Wird der Einspruch mit der Mehrheit der Stimmen des Bundesrates beschlossen, so kann er durch Beschluß der Mehrheit der Mitglieder des Bundestages zurückgewiesen werden. Hat der Bundesrat den Einspruch mit einer Mehrheit von mindestens zwei Dritteln seiner Stimmen beschlossen, so bedarf die Zurückweisung durch den Bundestag einer Mehrheit von zwei Dritteln, mindestens der Mehrheit der Mitglieder des Bundestages.

Artikel 78

[Zustimmung oder Einspruch des Bundesrates]

Ein vom Bundestage beschlossenes Gesetz kommt zustande, wenn der Bundesrat zustimmt, den Antrag gemäß Artikel 77 Abs. 2 nicht stellt, innerhalb der Frist des Artikel 77 Abs. 3 keinen Einspruch einlegt oder ihn zurücknimmt oder wenn der Einspruch vom Bundestage überstimmt wird.

Artikel 79 [1]

[Änderung des Grundgesetzes, Unabänderbarkeit der Art. 1 und 20 GG]

(1) Das Grundgesetz kann nur durch ein Gesetz geändert werden, das den Wortlaut des Grundgesetzes ausdrücklich ändert oder ergänzt. Bei völkerrechtlichen Verträgen, die eine Friedensregelung, die Vorbereitung einer Friedensregelung oder den Abbau einer besatzungsrechtlichen Ordnung zum Gegenstand haben oder der Verteidigung der Bundesrepublik zu dienen bestimmt sind, genügt zur Klarstellung, dass die Bestimmungen des Grundgesetzes dem Abschluß und dem Inkraftsetzen der Verträge nicht entgegenstehen, eine Ergänzung des Wortlautes des Grundgesetzes, die sich auf diese Klarstellung beschränkt.

(2) Ein solches Gesetz bedarf der Zustimmung von zwei Dritteln der Mitglieder des Bundestages und zwei Dritteln der Stimmen des Bundesrates.

---

[1] Artikel 79 Abs. 1 wurde durch Gesetz vom 26. 3. 1954 (BGBl. I S. 45) ergänzt.

(3) Eine Änderung dieses Grundgesetzes, durch welche die Gliederung des Bundes in Länder, die grundsätzliche Mitwirkung der Länder bei der Gesetzgebung oder die in den Artikeln 1 und 20 niedergelegten Grundsätze berührt werden, ist unzulässig.

Artikel 80 [1]

[Ermächtigung zu Verordnungen, Mitwirkung des Bundesrates]

(1) Durch Gesetz können die Bundesregierung, ein Bundesminister oder die Landesregierungen ermächtigt werden, Rechtsverordnungen zu erlassen. Dabei müssen Inhalt, Zweck und Ausmaß der erteilten Ermächtigung im Gesetze bestimmt werden. Die Rechtsgrundlage ist in der Verordnung anzugeben. Ist durch Gesetz vorgesehen, dass eine Ermächtigung weiter übertragen werden kann, so bedarf es zur Übertragung der Ermächtigung einer Rechtsverordnung.

(2) Der Zustimmung des Bundesrates bedürfen, vorbehaltlich anderweitiger bundesgesetzlicher Regelung, Rechtsverordnungen der Bundesregierung oder eines Bundesministers über Grundsätze und Gebühren für die Benutzung der Einrichtungen des Postwesens und der Telekommunikation, über die Grundsätze der Erhebung des Entgelts für die Benutzung der Einrichtungen der Eisenbahnen des Bundes, über den Bau und Betrieb der Eisenbahnen, sowie Rechtsverordnungen auf Grund von Bundesgesetzen, die der Zustimmung des Bundesrates bedürfen oder die von den Ländern im Auftrage des Bundes oder als eigene Angelegenheit ausgeführt werden.

(3) Der Bundesrat kann der Bundesregierung Vorlagen für den Erlaß von Rechtsverordnungen zuleiten, die seiner Zustimmung bedürfen.

(4) Soweit durch Bundesgesetz oder auf Grund von Bundesgesetzen Landesregierungen ermächtigt werden, Rechtsverordnungen zu erlassen, sind die Länder zu einer Regelung auch durch Gesetz befugt.

Artikel 80a [2]

[Rechtsetzung im Spannungsfall]

(1) Ist in diesem Grundgesetz oder in einem Bundesgesetz über die Verteidigung einschließlich des Schutzes der Zivilbevölkerung bestimmt, dass Rechtsvorschriften nur nach Maßgabe dieses Artikels angewandt werden dürfen, so ist die Anwendung außer im Verteidigungsfalle nur zulässig, wenn der Bundestag den Eintritt des Spannungsfalles festgestellt oder wenn er der Anwendung besonders zugestimmt hat. Die Feststellung des Spannungsfalles und die besondere Zustimmung in den Fällen des Artikels 12 a Abs. 5 S. 1 und Abs. 6 S. 2 bedürfen einer Mehrheit von zwei Dritteln der abgegebenen Stimmen.

(2) Maßnahmen auf Grund von Rechtsvorschriften nach Abs. 1 sind aufzuheben, wenn der Bundestag es verlangt.

---

[1] Artikel 80 Abs. 2 wurde durch Gesetze vom 20. 12. 1993 (BGBl. I S. 2089) und vom 30. 8. 1994 (BGBl. I S. 2245) geändert; Abs. 3 und 4 eingefügt durch Gesetz vom 27. 10. 1994 (BGBl. I S. 3146).

[2] Artikel 80 a wurde durch Gesetz vom 24. 6. 1968 (BGBl. I S. 709) eingefügt.

(3) Abweichend von Abs. 1 ist die Anwendung solcher Rechtsvorschriften auch auf der Grundlage und nach Maßgabe eines Beschlusses zulässig, der von einem internationalen Organ im Rahmen eines Bündnisvertrages mit Zustimmung der Bundesregierung gefasst wird. Maßnahmen nach diesem Absatz sind aufzuheben, wenn der Bundestag mit der Mehrheit seiner Mitglieder verlangt.

Artikel 81

[Gesetzgebungsnotstand]

(1) Wird im Falle des Artikels 68 der Bundestag nicht aufgelöst, so kann der Bundespräsident auf Antrag der Bundesregierung mit Zustimmung des Bundesrates für eine Gesetzesvorlage den Gesetzgebungsnotstand erklären, wenn der Bundestag sie ablehnt, obwohl die Bundesregierung sie als dringlich bezeichnet hat. Das gleiche gilt, wenn eine Gesetzesvorlage abgelehnt worden ist, obwohl der Bundeskanzler mit ihr den Antrag des Artikels 68 verbunden hatte.

(2) Lehnt der Bundestag die Gesetzesvorlage nach Erklärung des Gesetzgebungsnotstandes erneut ab oder nimmt er sie in einer für die Bundesregierung als unannehmbar bezeichneten Fassung an, so gilt das Gesetz als zustande gekommen, soweit der Bundesrat ihm zustimmt. Das gleiche gilt, wenn die Vorlage vom Bundestage nicht innerhalb von vier Wochen nach der erneuten Einbringung verabschiedet wird.

(3) Während der Amtszeit eines Bundeskanzlers kann auch jede andere vom Bundestage abgelehnte Gesetzesvorlage innerhalb einer Frist von sechs Monaten nach der ersten Erklärung des Gesetzgebungsnotstandes gemäß Abs. 1 und 2 verabschiedet werden. Nach Ablauf der Frist ist während der Amtszeit des gleichen Bundeskanzlers eine weitere Erklärung des Gesetzgebungsnotstandes unzulässig.

(4) Das Grundgesetz darf durch ein Gesetz, das nach Abs. 2 zustande kommt, weder geändert, noch ganz oder teilweise außer Kraft oder außer Anwendung gesetzt werden.

Artikel 82

[Ausfertigung und Verkündung der Gesetze]

(1) Die nach den Vorschriften dieses Grundgesetzes zustande gekommenen Gesetze werden vom Bundespräsidenten nach Gegenzeichnung ausgefertigt und im Bundesgesetzblatte verkündet. Rechtsverordnungen werden von der Stelle, die sie erläßt, ausgefertigt und vorbehaltlich anderweitiger gesetzlicher Regelung im Bundesgesetzblatte verkündet.

(2) Jedes Gesetz und jede Rechtsverordnung soll den Tag des Inkrafttretens bestimmen. Fehlt eine solche Bestimmung, so treten sie mit dem vierzehnten Tage nach Ablauf des Tages in Kraft, an dem das Bundesgesetzblatt ausgegeben worden ist.

VIII. Die Ausführung der Bundesgesetze und die Bundesverwaltung

Artikel 83

[Ausführung durch die Länder]

Die Länder führen die Bundesgesetze als eigene Angelegenheit aus, soweit dieses Grundgesetz nichts anderes bestimmt oder zuläßt.

Artikel 84 [1]

[Ausführung von Bundesrecht, Bundesaufsicht]

(1) Führen die Länder die Bundesgesetze als eigene Angelegenheit aus, so regeln sie die Einrichtung der Behörden und das Verwaltungsverfahren. Wenn Bundesgesetze etwas anderes bestimmen, können die Länder davon abweichende Regelungen treffen. Hat ein Land eine abweichende Regelung nach Satz 2 getroffen, treten in diesem Land hierauf bezogene spätere bundesgesetzliche Regelungen der Einrichtung der Behörden und des Verwaltungsverfahrens frühestens sechs Monate nach ihrer Verkündung in Kraft, soweit nicht mit Zustimmung des Bundesrates anderes bestimmt ist. Artikel 72 Abs. 3 Satz 3 gilt entsprechend. In Ausnahmefällen kann der Bund wegen eines besonderen Bedürfnisses nach bundeseinheitlicher Regelung das Verwaltungsverfahren ohne Abweichungsmöglichkeit für die Länder regeln. Diese Gesetze bedürfen der Zustimmung des Bundesrates. Durch Bundesgesetz dürfen Gemeinden und Gemeindeverbänden Aufgaben nicht übertragen werden.

(2) Die Bundesregierung kann mit Zustimmung des Bundesrates allgemeine Verwaltungsvorschriften erlassen.

(3) Die Bundesregierung übt die Aufsicht darüber aus, dass die Länder die Bundesgesetze dem geltenden Rechte gemäß ausführen. Die Bundesregierung kann zu diesem Zwecke Beauftragte zu den obersten Landesbehörden entsenden, mit deren Zustimmung und, falls diese Zustimmung versagt wird, mit Zustimmung des Bundesrates auch zu den nachgeordneten Behörden.

(4) Werden Mängel, die die Bundesregierung bei der Ausführung der Bundesgesetze in den Ländern festgestellt hat, nicht beseitigt, so beschließt auf Antrag der Bundesregierung oder des Landes der Bundesrat, ob das Land das Recht verletzt hat. Gegen den Beschluß des Bundesrates kann das Bundesverfassungsgericht angerufen werden.

(5) Der Bundesregierung kann durch Bundesgesetz, das der Zustimmung des Bundesrates bedarf, zur Ausführung von Bundesgesetzen die Befugnis verliehen werden, für besondere Fälle Einzelweisungen zu erteilen. Sie sind, außer wenn die Bundesregierung den Fall für dringlich erachtet, an die obersten Landesbehörden zu richten.

Artikel 85 [2]

[Ausführung im Auftrag des Bundes, Bundesaufsicht]

(1) Führen die Länder die Bundesgesetze im Auftrage des Bundes aus, so bleibt die Einrichtung der Behörden Angelegenheit der Länder, soweit nicht Bundesgesetze mit Zustimmung des Bundesrates etwas anderes bestimmen. Durch Bundesgesetz dürfen Gemeinden und Gemeindeverbänden Aufgaben nicht übertragen werden.

(2) Die Bundesregierung kann mit Zustimmung des Bundesrates allgemeine Verwaltungsvorschriften erlassen. Sie kann die einheitliche Ausbildung der Beamten und Angestellten regeln. Die Leiter der Mittelbehörden sind mit ihrem Einvernehmen zu bestellen.

(3) Die Landesbehörden unterstehen den Weisungen der zuständigen obersten Bundesbehörden. Die Weisungen sind, außer wenn die Bundesregierung es für dringlich erachtet, an die obersten Landesbehörden zu richten. Der Vollzug der Weisung ist durch die obersten Landesbehörden sicherzustellen.

---

[1] Abs. 1 wurde durch Gesetz vom 28. 8. 2006 (BGBl. I S. 2034) geändert.

[2] Abs. 1 S. 2 wurde durch Gesetz vom 28. 8. 2006 (BGBl. I S. 2034) angefügt.

(4) Die Bundesaufsicht erstreckt sich auf Gesetzmäßigkeit und Zweckmäßigkeit der Ausführung. Die Bundesregierung kann zu diesem Zwecke Bericht und Vorlage der Akten verlangen und Beauftragte zu allen Behörden entsenden.

Artikel 86

[Ausführung durch bundeseigene Verwaltungsbehörden]

Führt der Bund die Gesetze durch bundeseigene Verwaltung oder durch bundesunmittelbare Körperschaften oder Anstalten des öffentlichen Rechtes aus, so erläßt die Bundesregierung, soweit nicht das Gesetz Besonderes vorschreibt, die allgemeinen Verwaltungsvorschriften. Sie regelt, soweit das Gesetz nichts anderes bestimmt, die Einrichtung der Behörden.

Artikel 87 [1]

[Gegenstände bundeseigener Verwaltung]

(1) In bundeseigener Verwaltung mit eigenem Verwaltungsunterbau werden geführt der Auswärtige Dienst, die Bundesfinanzverwaltung und nach Maßgabe des Artikels 89 die Verwaltung der Bundeswasserstraßen und der Schiffahrt. Durch Bundesgesetz können Bundesgrenzschutzbehörden, Zentralstellen für das polizeiliche Auskunfts- und Nachrichtenwesen, für die Kriminalpolizei und zur Sammlung von Unterlagen für Zwecke des Verfassungsschutzes und des Schutzes gegen Bestrebungen im Bundesgebiet, die durch Anwendung von Gewalt oder darauf gerichtete Vorbereitungshandlungen auswärtige Belange der Bundesrepublik Deutschland gefährden, eingerichtet werden.

(2) Als bundesunmittelbare Körperschaften des öffentlichen Rechtes werden diejenigen sozialen Versicherungsträger geführt, deren Zuständigkeitsbereich sich über das Gebiet eines Landes hinaus erstreckt. Soziale Versicherungsträger, deren Zuständigkeitsbereich sich über das Gebiet eines Landes, aber nicht über mehr als drei Länder hinaus erstreckt, werden abweichend von Satz 1 als landesunmittelbare Körperschaften des öffentlichen Rechts geführt, wenn das aufsichtsführende Land durch die beteiligten Länder bestimmt ist.

(3) Außerdem können für Angelegenheiten, für die dem Bunde die Gesetzgebung zusteht, selbständige Bundesoberbehörden und neue bundesunmittelbare Körperschaften und Anstalten des öffentlichen Rechtes durch Bundesgesetz errichtet werden. Erwachsen dem Bunde auf Gebieten, für die ihm die Gesetzgebung zusteht, neue Aufgaben, so können bei dringendem Bedarf bundeseigene Mittel- und Unterbehörden mit Zustimmung des Bundesrates und der Mehrheit der Mitglieder des Bundestages errichtet werden.

Artikel 87a [2]

[Streitkräfte und Verteidigungsfall]

(1) Der Bund stellt Streitkräfte zur Verteidigung auf. Ihre zahlenmäßige Stärke und die Grundzüge ihrer Organisation müssen sich aus dem Haushaltsplan ergeben.

---

[1] Art. 87 Abs. 1 wurde durch Gesetze vom 28. 7. 1972 (BGBl. I S. 1305), vom 20. 12. 1993 (BGBl. I S. 2089) und vom 30. 8. 1994 (BGBl. I S. 2245) geändert, Abs. 2 Satz 2 eingefügt durch Gesetz vom 27. 10. 1994 (BGBl. I S. 3146).

[2] Artikel 87 a wurde durch Gesetz vom 19. 3. 1956 (BGBl. I S. 111) eingefügt und durch Gesetz vom 24. 6. 1968 (BGBl. I S. 709) geändert.

(2) Außer zur Verteidigung dürfen die Streitkräfte nur eingesetzt werden, soweit dieses Grundgesetz es ausdrücklich zuläßt.

(3) Die Streitkräfte haben im Verteidigungsfalle und im Spannungsfalle die Befugnis, zivile Objekte zu schützen und Aufgaben der Verkehrsregelung wahrzunehmen, soweit dies zur Erfüllung ihres Verteidigungsauftrages erforderlich ist. Außerdem kann den Streitkräften im Verteidigungsfalle und im Spannungsfalle der Schutz ziviler Objekte auch zur Unterstützung polizeilicher Maßnahmen übertragen werden; die Streitkräfte wirken dabei mit den zuständigen Behörden zusammen.

(4) Zur Abwehr einer drohenden Gefahr für den Bestand oder die freiheitliche demokratische Grundordnung des Bundes oder eines Landes kann die Bundesregierung, wenn die Voraussetzungen des Artikels 91 Abs. 2 vorliegen und die Polizeikräfte sowie der Bundesgrenzschutz nicht ausreichen, Streitkräfte zur Unterstützung der Polizei und des Bundesgrenzschutzes beim Schutze von zivilen Objekten und bei der Bekämpfung organisierter und militärisch bewaffneter Aufständischer einsetzen. Der Einsatz von Streitkräften ist einzustellen, wenn der Bundestag oder der Bundesrat es verlangen.

Artikel 87b [1]

[Bundeswehrverwaltung]

(1) Die Bundeswehrverwaltung wird in bundeseigener Verwaltung mit eigenem Verwaltungsunterbau geführt. Sie dient den Aufgaben des Personalwesens und der unmittelbaren Deckung des Sachbedarfs der Streitkräfte. Aufgaben der Beschädigtenversorgung und des Bauwesens können der Bundeswehrverwaltung nur durch Bundesgesetz, das der Zustimmung des Bundesrates bedarf, übertragen werden. Der Zustimmung des Bundesrates bedürfen ferner Gesetze, soweit sie die Bundeswehrverwaltung zu Eingriffen in Rechte Dritter ermächtigen; das gilt nicht für Gesetze auf dem Gebiete des Personalwesens.

(2) Im übrigen können Bundesgesetze, die der Verteidigung einschließlich des Wehrersatzwesens und des Schutzes der Zivilbevölkerung dienen, mit Zustimmung des Bundesrates bestimmen, dass sie ganz oder teilweise in bundeseigener Verwaltung mit eigenem Verwaltungsunterbau oder von den Ländern im Auftrage des Bundes ausgeführt werden. Werden solche Gesetze von den Ländern im Auftrage des Bundes ausgeführt, so können sie mit Zustimmung des Bundesrates bestimmen, dass die der Bundesregierung und den zuständigen obersten Bundesbehörden auf Grund des Artikels 85 zustehenden Befugnisse ganz oder teilweise Bundesoberbehörden übertragen werden; dabei kann bestimmt werden, dass diese Behörden beim Erlaß allgemeiner Verwaltungsvorschriften gemäß Artikel 85 Abs. 2 S. 1 nicht der Zustimmung des Bundesrates bedürfen.

Artikel 87c [2]

[Auftragsverwaltung für Kernenergie]

Gesetze, die auf Grund des Artikels 74 Abs. 1 Nr. 14 ergehen, können mit Zustimmung des Bundesrates bestimmen, dass sie von den Ländern im Auftrage des Bundes ausgeführt werden.

---

[1] Artikel 87 b wurde durch Gesetz vom 19. 3. 1956 (BGBl. I S. 111) eingefügt.

[2] Artikel 87 c wurde durch Gesetz vom 23. 12. 1959 (BGBl. I S. 813) eingefügt, Abs. 1 geändert durch Gesetz vom 28. 8. 2006 (BGBl. I S. 2034).

Artikel 87d [1]

[Luftverkehrsverwaltung]

(1) Die Luftverkehrsverwaltung wird in Bundesverwaltung geführt. Aufgaben der Flugsicherung können auch durch ausländische Flugsicherungsorganisationen wahrgenommen werden, die nach Recht der Europäischen Gemeinschaft zugelassen sind. Das Nähere regelt ein Bundesgesetz.

(2) Durch Bundesgesetz, das der Zustimmung des Bundesrates bedarf, können Aufgaben der Luftverkehrsverwaltung den Ländern als Auftragsverwaltung übertragen werden.

Artikel 87e [2]

[Eisenbahnverwaltung, Bahn-AG]

(1) Die Luftverkehrsverwaltung wird in Bundesverwaltung geführt. Aufgaben der Flugsicherung können auch durch ausländische Flugsicherungsorganisationen wahrgenommen werden, die nach Recht der Europäischen Gemeinschaft zugelassen sind. Das Nähere regelt ein Bundesgesetz.

(2) Der Bund nimmt die über den Bereich der Eisenbahnen des Bundes hinausgehenden Aufgaben der Eisenbahnverkehrsverwaltung wahr, die ihm durch Bundesgesetz übertragen werden.

(3) Eisenbahnen des Bundes werden als Wirtschaftsunternehmen in privatrechtlicher Form geführt. Diese stehen im Eigentum des Bundes, soweit die Tätigkeit des Wirtschaftsunternehmens den Bau, die Unterhaltung und das Betreiben von Schienenwegen umfasst. Die Veräußerung von Anteilen des Bundes an den Unternehmen nach Satz 2 erfolgt auf Grund eines Gesetzes; die Mehrheit der Anteile an diesen Unternehmen verbleibt beim Bund. Das Nähere wird durch Bundesgesetz geregelt.

(4) Der Bund gewährleistet, dass dem Wohl der Allgemeinheit, insbesondere den Verkehrsbedürfnissen, beim Ausbau und Erhalt des Schienennetzes der Eisenbahnen des Bundes sowie bei deren Verkehrsangeboten auf diesem Schienennetz, soweit diese nicht den Schienenpersonennahverkehr betreffen, Rechnung getragen wird. Das Nähere wird durch Bundesgesetz geregelt.

(5) Gesetze auf Grund der Absätze 1 bis 4 bedürfen der Zustimmung des Bundesrates. Der Zustimmung des Bundesrates bedürfen ferner Gesetze, die die Auflösung, die Verschmelzung und die Aufspaltung von Eisenbahnunternehmen des Bundes, die Übertragung von Schienenwegen der Eisenbahnen des Bundes an Dritte sowie die Stillegung von Schienenwegen der Eisenbahnen des Bundes regeln oder Auswirkungen auf den Schienenpersonennahverkehr haben.

---

[1] Artikel 87 d wurde durch Gesetz vom 6. 2. 1961 (BGBl. I S. 65) eingefügt und durch Gesetz vom 21. 12. 1992 (BGBl. I S. 2086) geändert. Absatz 1 wurde neu gefasst durch Gesetz vom 29. 7. 2009 (BGBl. I S. 2247).

[2] Artikel 87 e wurde durch Gesetz vom 20. 12. 1993 (BGBl. I S. 2089) eingefügt.

Artikel 87f [1]

[Telekommunikationsverwaltung]

(1) Nach Maßgabe eines Bundesgesetzes, das der Zustimmung des Bundesrates bedarf, gewährleistet der Bund im Bereich des Postwesens und der Telekommunikation flächendeckend angemessene und ausreichende Dienstleistungen.

(2) Dienstleistungen im Sinne des Absatzes 1 werden als privatwirtschaftliche Tätigkeiten durch die aus dem Sondervermögen Deutsche Bundespost hervorgegangenen Unternehmen und durch andere private Anbieter erbracht. Hoheitsaufgaben im Bereich des Postwesens und der Telekommunikation werden in bundeseigener Verwaltung ausgeführt.

(3) Unbeschadet des Absatzes 2 Satz 2 führt der Bund in der Rechtsform einer bundesunmittelbaren Anstalt des öffentlichen Rechts einzelne Aufgaben in bezug auf die aus dem Sondervermögen Deutsche Bundespost hervorgegangenen Unternehmen nach Maßgabe eines Bundesgesetzes aus.

Artikel 88 [2]

[Bundesbank, Übertragung auf Europäische Zentralbank]

Der Bund errichtet eine Währungs- und Notenbank als Bundesbank. Ihre Aufgaben und Befugnisse können im Rahmen der Europäischen Union der Europäischen Zentralbank übertragen werden, die unabhängig ist und dem vorrangigen Ziel der Sicherung der Preisstabilität verpflichtet.

Artikel 89

[Bundeswasserstraßen]

(1) Der Bund ist Eigentümer der bisherigen Reichswasserstraßen.

(2) Der Bund verwaltet die Bundeswasserstraßen durch eigene Behörden. Er nimmt die über den Bereich eines Landes hinausgehenden staatlichen Aufgaben der Binnenschiffahrt und die Aufgaben der Seeschiffahrt wahr, die ihm durch Gesetz übertragen werden. Er kann die Verwaltung von Bundeswasserstraßen, soweit sie im Gebiet eines Landes liegen, diesem Lande auf Antrag als Auftragsverwaltung übertragen. Berührt eine Wasserstraße das Gebiet mehrerer Länder, so kann der Bund das Land beauftragen, für das die beteiligten Länder es beantragen.

(3) Bei der Verwaltung, dem Ausbau und dem Neubau von Wasserstraßen sind die Bedürfnisse der Landeskultur und der Wasserwirtschaft im Einvernehmen mit den Ländern zu wahren.

---

[1] Artikel 87 f wurde durch Gesetz vom 30. 8. 1994 (BGBl. I S.2245) eingefügt.

[2] Artikel 88 wurde durch Gesetz vom 21. 12. 1992 (BGBl. I S. 2086) geändert.

Artikel 90 [1]

[Bundesautobahnen und Bundesstraßen]

(1) Der Bund bleibt Eigentümer der Bundesautobahnen und sonstigen Bundesstraßen des Fernverkehrs. Das Eigentum ist unveräußerlich.

(2) Die Verwaltung der Bundesautobahnen wird in Bundesverwaltung geführt. Der Bund kann sich zur Erledigung seiner Aufgaben einer Gesellschaft privaten Rechts bedienen. Diese Gesellschaft steht im unveräußerlichen Eigentum des Bundes. Eine unmittelbare oder mittelbare Beteiligung Dritter an der Gesellschaft und deren Tochtergesellschaften ist ausgeschlossen. Eine Beteiligung Privater im Rahmen von Öffentlich-Privaten Partnerschaften ist ausgeschlossen für Streckennetze, die das gesamte Bundesautobahnnetz oder das gesamte Netz sonstiger Bundesfernstraßen in einem Land oder wesentliche Teile davon umfassen. Das Nähere regelt ein Bundesgesetz.

(3) Die Länder oder die nach Landesrecht zuständigen Selbstverwaltungskörperschaften verwalten die sonstigen Bundesstraßen des Fernverkehrs im Auftrage des Bundes.

(4) Auf Antrag eines Landes kann der Bund die sonstigen Bundesstraßen des Fernverkehrs, soweit sie im Gebiet dieses Landes liegen, in Bundesverwaltung übernehmen.

Artikel 91 [2]

[Innerer Notstand, Gefahrenabwehr]

(1) Zur Abwehr einer drohenden Gefahr für den Bestand oder die freiheitliche demokratische Grundordnung des Bundes oder eines Landes kann ein Land Polizeikräfte anderer Länder sowie Kräfte und Einrichtungen anderer Verwaltungen und des Bundesgrenzschutzes anfordern.

(2) Ist das Land, in dem die Gefahr droht, nicht selbst zur Bekämpfung der Gefahr bereit oder in der Lage, so kann die Bundesregierung die Polizei in diesem Lande und die Polizeikräfte anderer Länder ihren Weisungen unterstellen sowie Einheiten des Bundesgrenzschutzes einsetzen. Die Anordnung ist nach Beseitigung der Gefahr, im übrigen jederzeit auf Verlangen des Bundesrates aufzuheben. Erstreckt sich die Gefahr auf das Gebiet mehr als eines Landes, so kann die Bundesregierung, soweit es zur wirksamen Bekämpfung erforderlich ist, den Landesregierungen Weisungen erteilen; Satz 1 und Satz 2 bleiben unberührt.

---

[1] Artikel 90 wurde durch Gesetz vom 13. 7. 2017 (BGBl. I S. 2347) neu gefasst.

[2] Artikel 91 wurde durch Gesetz vom 24. 6. 1968 (BGBl. I S. 709) geändert.

VIIIa. Gemeinschaftsaufgaben [1]

Artikel 91a [2]

[Mitwirkung des Bundes bei einzelnen Länderaufgaben]

(1) Der Bund wirkt auf folgenden Gebieten bei der Erfüllung von Aufgaben der Länder mit, wenn diese Aufgaben für die Gesamtheit bedeutsam sind und die Mitwirkung des Bundes zur Verbesserung der Lebensverhältnisse erforderlich ist (Gemeinschaftsaufgaben)

1. Verbesserung der regionalen Wirtschaftsstruktur,
2. Verbesserung der Agrarstruktur und des Küstenschutzes.

(2) Durch Bundesgesetz mit Zustimmung des Bundesrates werden die Gemeinschaftsaufgaben sowie Einzelheiten der Koordinierung näher bestimmt.

(3) Der Bund trägt in den Fällen des Absatzes 1 Nr. 1 die Hälfte der Ausgaben in jedem Land. In den Fällen des Absatzes 1 Nr. 2 trägt der Bund mindestens die Hälfte; die Beteiligung ist für alle Länder einheitlich festzusetzen. Das Nähere regelt das Gesetz. Die Bereitstellung der Mittel bleibt der Feststellung in den Haushaltsplänen des Bundes und der Länder vorbehalten.

Artikel 91b [3]

[Bildungsplanung und Forschungsförderung]

(1) Bund und Länder können auf Grund von Vereinbarungen in Fällen überregionaler Bedeutung bei der Förderung von Wissenschaft, Forschung und Lehre zusammenwirken. Vereinbarungen, die im Schwerpunkt Hochschulen betreffen, bedürfen der Zustimmung aller Länder. Dies gilt nicht für Vereinbarungen über Forschungsbauten einschließlich Großgeräten.

(2) Bund und Länder können auf Grund von Vereinbarungen zur Feststellung der Leistungsfähigkeit des Bildungswesens im internationalen Vergleich und bei diesbezüglichen Berichten und Empfehlungen zusammenwirken.

(3) Die Kostentragung wird in der Vereinbarung geregelt.

Artikel 91c [4]

[Informationstechnische Zusammenarbeit von Bund und Ländern]

(1) Bund und Länder können bei der Planung, der Errichtung und dem Betrieb der für ihre Aufgabenerfüllung benötigten informationstechnischen Systeme zusammenwirken.

---

[1] Abschnitt VIII a wurde durch Gesetz vom 12. 5. 1969 (BGBl. I S. 359) eingefügt.

[2] Artikel 91 a Abs. 1 Nr. 1 wurde durch Gesetz vom 31. 7. 1970 (BGBl. I S. 1161) geändert. Abs. 1 bis 3 wurden geändert, die bisherigen Abs. 1 Nr. 1, Abs. 3 und 5 aufgehoben durch Änderungsgesetz vom 28. 8. 2006 (BGBl. I S. 2034).

[3] Artikel 91 b wurde durch Änderungsgesetz vom 28. 8. 2006 (BGBl. I S. 2034) neu gefasst, Artikel 91 b Absatz 1 geändert durch Gesetz vom 23. 12. 2014 (BGBl. I S. 2438).

[4] Art. 91c wurde durch das Föderalismusreform II-Gesetz vom 29. 7. 2009 (BGBl. I S. 2248) eingefügt. Absatz 5 wurde durch Gesetz vom 13. 7. 2017 (BGBl. I S. 2347) neu angefügt.

(2) Bund und Länder können auf Grund von Vereinbarungen die für die Kommunikation zwischen ihren informationstechnischen Systemen notwendigen Standards und Sicherheitsanforderungen festlegen. Vereinbarungen über die Grundlagen der Zusammenarbeit nach Satz 1 können für einzelne nach Inhalt und Ausmaß bestimmte Aufgaben vorsehen, dass nähere Regelungen bei Zustimmung einer in der Vereinbarung zu bestimmenden qualifizierten Mehrheit für Bund und Länder in Kraft treten. Sie bedürfen der Zustimmung des Bundestages und der Volksvertretungen der beteiligten Länder; das Recht zur Kündigung dieser Vereinbarungen kann nicht ausgeschlossen werden. Die Vereinbarungen regeln auch die Kostentragung.

(3) Die Länder können darüber hinaus den gemeinschaftlichen Betrieb informationstechnischer Systeme sowie die Errichtung von dazu bestimmten Einrichtungen vereinbaren.

(4) Der Bund errichtet zur Verbindung der informationstechnischen Netze des Bundes und der Länder ein Verbindungsnetz. Das Nähere zur Errichtung und zum Betrieb des Verbindungsnetzes regelt ein Bundesgesetz mit Zustimmung des Bundesrates.

(5) Der übergreifende informationstechnische Zugang zu den Verwaltungsleistungen von Bund und Ländern wird durch Bundesgesetz mit Zustimmung des Bundesrates geregelt.

Artikel 91d [1]

[Vergleichsstudien zu den Bundes- und Landesverwaltungen]

Bund und Länder können zur Feststellung und Förderung der Leistungsfähigkeit ihrer Verwaltungen Vergleichsstudien durchführen und die Ergebnisse veröffentlichen.

Artikel 91e [2]

[Gemeinsame Einrichtungen zur Grundsicherung Arbeitssuchender, gemeindliche Zuständigkeiten]

(1) Bei der Ausführung von Bundesgesetzen auf dem Gebiet der Grundsicherung für Arbeitsuchende wirken Bund und Länder oder die nach Landesrecht zuständigen Gemeinden und Gemeindeverbände in der Regel in gemeinsamen Einrichtungen zusammen.

(2) Der Bund kann zulassen, dass eine begrenzte Anzahl von Gemeinden und Gemeindeverbänden auf ihren Antrag und mit Zustimmung der obersten Landesbehörde die Aufgaben nach Absatz 1 allein wahrnimmt. Die notwendigen Ausgaben einschließlich der Verwaltungsausgaben trägt der Bund, soweit die Aufgaben bei einer Ausführung von Gesetzen nach Absatz 1 vom Bund wahrzunehmen sind.

(3) Das Nähere regelt ein Bundesgesetz, das der Zustimmung des Bundesrates bedarf.

---

[1] Art. 91d wurde durch das Föderalismusreform II-Gesetz vom 29. 7. 2009 (BGBl. I S. 2248) eingefügt.

[2] Art. 91e wurde durch Gesetz vom 21. 7. 2010 (BGBl. I S. 2248) eingefügt.

IX. Die Rechtsprechung

Artikel 92 [1]

[Bundes- und Landesgerichte]

Die rechtsprechende Gewalt ist den Richtern anvertraut, sie wird durch das Bundesverfassungsgericht, durch die in diesem Grundgesetze vorgesehenen Bundesgerichte und durch die Gerichte der Länder ausgeübt.

Artikel 93 [2]

[Zuständigkeit des Bundesverfassungsgerichts]

(1) Das Bundesverfassungsgericht entscheidet:

1. über die Auslegung dieses Grundgesetzes aus Anlaß von Streitigkeiten über den Umfang der Rechte und Pflichten eines obersten Bundesorgans oder anderer Beteiligter, die durch dieses Grundgesetz oder in der Geschäftsordnung eines obersten Bundesorgans mit eigenen Rechten ausgestattet sind;
2. bei Meinungsverschiedenheiten oder Zweifeln über die förmliche und sachliche Vereinbarkeit von Bundesrecht oder Landesrecht mit diesem Grundgesetze oder die Vereinbarkeit von Landesrecht mit sonstigem Bundesrechte auf Antrag der Bundesregierung, einer Landesregierung oder eines Viertels der Mitglieder des Bundestages;

2a. bei Meinungsverschiedenheiten, ob ein Gesetz den Voraussetzungen des Artikels 72 Abs. 2 entspricht, auf Antrag des Bundesrates, einer Landesregierung oder der Volksvertretung eines Landes;

3. bei Meinungsverschiedenheiten über Rechte und Pflichten des Bundes und der Länder, insbesondere bei der Ausführung von Bundesrecht durch die Länder und bei der Ausübung der Bundesaufsicht;
4. in anderen öffentlich-rechtlichen Streitigkeiten zwischen dem Bunde und den Ländern, zwischen verschiedenen Ländern oder innerhalb eines Landes, soweit nicht ein anderer Rechtsweg gegeben ist;

4a. über Verfassungsbeschwerden, die von jedermann mit der Behauptung erhoben werden können, durch die öffentliche Gewalt in einem seiner Grundrechte oder in einem seiner in Artikel 20 Abs. 4, 33, 38, 101, 103 und 104 enthaltenen Rechte verletzt zu sein;

4b. über Verfassungsbeschwerden von Gemeinden und Gemeindeverbänden wegen Verletzung des Rechts auf Selbstverwaltung nach Artikel 2.8 durch ein Gesetz, bei Landesgesetzen jedoch nur, soweit nicht Beschwerde beim Landesverfassungsgericht erhoben werden kann;

---

[1] Artikel 92 wurde durch Gesetz vom 18. 6. 1968 (BGBl. I S. 657) geändert.

[2] Nr. 5 a und 5 b wurden eingefügt durch Gesetz vom 29. Januar 1969 (BGBl, 1, S. 97), Nr. 2 a eingefügt durch Gesetz vom 27. 10. 1994 (BGBl. I S. 3146), Abs. 2 neu gefasst durch Gesetz vom 28. 8. 2006 (BGBl. I S. 2034), Abs. 1 Nr. 2 geändert durch Gesetz vom 8. 10. 2008 (BGBl. I S. 1926). Abs. 1 Nr. 2 trat in der geänderten Fassung (ein Viertel statt ein Drittel der Mitglieder des Bundestages) erst am 1. 12. 2009 in Kraft, als der Vertrag von Lissabon vom 13. 12. 2007 (BGBl. II 2008 S. 1038) für Deutschland wirksam wurde. Nr. 4c wurde durch Änderungsgesetz vom 11.7.2012 (BGBl. I S. 1478) eingefügt.

4c. über Beschwerden von Vereinigungen gegen ihre Nichtanerkennung als Partei für die Wahl zum Bundestag

5. in den übrigen in diesem Grundgesetze vorgesehenen Fällen.

(2) Das Bundesverfassungsgericht entscheidet außerdem auf Antrag des Bundesrates, einer Landesregierung oder der Volksvertretung eines Landes, ob im Falle des Artikel 72 Abs. 4 die Erforderlichkeit für eine bundesgesetzliche Regelung nach Artikel 72 Abs. 2 nicht mehr besteht oder Bundesrecht in den Fällen des Artikel 125 a Abs. 2 Satz 1 nicht mehr erlassen werden könnte. Die Feststellung, dass die Erforderlichkeit entfallen ist oder Bundesrecht nicht mehr erlassen werden könnte, ersetzt ein Bundesgesetz nach Artikel 72 Abs. 4 oder nach Artikel 125 a Abs. 2 Satz 2. Der Antrag nach Satz 1 ist nur zulässig, wenn eine Gesetzesvorlage nach Artikel 72 Abs. 4 oder nach Artikel 125 a Abs. 2 Satz 2 im Bundestag abgelehnt oder über sie nicht innerhalb eines Jahres beraten und Beschluss gefasst oder wenn eine entsprechende Gesetzesvorlage im Bundesrat abgelehnt worden ist.

(3) Das Bundesverfassungsgericht wird ferner in den ihm sonst durch Bundesgesetz zugewiesenen Fällen tätig.

Artikel 94 [1]

[Wahl der Richter des Bundesverfassungsgerichts]

(1) Das Bundesverfassungsgericht besteht aus Bundesrichtern und anderen Mitgliedern. Die Mitglieder des Bundesverfassungsgerichtes werden je zur Hälfte vom Bundestage und vom Bundesrate gewählt. Sie dürfen weder dem Bundestage, dem Bundesrate, der Bundesregierung noch entsprechenden Organen eines Landes angehören.

(2) Ein Bundesgesetz regelt seine Verfassung und das Verfahren und bestimmt, in welchen Fällen seine Entscheidungen Gesetzeskraft haben. Es kann für Verfassungsbeschwerden die vorherige Erschöpfung des Rechtsweges zur Voraussetzung machen und ein besonderes Annahmeverfahren vorsehen.

Artikel 95 [2]

[Oberste Gerichtshöfe des Bundes, Richterwahl]

(1) Für die Gebiete der ordentlichen, der Verwaltungs-, der Finanz-, der Arbeits- und der Sozialgerichtsbarkeit errichtet der Bund als oberste Gerichtshöfe den Bundesgerichtshof, das Bundesverwaltungsgericht, den Bundesfinanzhof, das Bundesarbeitsgericht und das Bundessozialgericht.

(2) Über die Berufung der Richter dieser Gerichte entscheidet der für das jeweilige Sachgebiet zuständige Bundesminister gemeinsam mit einem Richterwahlausschuß, der aus den für das jeweilige Sachgebiet zuständigen Ministern der Länder und einer gleichen Anzahl von Mitgliedern besteht, die vom Bundestage gewählt werden.

(3) Zur Wahrung der Einheitlichkeit der Rechtsprechung ist ein Gemeinsamer Senat der in Abs. 1 genannten Gerichte zu bilden. Das Nähere regelt ein Bundesgesetz.

---

[1] Artikel 94 Abs. 2 wurde durch Gesetz vom 29. 1. 1969 (BGB]. I, S. 97) ergänzt.

[2] Artikel 95 wurde durch Gesetz vom 18 6. 1968 (BGBl. I S. 657) geändert.

Artikel 96 [1]

[Bundespatentgericht, Wehrstraf- und Disziplinargerichte]

(1) Der Bund kann für Angelegenheiten des gewerblichen Rechtsschutzes ein Bundesgericht errichten.

(2) Der Bund kann Wehrstrafgerichte für die Streitkräfte als Bundesgerichte errichten. Sie können die Strafgerichtsbarkeit nur im Verteidigungsfalle sowie über Angehörige der Streitkräfte ausüben, die in das Ausland entsandt oder an Bord von Kriegsschiffen eingeschifft sind. Das Nähere regelt ein Bundesgesetz. Diese Gerichte gehören zum Geschäftsbereich des Bundesjustizministers. Ihre hauptamtlichen Richter müssen die Befähigung zum Richteramt haben.

(3) Oberster Gerichtshof für die in Abs. 1 und 2 genannten Gerichte ist der Bundesgerichtshof.

(4) Der Bund kann für Personen, die zu ihm in einem öffentlich-rechtlichen Dienstverhältnis stehen, Bundesgerichte zur Entscheidung in Disziplinarverfahren und Beschwerdeverfahren errichten.

(5) Für Strafverfahren auf den folgenden Gebieten kann ein Bundesgesetz mit Zustimmung des Bundesrates vorsehen, dass Gerichte der Länder Gerichtsbarkeit des Bundes ausüben:

1. Völkermord;
2. völkerstrafrechtliche Verbrechen gegen die Menschlichkeit;
3. Kriegsverbrechen;
4. andere Handlungen, die geeignet sind und in der Absicht vorgenommen werden, das friedliche Zusammenleben der Völker zu stören (Art. 26 Abs. 1);
5. Staatsschutz.

Artikel 97

[Richterliche Unabhängigkeit]

(1) Die Richter sind unabhängig und nur dem Gesetze unterworfen.

(2) Die hauptamtlich und planmäßig endgültig angestellten Richter können wider ihren Willen nur kraft richterlicher Entscheidung und nur aus Gründen und unter den Formen, welche die Gesetze bestimmen, vor Ablauf ihrer Amtszeit entlassen oder dauernd oder zeitweise ihres Amtes enthoben oder an eine andere Stelle oder in den Ruhestand versetzt werden. Die Gesetzgebung kann Altersgrenzen festsetzen, bei deren Erreichung auf Lebenszeit angestellte Richter in den Ruhestand treten. Bei Veränderung der Einrichtung der Gerichte oder ihrer Bezirke können Richter an ein anderes Gericht versetzt oder aus dem Amte entfernt werden, jedoch nur unter Belassung des vollen Gehaltes.

---

[1] Artikel 96 wurde durch Gesetze vom 19. 3. 1956 (BGBl. I S. 111), vom 6. 3. 1961 (BGBl. I S. 141) geändert. Die ursprüngliche Fassung wurde durch Gesetz vom 18. 6. 1968 (BGB]. I, S. 657) aufgehoben. Neuer Artikel 96 wurde der bisherige Artikel 96 a aufgrund des Gesetzes vom 19. 3. 1956 (BGBl. I S. 111). Dieser wurde durch Gesetze vom 6. 3. 1961 (BGBl. I S. 141), vom 18. 6. 1968 (BGBl. I S. 657), vom 12. Mai 1969 (BGBl. I S. 363) und vom 26. 8. 1969 (BGBl. I S. 1357) geändert. Artikel 96 Abs. 5 wurde durch Gesetz vom 26. 7. 2002 (BGB]. S. 2863) neu gefasst.

Artikel 98 [1]

[Rechtsstellung der Bundesrichter, Rahmenvorschriften für die Landesrichter]

(1) Die Rechtsstellung der Bundesrichter ist durch besonderes Bundesgesetz zu regeln.

(2) Wenn ein Bundesrichter im Amte oder außerhalb des Amtes gegen die Grundsätze des Grundgesetzes oder gegen die verfassungsmäßige Ordnung eines Landes verstößt, so kann das Bundesverfassungsgericht mit Zweidrittelmehrheit auf Antrag des Bundestages anordnen, dass der Richter in ein anderes Amt oder in den Ruhestand zu versetzen ist. Im Falle eines vorsätzlichen Verstoßes kann auf Entlassung erkannt werden.

(3) Die Rechtsstellung der Richter in den Ländern ist durch besondere Landesgesetze zu regeln, soweit Artikel 74 Abs. 1 Nr. 27 nichts anderes bestimmt.

(4) Die Länder können bestimmen, dass über die Anstellung der Richter in den Ländern der Landesjustizminister gemeinsam mit einem Richterwahlausschuß entscheidet.

(5) Die Länder können für Landesrichter eine Abs. 2 entsprechende Regelung treffen. Geltendes Landesverfassungsrecht bleibt unberührt. Die Entscheidung über eine Richteranklage steht dem Bundesverfassungsgericht zu.

Artikel 99 [2]

[Übertragung von Rechtsstreitigkeiten auf Bundesgerichte]

Dem Bundesverfassungsgerichte kann durch Landesgesetz die Entscheidung von Verfassungsstreitigkeiten innerhalb eines Landes, den in Artikel 95 Abs. 1 genannten obersten Gerichtshöfen für den letzten Rechtszug die Entscheidung in solchen Sachen zugewiesen werden, bei denen es sich um die Anwendung von Landesrecht handelt.

Artikel 100 [3]

[Normenkontrolle durch die Verfassungsgerichte des Bundes und der Länder]

(1) Hält ein Gericht ein Gesetz, auf dessen Gültigkeit es bei der Entscheidung ankommt, für verfassungswidrig, so ist das Verfahren auszusetzen und, wenn es sich um die Verletzung der Verfassung eines Landes handelt, die Entscheidung des für Verfassungsstreitigkeiten zuständigen Gerichtes des Landes, wenn es sich um die Verletzung dieses Grundgesetzes handelt, die Entscheidung des Bundesverfassungsgerichtes einzuholen. Dies gilt auch, wenn es sich um die Verletzung dieses Grundgesetzes durch Landesrecht oder um die Unvereinbarkeit eines Landesgesetzes mit einem Bundesgesetze handelt.

(2) Ist in einem Rechtsstreite zweifelhaft, ob eine Regel des Völkerrechtes Bestandteil des Bundesrechtes ist und ob sie unmittelbar Rechte und Pflichten für den Einzelnen erzeugt (Artikel 25), so hat das Gericht die Entscheidung des Bundesverfassungsgerichtes einzuholen.

(3) Will das Verfassungsgericht eines Landes bei der Auslegung des Grundgesetzes von einer Entscheidung des Bundesverfassungsgerichtes oder des Verfassungsgerichtes eines anderen Landes abweichen, so hat das Verfassungsgericht die Entscheidung des Bundesverfassungsgerichtes einzuholen.

---

[1] Artikel 98 wurde durch Gesetz vom 18. 3. 1971 (BGBl. I S. 206) geändert. Abs. 3 wurde durch Änderungsgesetz vom 28. 8. 2006 (BGBl. I S. 2034) geändert.

[2] Artikel 99 wurde durch Gesetz vom 18. 6. 1968 (BGBl. 1, S. 657) geändert.

[3] Artikel 100 Abs. 3 wurde durch Gesetz vom 18. 6. 1968 (BGBl. I S. 657) geändert.

Artikel 101

[Gesetzlicher Richter, Verbot von Ausnahmegerichten]

(1) Ausnahmegerichte sind unzulässig. Niemand darf seinem gesetzlichen Richter entzogen werden.

(2) Gerichte für besondere Sachgebiete können nur durch Gesetz errichtet werden.

Artikel 102

[Verbot der Todesstrafe]

Die Todesstrafe ist abgeschafft.

Artikel 103

[Anspruch auf rechtliches Gehör, keine Strafe ohne Gesetz, Verbot der mehrfachen Bestrafung]

(1) Vor Gericht hat jedermann Anspruch auf rechtliches Gehör.

(2) Eine Tat kann nur bestraft werden, wenn die Strafbarkeit gesetzlich bestimmt war, bevor die Tat begangen wurde.

(3) Niemand darf wegen derselben Tat auf Grund der allgemeinen Strafgesetze mehrmals bestraft werden.

Artikel 104

[Verfahrensgarantien bei Freiheitsentziehung, richterliche Entscheidung]

(1) Die Freiheit der Person kann nur auf Grund eines förmlichen Gesetzes und nur unter Beachtung der darin vorgeschriebenen Formen beschränkt werden. Festgehaltene Personen dürfen weder seelisch noch körperlich mißhandelt werden.

(2) Über die Zulässigkeit und Fortdauer einer Freiheitsentziehung hat nur der Richter zu entscheiden. Bei jeder nicht auf richterlicher Anordnung beruhenden Freiheitsentziehung ist unverzüglich eine richterliche Entscheidung herbeizuführen. Die Polizei darf aus eigener Machtvollkommenheit niemanden länger als bis zum Ende des Tages nach dem Ergreifen in eigenem Gewahrsam halten. Das Nähere ist gesetzlich zu regeln.

(3) Jeder wegen des Verdachtes einer strafbaren Handlung vorläufig Festgenommene ist spätestens am Tage nach der Festnahme dem Richter vorzuführen, der ihm die Gründe der Festnahme mitzuteilen, ihn zu vernehmen und ihm Gelegenheit zu Einwendungen zu geben hat. Der Richter hat unverzüglich entweder einen mit Gründen versehenen schriftlichen Haftbefehl zu erlassen oder die Freilassung anzuordnen.

(4) Von jeder richterlichen Entscheidung über die Anordnung oder Fortdauer einer Freiheitsentziehung ist unverzüglich ein Angehöriger des Festgehaltenen oder eine Person seines Vertrauens zu benachrichtigen.

X. Finanzwesen

Artikel 104a [1]

[Finanzierungslasten von Bund und Ländern, Finanzhilfen, Haftung]

(1) Der Bund und die Länder tragen gesondert die Ausgaben, die sich aus der Wahrnehmung ihrer Aufgaben ergeben, soweit dieses Grundgesetz nichts anderes bestimmt.

(2) Handeln die Länder im Auftrage des Bundes, trägt der Bund die sich daraus ergebenden Ausgaben.

(3) Bundesgesetze, die Geldleistungen gewähren und von den Ländern ausgeführt werden, können bestimmen, dass die Geldleistungen ganz oder zum Teil vom Bund getragen werden. Bestimmt das Gesetz, dass der Bund die Hälfte der Ausgaben oder mehr trägt, wird es im Auftrage des Bundes durchgeführt.

(4) Bundesgesetze, die Pflichten der Länder zur Erbringung von Geldleistungen, geldwerten Sachleistungen oder vergleichbaren Dienstleistungen gegenüber Dritten begründen und von den Ländern als eigene Angelegenheit oder nach Absatz 3 Satz 2 im Auftrag des Bundes ausgeführt werden, bedürfen der Zustimmung des Bundesrates, wenn daraus entstehende Ausgaben von den Ländern zu tragen sind.

(5) Der Bund und die Länder tragen die bei ihren Behörden entstehenden Verwaltungsausgaben und haften im Verhältnis zueinander für eine ordnungsmäßige Verwaltung. Das Nähere bestimmt ein Bundesgesetz, das der Zustimmung des Bundesrates bedarf.

(6) Bund und Länder tragen nach der innerstaatlichen Zuständigkeits- und Aufgabenverteilung die Lasten einer Verletzung von supranationalen oder völkerrechtlichen Verpflichtungen Deutschlands. In Fällen länderübergreifender Finanzkorrekturen der Europäischen Union tragen Bund und Länder diese Lasten im Verhältnis 15 zu 85. Die Ländergesamtheit trägt in diesen Fällen solidarisch 35 vom Hundert der Gesamtlasten entsprechend einem allgemeinen Schlüssel; 50 vom Hundert der Gesamtlasten tragen die Länder, die die Lasten verursacht haben, anteilig entsprechend der Höhe der erhaltenen Mittel. Das Nähere regelt ein Bundesgesetz, das der Zustimmung des Bundesrates bedarf.

Artikel 104b [2]

[Finanzhilfen des Bundes für die Länder bei Störung des gesamtwirtschaftlichen Gleichgewichts und zur Förderung des wirtschaftlichen Wachstums]

(1) Der Bund kann, soweit dieses Grundgesetz ihm Gesetzgebungsbefugnisse verleiht, den Ländern Finanzhilfen für besonders bedeutsame Investitionen der Länder und der Gemeinden (Gemeindeverbände) gewähren, die

1. zur Abwehr einer Störung des gesamtwirtschaftlichen Gleichgewichts oder
2. zum Ausgleich unterschiedlicher Wirtschaftskraft im Bundesgebiet oder

---

[1] Artikel 104 a wurde als einleitender Artikel zu Abschnitt X durch Gesetz vom 12. 5. 1969 (BGBl. I S. 359) eingefügt. Abs. 3 S. 3 aufgehoben, Abs. 4 wurde neu gefasst und Abs. 6 angefügt durch Änderungsgesetz vom 28. 8. 2006 (BGBl. I S. 2034).

[2] Art. 104 b wurde eingefügt durch Änderungsgesetz vom 28. 8. 2006 (BGBl. I S. 2034). Art. 104b Absatz 1 Satz 2 wurde durch das Föderalismusreform II-Gesetz vom 29. 7. 2009 (BGBl. I S. 2248) angefügt. In Absatz 2 wurden die Sätze 2 bis 4 durch Gesetz vom 13. 7. 2017 (BGBl. I S. 2347) neu eingefügt; die bisherigen Sätze 2 und 3 wurden damit zu den Sätzen 5 und 6. Abs. 2 Satz 5 wurde neu gefasst durch Gesetz vom 28. 3. 2019 (BGBl. I. S. 404).

3. zur Förderung des wirtschaftlichen Wachstums

erforderlich sind. Abweichend von Satz 1 kann der Bund im Falle von Naturkatastrophen oder außergewöhnlichen Notsituationen, die sich der Kontrolle des Staates entziehen und die staatliche Finanzlage erheblich beeinträchtigen, auch ohne Gesetzgebungsbefugnisse Finanzhilfen gewähren.

(2) Das Nähere, insbesondere die Arten der zu fördernden Investitionen, wird durch Bundesgesetz, das der Zustimmung des Bundesrates bedarf, oder auf Grund des Bundeshaushaltsgesetzes durch Verwaltungsvereinbarung geregelt. Das Bundesgesetz oder die Verwaltungsvereinbarung kann Bestimmungen über die Ausgestaltung der jeweiligen Länderprogramme zur Verwendung der Finanzhilfen vorsehen. Die Festlegung der Kriterien für die Ausgestaltung der Länderprogramme erfolgt im Einvernehmen mit den betroffenen Ländern. Zur Gewährleistung der zweckentsprechenden Mittelverwendung kann die Bundesregierung Bericht und Vorlage der Akten verlangen und Erhebungen bei allen Behörden durchführen. Die Mittel des Bundes werden zusätzlich zu eigenen Mitteln der Länder bereitgestellt. Zur Gewährleistung der zweckentsprechenden Mittelverwendung kann die Bundesregierung Bericht und Vorlage der Akten verlangen und Erhebungen bei allen Behörden durchführen. Sie sind befristet zu gewähren und hinsichtlich ihrer Verwendung in regelmäßigen Zeitabständen zu überprüfen. Die Finanzhilfen sind im Zeitablauf mit fallenden Jahresbeträgen zu gestalten.

(3) Bundestag, Bundesregierung und Bundesrat sind auf Verlangen über die Durchführung der Maßnahmen und die erzielten Verbesserungen zu unterrichten.

Art. 104 c [1]

[Finanzhilfen des Bundes für die Länder, Gemeinden und Gemeindeverbände für das Bildungswesen]

Der Bund kann den Ländern Finanzhilfen für gesamtstaatlich bedeutsame Investitionen sowie besondere, mit diesen unmittelbar verbundene, befristete Ausgaben der Länder und Gemeinden (Gemeindeverbände) zur Steigerung der Leistungsfähigkeit der kommunalen Bildungsinfrastruktur gewähren. Artikel 104b Absatz 2 Satz 1 bis 3, 5, 6 und Absatz 3 gilt entsprechend. Zur Gewährleistung der zweckentsprechenden Mittelverwendung kann die Bundesregierung Berichte und anlassbezogen die Vorlage von Akten verlangen.

Artikel 104d [2]

[Finanzhilfen des Bundes für die Länder, Gemeinden und Gemeindeverbände für den sozialen Wohnungsbau]

Der Bund kann den Ländern Finanzhilfen für gesamtstaatlich bedeutsame Investitionen der Länder und Gemeinden (Gemeindeverbände) im Bereich des sozialen Wohnungsbaus gewähren. Artikel 104b Absatz 2 Satz 1 bis 5 sowie Absatz 3 gilt entsprechend.

---

[1] Artikel 104c wurde durch Gesetz vom 13. 7. 2017 (BGBl. I S. 2347) eingefügt und durch Gesetz vom 28. 3. 2019 (BGBl. I S. 404) neu gefasst.

[2] Artikel 104d wurde neu eingefügt durch Gesetz vom 28. 3. 2019 (BGBl. I S. 404).

Artikel 105 [1]

[Gesetzgebungszuständigkeit für Steuern und Abgaben]

(1) Der Bund hat die ausschließliche Gesetzgebung über die Zölle und Finanzmonopole.

(2) Der Bund hat die konkurrierende Gesetzgebung über die übrigen Steuern, wenn ihm das Aufkommen dieser Steuern ganz oder zum Teil zusteht oder die Voraussetzungen des Artikels 72 Abs. 2 vorliegen.

(2a) Die Länder haben die Befugnis zur Gesetzgebung über die örtlichen Verbrauch- und Aufwandsteuern, solange und soweit sie nicht bundesgesetzlich geregelten Steuern gleichartig sind. Sie haben die Befugnis zur Bestimmung des Steuersatzes bei der Grunderwerbsteuer.

(3) Bundesgesetze über Steuern, deren Aufkommen den Ländern oder den Gemeinden (Gemeindeverbänden) ganz oder zum Teil zufließt, bedürfen der Zustimmung des Bundesrates.

Artikel 106 [2]

[Verteilung des Steueraufkommens]

(1) Der Ertrag der Finanzmonopole und das Aufkommen der folgenden Steuern stehen dem Bund zu:

1. die Zölle,
2. die Verbrauchsteuern, soweit sie nicht nach Abs. 2 den Ländern, nach Abs. 3 Bund und Ländern gemeinsam oder nach Abs. 6 den Gemeinden zustehen,
3. die Straßengüterverkehrsteuer, die Kraftfahrzeugsteuer und sonstige auf motorisierte Verkehrsmittel bezogene Verkehrsteuern,
4. die Kapitalverkehrsteuern, die Versicherungsteuer und die Wechselsteuer,
5. die einmaligen Vermögensabgaben und die zur Durchführung des Lastenausgleichs erhobenen Ausgleichsabgaben,
6. die Ergänzungsabgabe zur Einkommensteuer und zur Körperschaftsteuer,
7. Abgaben im Rahmen der Europäischen Gemeinschaften.

(2) Das Aufkommen der folgenden Steuern steht den Ländern zu:

1. die Vermögensteuer,
2. die Erbschaftsteuer,
3. die Verkehrsteuern, soweit sie nicht nach Absatz 1 dem Bund oder nach Absatz 3 Bund und Ländern gemeinsam zustehen,
4. die Biersteuer,
5. die Abgabe von Spielbanken.

---

[1] Artikel 105 wurde durch Gesetz vom 12. 5. 1969 (BGBl. I S. 359) geändert, Abs. 2 a S. 2 durch Änderungsgesetz vom 28. 8. 2006 (BGBl. I S. 2034) neu eingefügt.

[2] Artikel 106 wurde durch Gesetz vom 23. 12. 1955 (BGBl. I S. 817), vom 24. 12. 1956 (BGBl. I S. 1077) und vom 12. Mai 1969 (BGBl. I S. 359) geändert. Abs. 3 Satz 5 und 6 wurden eingefügt, Abs. 4 Satz 1 durch Gesetz vom 3. 11. 1995 (BGBl. I S. 1492) geändert. Abs. 5a wurden eingefügt, Abs. 3 Satz 1 und Abs. 6 durch Gesetz vom 20. 10. 1997 (BGBl. I S. 2470) geändert. Abs. 1 Nr. 3 wurde geändert und in Absatz 2 bisherige Nr. 3 gestrichen durch Gesetz vom 19. 3. 2009 (BGBl. I S. 606).

(3) Das Aufkommen der Einkommensteuer, der Körperschaftsteuer und der Umsatzsteuer steht dem Bund und den Ländern gemeinsam zu (Gemeinschaftsteuern), soweit das Aufkommen der Einkommensteuer nicht nach Abs. 5 und das Aufkommen der Umsatzsteuer nicht nach Abs. 5 a den Gemeinden zugewiesen wird. Am Aufkommen der Einkommensteuer und der Körperschaftsteuer sind der Bund und die Länder je zur Hälfte beteiligt. Die Anteile von Bund und Ländern an der Umsatzsteuer werden durch Bundesgesetz, das der Zustimmung des Bundesrates bedarf, festgesetzt. Bei der Festsetzung ist von folgenden Grundsätzen auszugehen:

1. Im Rahmen der laufenden Einnahmen haben der Bund und die Länder gleichmäßig Anspruch auf Deckung ihrer notwendigen Ausgaben. Dabei ist der Umfang der Ausgaben unter Berücksichtigung einer mehrjährigen Finanzplanung zu ermitteln.
2. Die Deckungsbedürfnisse des Bundes und der Länder sind so aufeinander abzustimmen, dass ein billiger Ausgleich erzielt, eine Überbelastung der Steuerpflichtigen vermieden und die Einheitlichkeit der Lebensverhältnisse im Bundesgebiet gewahrt wird.

Zusätzlich werden in die Festsetzung der Anteile von Bund und Ländern an der Umsatzsteuer Steuermindereinnahmen einbezogen, die den Ländern ab 1. Januar 1996 aus der Berücksichtigung von Kindern im Einkommensteuerrecht entstehen. Das Nähere bestimmt das Bundesgesetz nach Satz 3.

(4) Die Anteile von Bund und Ländern an der Umsatzsteuer sind neu festzusetzen, wenn sich das Verhältnis zwischen den Einnahmen und Ausgaben des Bundes und der Länder wesentlich anders entwickelt; Steuermindereinnahmen, die nach Absatz 3 Satz 5 in die Festsetzung der Umsatzsteueranteile zusätzlich einbezogen werden, bleiben hierbei unberücksichtigt. Werden den Ländern durch Bundesgesetz zusätzliche Ausgaben auferlegt oder Einnahmen entzogen, so kann die Mehrbelastung durch Bundesgesetz, das der Zustimmung des Bundesrates bedarf, auch mit Finanzzuweisungen des Bundes ausgeglichen werden, wenn sie auf einen kurzen Zeitraum begrenzt ist. In dem Gesetz sind die Grundsätze für die Bemessung dieser Finanzzuweisungen und für ihre Verteilung auf die Länder zu bestimmen.

(5) Die Gemeinden erhalten einen Anteil an dem Aufkommen der Einkommensteuer, der von den Ländern an ihre Gemeinden auf der Grundlage der Einkommensteuerleistungen ihrer Einwohner weiterzuleiten ist. Das Nähere bestimmt ein Bundesgesetz, das der Zustimmung des Bundesrates bedarf. Es kann bestimmen, dass die Gemeinden Hebesätze für den Gemeindeanteil festsetzen.

(5a) Die Gemeinden erhalten ab dem 1. Januar 1998 einen Anteil an dem Aufkommen der Umsatzsteuer. Er wird von den Ländern auf der Grundlage eines orts- und wirtschaftsbezogenen Schlüssels an die Gemeinden weitergeleitet. Das Nähere wird durch Bundesgesetz, das der Zustimmung des Bundesrates bedarf, bestimmt.

(6) Das Aufkommen der Grundsteuer und Gewerbesteuer steht den Gemeinden, das Aufkommen der örtlichen Verbrauch- und Aufwandsteuern steht den Gemeinden oder nach Maßgabe der Landesgesetzgebung den Gemeindeverbänden zu. Den Gemeinden ist das Recht einzuräumen, die Hebesätze der Grundsteuer und Gewerbesteuer im Rahmen der Gesetze festzusetzen. Bestehen in einem Land keine Gemeinden, so steht das Aufkommen der Grundsteuer und Gewerbesteuer sowie der örtlichen Verbrauch- und Aufwandsteuern dem Land zu. Bund und Länder können durch eine Umlage an dem Aufkommen der Gewerbesteuer beteiligt werden. Das Nähere über die Umlage bestimmt ein Bundesgesetz, das der Zustimmung des Bundesrates bedarf. Nach Maßgabe der Landesgesetzgebung können die Grundsteuer und Gewerbesteuer sowie der

Gemeindeanteil vom Aufkommen der Einkommensteuer und der Umsatzsteuer für Umlagen zugrunde gelegt werden.

(7) Von dem Länderanteil am Gesamtaufkommen der Gemeinschaftsteuern fließt den Gemeinden und Gemeindeverbänden insgesamt ein von der Landesgesetzgebung zu bestimmender Hundertsatz zu. Im übrigen bestimmt die Landesgesetzgebung, ob und inwieweit das Aufkommen der Landessteuern den Gemeinden (Gemeindeverbänden) zufließt.

(8) Veranlaßt der Bund in einzelnen Ländern oder Gemeinden (Gemeindeverbänden) besondere Einrichtungen, die diesen Ländern oder Gemeinden (Gemeindeverbänden) unmittelbar Mehrausgaben oder Mindereinnahmen (Sonderbelastungen) verursachen, gewährt der Bund den erforderlichen Ausgleich, wenn und soweit den Ländern oder Gemeinden (Gemeindeverbänden) nicht zugemutet werden kann, die Sonderbelastungen zu tragen. Entschädigungsleistungen Dritter und finanzielle Vorteile, die diesen Ländern oder Gemeinden (Gemeindeverbänden) als Folge der Einrichtungen erwachsen, werden bei dem Ausgleich berücksichtigt.

(9) Als Einnahmen und Ausgaben der Länder im Sinne dieses Artikels gelten auch die Einnahmen und Ausgaben der Gemeinden (Gemeindeverbände).

Artikel 106a [1]

[Finanzierung des Personennahverkehrs]

Den Ländern steht ab 1. Januar 1996 für den öffentlichen Personennahverkehr ein Betrag aus dem Steueraufkommen des Bundes zu. Das Nähere regelt ein Bundesgesetz, das der Zustimmung des Bundesrates bedarf. Der Betrag nach Satz 1 bleibt bei der Bemessung der Finanzkraft nach Artikel 107 Abs. 2 unberücksichtigt.

Artikel 106b [2]

[Ausgleich für Kraftfahrzeugsteuer]

Den Ländern steht ab dem 1. 7. 2009 infolge der Übertragung der Kraftfahrzeugsteuer auf den Bund ein Betrag aus dem Steueraufkommen des Bundes zu. Das Nähere regelt ein Bundesgesetz, das der Zustimmung des Bundesrates bedarf.

Artikel 107 [3]

[Finanzausgleich, Ergänzungszuweisungen]

(1) Das Aufkommen der Landessteuern und der Länderanteil am Aufkommen der Einkommensteuer und der Körperschaftsteuer stehen den einzelnen Ländern insoweit zu, als die Steuern von den Finanzbehörden in ihrem Gebiet vereinnahmt werden (örtliches Aufkommen). Durch Bundesgesetz, das der Zustimmung des Bundesrates

---

[1] Artikel 106 a wurde durch Gesetz vom 20. 12. 1993 (BGBl. I S. 2089) eingefügt.

[2] Artikel 106 b wurde durch Gesetz vom 19. 3. 2009 (BGBl. I S. 606) eingefügt.

[3] Artikel 107 wurde durch Gesetze vom 20. 4. 1953 (BGBl. I S. 130), vom 25. 12. 1954 (BGBl. I S. 517), vom 23. 12. 1955 (BGBl. I S. 817) und vom 12. Mai 1969 (BGBl. I S. 359) geändert. Abs. 1 Satz 4 wurde neu gefasst durch Änderungsgesetz vom 28. 8. 2006 (BGBl. I S. 2034). Absatz 1 Satz 4 wurde geändert durch Gesetz vom 19. 3. 2009 (BGBl. I S. 606) und erneut geändert durch Gesetz vom 13. 7. 2017 (BGBl. I S. 2347).

bedarf, sind für die Körperschaftsteuer und die Lohnsteuer nähere Bestimmungen über die Abgrenzung sowie über Art und Umfang der Zerlegung des örtlichen Aufkommens zu treffen. Das Gesetz kann auch Bestimmungen über die Abgrenzung und Zerlegung des örtlichen Aufkommens anderer Steuern treffen. Der Länderanteil am Aufkommen der Umsatzsteuer steht den einzelnen Ländern, vorbehaltlich der Regelungen nach Absatz 2, nach Maßgabe ihrer Einwohnerzahl zu.

(2) Durch Bundesgesetz, das der Zustimmung des Bundesrates bedarf, ist sicherzustellen, dass die unterschiedliche Finanzkraft der Länder angemessen ausgeglichen wird; hierbei sind die Finanzkraft und der Finanzbedarf der Gemeinden (Gemeindeverbände) zu berücksichtigen. Zu diesem Zweck sind in dem Gesetz Zuschläge zu und Abschläge von der jeweiligen Finanzkraft bei der Verteilung der Länderanteile am Aufkommen der Umsatzsteuer zu regeln. Die Voraussetzungen für die Gewährung von Zuschlägen und für die Erhebung von Abschlägen sowie die Maßstäbe für die Höhe dieser Zuschläge und Abschläge sind in dem Gesetz zu bestimmen. Für Zwecke der Bemessung der Finanzkraft kann die bergrechtliche Förderabgabe mit nur einem Teil ihres Aufkommens berücksichtigt werden. Das Gesetz kann auch bestimmen, dass der Bund aus seinen Mitteln leistungsschwachen Ländern Zuweisungen zur ergänzenden Deckung ihres allgemeinen Finanzbedarfs (Ergänzungszuweisungen) gewährt. Zuweisungen können unabhängig von den Maßstäben nach den Sätzen 1 bis 3 auch solchen leistungsschwachen Ländern gewährt werden, deren Gemeinden (Gemeindeverbände) eine besonders geringe Steuerkraft aufweisen (Gemeindesteuerkraftzuweisungen), sowie außerdem solchen leistungsschwachen Ländern, deren Anteile an den Fördermitteln nach Artikel 91b ihre Einwohneranteile unterschreiten.

Artikel 108 [1]

[Steuerverwaltung, Richtliniengewalt]

(1) Zölle, Finanzmonopole, die bundesgesetzlich geregelten Verbrauchsteuern einschließlich der Einfuhrumsatzsteuer, die Kraftfahrzeugsteuer und sonstige auf motorisierte Verkehrsmittel bezogene Verkehrsteuern ab dem 1. Juli 2009 sowie die Abgaben im Rahmen der Europäischen Gemeinschaften werden durch Bundesfinanzbehörden verwaltet. Der Aufbau dieser Behörden wird durch Bundesgesetz geregelt. Soweit Mittelbehörden eingerichtet sind, werden deren Leiter im Benehmen mit den Landesregierungen bestellt.

(2) Die übrigen Steuern werden durch Landesfinanzbehörden verwaltet. Der Aufbau dieser Behörden und die einheitliche Ausbildung der Beamten können durch Bundesgesetz mit Zustimmung des Bundesrates geregelt werden. Soweit Mittelbehörden eingerichtet sind, werden deren Leiter im Einvernehmen mit der Bundesregierung bestellt.

(3) Verwalten die Landesfinanzbehörden Steuern, die ganz oder zum Teil dem Bund zufließen, so werden sie im Auftrage des Bundes tätig. Artikel 85 Abs. 3 und 4 gilt mit der Maßgabe, dass an die Stelle der Bundesregierung der Bundesminister der Finanzen tritt.

(4) Durch Bundesgesetz, das der Zustimmung des Bundesrates bedarf, kann bei der Verwaltung von Steuern ein Zusammenwirken von Bundes- und Landesfinanzbehörden

[1] Artikel 108 wurde durch Gesetz vom 12. 5. 1969 (BGBl. I S. 359) und vom 26. 11. 2001 (BGBl. I S. 3219) geändert. Absatz 1 Satz 1 wurde geändert durch Gesetz vom 19. 3. 2009 (BGBl. I S. 606). An Absatz 4 wurde Satz 3 angefügt durch Gesetz vom 13. 7. 2017 (BGBl.I S. 2347); durch das gleiche Gesetz wurde Absatz 4a neu eingefügt.

sowie für Steuern, die unter Absatz 1 fallen, die Verwaltung durch Landesfinanzbehörden und für andere Steuern die Verwaltung durch Bundesfinanzbehörden vorgesehen werden, wenn und soweit dadurch der Vollzug der Steuergesetze erheblich verbessert oder erleichtert wird. Für die den Gemeinden (Gemeindeverbänden) allein zufließenden Steuern kann die den Landesfinanzbehörden zustehende Verwaltung durch die Länder ganz oder zum Teil den Gemeinden (Gemeindeverbänden) übertragen werden. Das Bundesgesetz nach Satz 1 kann für ein Zusammenwirken von Bund und Ländern bestimmen, dass bei Zustimmung einer im Gesetz genannten Mehrheit Regelungen für den Vollzug von Steuergesetzen für alle Länder verbindlich werden.

(4a) Durch Bundesgesetz, das der Zustimmung des Bundesrates bedarf, können bei der Verwaltung von Steuern, die unter Absatz 2 fallen, ein Zusammenwirken von Landesfinanzbehörden und eine länderübergreifende Übertragung von Zuständigkeiten auf Landesfinanzbehörden eines oder mehrerer Länder im Einvernehmen mit den betroffenen Ländern vorgesehen werden, wenn und soweit dadurch der Vollzug der Steuergesetze erheblich verbessert oder erleichtert wird. Die Kostentragung kann durch Bundesgesetz geregelt werden.

(5) Das von den Bundesfinanzbehörden anzuwendende Verfahren wird durch Bundesgesetz geregelt. Das von den Landesfinanzbehörden und in den Fällen des Absatzes 4 Satz 2 von den Gemeinden (Gemeindeverbänden) anzuwendende Verfahren kann durch Bundesgesetz mit Zustimmung des Bundesrates geregelt werden.

(6) Die Finanzgerichtsbarkeit wird durch Bundesgesetz einheitlich geregelt.

(7) Die Bundesregierung kann allgemeine Verwaltungsvorschriften erlassen, und zwar mit Zustimmung des Bundesrates, soweit die Verwaltung den Landesfinanzbehörden oder Gemeinden (Gemeindeverbänden) obliegt.

Artikel 109 [1]

[Haushaltswirtschaft des Bundes und der Länder, Fiskalpolitik, Finanzplanung]

(1) Bund und Länder sind in ihrer Haushaltswirtschaft selbständig und voneinander unabhängig.

(2) Bund und Länder erfüllen gemeinsam die Verpflichtungen der Bundesrepublik Deutschland aus Rechtsakten der Europäischen Gemeinschaft auf Grund des Artikels 104 des Vertrags zur Gründung der Europäischen Gemeinschaft zur Einhaltung der Haushaltsdisziplin und tragen in diesem Rahmen den Erfordernissen des gesamtwirtschaftlichen Gleichgewichts Rechnung.

(3) Die Haushalte von Bund und Ländern sind grundsätzlich ohne Einnahmen aus Krediten auszugleichen. Bund und Länder können Regelungen zur im Auf- und Abschwung symmetrischen Berücksichtigung der Auswirkungen einer von der Normallage abweichenden konjunkturellen Entwicklung sowie eine Ausnahmeregelung für Naturkatastrophen oder außergewöhnliche Notsituationen, die sich der Kontrolle des Staates entziehen und die staatliche Finanzlage erheblich beeinträchtigen, vorsehen. Für die Ausnahmeregelung ist eine entsprechende Tilgungsregelung vorzusehen. Die nähere Ausgestaltung regelt für den Haushalt des Bundes Artikel 115 mit der Maßgabe, dass Satz 1 entsprochen ist, wenn die Einnahmen aus Krediten 0,35 vom Hundert im Ver-

---

[1] Artikel 109 wurde durch Gesetze vom 8. 6. 1967 (BGBl. I S. 581) und vom 12. Mai 1969 (BGBl. I S. 357) geändert. Abs. 5 angefügt durch Änderungsgesetz vom 28. 8. 2006 (BGBl. I S. 2034). Absätze 2 bis 5 wurden geändert durch das Föderalismusreform II-Gesetz vom 29. 7. 2009 (BGBl. I S. 2248).

hältnis zum nominalen Bruttoinlandsprodukt nicht überschreiten. Die nähere Ausgestaltung für die Haushalte der Länder regeln diese im Rahmen ihrer verfassungsrechtlichen Kompetenzen mit der Maßgabe, dass Satz 1 nur dann entsprochen ist, wenn keine Einnahmen aus Krediten zugelassen werden.

(4) Durch Bundesgesetz, das der Zustimmung des Bundesrates bedarf, können für Bund und Länder gemeinsam geltende Grundsätze für das Haushaltsrecht, für eine konjunkturgerechte Haushaltswirtschaft und für eine mehrjährige Finanzplanung aufgestellt werden.

(5) Sanktionsmaßnahmen der Europäischen Gemeinschaft im Zusammenhang mit den Bestimmungen in Artikel 104 des Vertrags zur Gründung der Europäischen Gemeinschaft zur Einhaltung der Haushaltsdisziplin tragen Bund und Länder im Verhältnis 65 zu 35. Die Ländergesamtheit trägt solidarisch 35 vom Hundert der auf die Länder entfallenden Lasten entsprechend ihrer Einwohnerzahl; 65 vom Hundert der auf die Länder entfallenden Lasten tragen die Länder entsprechend ihrem Verursachungsbeitrag. Das Nähere regelt ein Bundesgesetz, das der Zustimmung des Bundesrates bedarf.

Artikel 109a [1]

[Überwachung der Haushaltswirtschaft von Bund und Ländern, Stabilitätsrat]

(1) Zur Vermeidung von Haushaltsnotlagen regelt ein Bundesgesetz, das der Zustimmung des Bundesrates bedarf,

1. die fortlaufende Überwachung der Haushaltswirtschaft von Bund und Ländern durch ein gemeinsames Gremium (Stabilitätsrat),
2. die Voraussetzungen und das Verfahren zur Feststellung einer drohenden Haushaltsnotlage,
3. die Grundsätze zur Aufstellung und Durchführung von Sanierungsprogrammen zur Vermeidung von Haushaltsnotlagen.

(2) Dem Stabilitätsrat obliegt ab dem Jahr 2020 die Überwachung der Einhaltung der Vorgaben des Artikels 109 Absatz 3 durch Bund und Länder. Die Überwachung orientiert sich an den Vorgaben und Verfahren aus Rechtsakten auf Grund des Vertrages über die Arbeitsweise der Europäischen Union zur Einhaltung der Haushaltsdisziplin.

(3) Die Beschlüsse des Stabilitätsrats und die zugrunde liegenden Beratungsunterlagen sind zu veröffentlichen.

Artikel 110 [2]

[Bundeshaushaltsplan]

(1) Alle Einnahmen und Ausgaben des Bundes sind in den Haushaltsplan einzustellen; bei Bundesbetrieben und bei Sondervermögen brauchen nur die Zuführungen oder die Ablieferungen eingestellt zu werden. Der Haushaltsplan ist in Einnahme und Ausgabe auszugleichen.

---

[1] Art.109a wurde durch das Föderalismusreform II-Gesetz vom 29. 7. 2009 (BGBl. I S. 2248) eingefügt. Absatz 2 wurde durch Gesetz vom 13. 7. 2017 (BGBl. I S. 2347) eingefügt; der bisherige Satz 2 wurde Absatz 3.

[2] Artikel 110 wurde durch Gesetz vom 12. 5. 1969 (BGBl. I S. 357) geändert.

(2) Der Haushaltsplan wird für ein oder mehrere Rechnungsjahre, nach Jahren getrennt, vor Beginn des ersten Rechnungsjahres durch das Haushaltsgesetz festgestellt. Für Teile des Haushaltsplanes kann vorgesehen werden, dass sie für unterschiedliche Zeiträume, nach Rechnungsjahren getrennt, gelten.

(3) Die Gesetzesvorlage nach Abs. 2 S. 1 sowie Vorlagen zur Änderung des Haushaltsgesetzes und des Haushaltsplanes werden gleichzeitig mit der Zuleitung an den Bundesrat beim Bundestage eingebracht; der Bundesrat ist berechtigt, innerhalb von sechs Wochen, bei Änderungsvorlagen innerhalb von drei Wochen, zu den Vorlagen Stellung zu nehmen.

(4) In das Haushaltsgesetz dürfen nur Vorschriften aufgenommen werden, die sich auf die Einnahmen und die Ausgaben des Bundes und auf den Zeitraum beziehen, für den das Haushaltsgesetz beschlossen wird. Das Haushaltsgesetz kann vorschreiben, dass die Vorschriften erst mit der Verkündung des nächsten Haushaltsgesetzes oder bei Ermächtigung nach Artikel 115 zu einem späteren Zeitpunkt außer Kraft treten.

Artikel 111

[Nothaushalt vor Verabschiedung des Haushalts]

(1) Ist bis zum Schluß eines Rechnungsjahres der Haushaltsplan für das folgende Jahr nicht durch Gesetz festgestellt, so ist bis zu seinem Inkrafttreten die Bundesregierung ermächtigt, alle Ausgaben zu leisten, die nötig sind,

a) um gesetzlich bestehende Einrichtungen zu erhalten und gesetzlich beschlossene Maßnahmen durchzuführen,

b) um die rechtlich begründeten Verpflichtungen des Bundes zu erfüllen,

c) um Bauten, Beschaffungen und sonstige Leistungen fortzusetzen oder Beihilfen für diese Zwecke weiter zu gewähren, sofern durch den Haushaltsplan eines Vorjahres bereits Beträge bewilligt worden sind.

(2) Soweit nicht auf besonderen Gesetzen beruhende Einnahmen aus Steuern, Abgaben und sonstigen Quellen oder die Betriebsmittelrücklage die Ausgaben unter Abs. 1 decken, darf die Bundesregierung die zur Aufrechterhaltung der Wirtschaftsführung erforderlichen Mittel bis zur Höhe eines Viertels der Endsumme des abgelaufenen Haushaltsplanes im Wege des Kredits flüssig machen.

Artikel 112 [1]

[Überplanmäßige und außerplanmäßige Ausgaben]

Überplanmäßige und außerplanmäßige Ausgaben bedürfen der Zustimmung des Bundesministers der Finanzen. Sie darf nur im Falle eines unvorhergesehenen und unabweisbaren Bedürfnisses erteilt werden. Näheres kann durch Bundesgesetz bestimmt werden.

---

[1] Artikel 112 wurde durch Gesetz vom 12. 5. 1969 (BGBl. I S. 357) geändert.

Artikel 113 [1]

[Zustimmung der Bundesregierung zu Ausgabeerhöhungen und Einnahmeverminderungen]

(1) Gesetze, welche die von der Bundesregierung vorgeschlagenen Ausgaben des Haushaltsplanes erhöhen oder neue Ausgaben in sich schließen oder für die Zukunft mit sich bringen, bedürfen der Zustimmung der Bundesregierung. Das gleiche gilt für Gesetze, die Einnahmeminderungen in sich schließen oder für die Zukunft mit sich bringen. Die Bundesregierung kann verlangen, dass der Bundestag die Beschlußfassung über solche Gesetze aussetzt. In diesem Fall hat die Bundesregierung innerhalb von sechs Wochen dem Bundestage eine Stellungnahme zuzuleiten.

(2) Die Bundesregierung kann innerhalb von vier Wochen, nachdem der Bundestag das Gesetz beschlossen hat, verlangen, dass der Bundestag erneut Beschluß faßt.

(3) Ist das Gesetz nach Artikel 78 zustande gekommen, kann die Bundesregierung ihre Zustimmung nur innerhalb von sechs Wochen und nur dann versagen, wenn sie vorher das Verfahren nach Abs. 1 Sätze 3 und 4 oder nach Abs. 2 eingeleitet hat. Nach Ablauf dieser Frist gilt die Zustimmung als erteilt.

Artikel 114 [2]

[Rechnungslegung, Überprüfung durch den Bundesrechnungshof, Bundesrechnungshof, Befugnisse]

(1) Der Bundesminister der Finanzen hat dem Bundestage und dem Bundesrate über alle Einnahmen und Ausgaben sowie über das Vermögen und die Schulden im Laufe des nächsten Rechnungsjahres zur Entlastung der Bundesregierung Rechnung zu legen.

(2) Der Bundesrechnungshof, dessen Mitglieder richterliche Unabhängigkeit besitzen, prüft die Rechnung sowie die Wirtschaftlichkeit und Ordnungsmäßigkeit der Haushalts- und Wirtschaftsführung des Bundes. Zum Zweck der Prüfung nach Satz 1 kann der Bundesrechnungshof auch bei Stellen außerhalb der Bundesverwaltung Erhebungen vornehmen; dies gilt auch in den Fällen, in denen der Bund den Ländern zweckgebundene Finanzierungsmittel zur Erfüllung von Länderaufgaben zuweist. Er hat außer der Bundesregierung unmittelbar dem Bundestage und dem Bundesrate jährlich zu berichten. Im übrigen werden die Befugnisse des Bundesrechnungshofes durch Bundesgesetz geregelt.

Artikel 115 [3]

[Grenzen für die Kreditaufnahme des Bundes]

(1) Die Aufnahme von Krediten sowie die Übernahme von Bürgschaften, Garantien oder sonstigen Gewährleistungen, die zu Ausgaben in künftigen Rechnungsjahren führen können, bedürfen einer der Höhe nach bestimmten oder bestimmbaren Ermächtigung durch Bundesgesetz.

---

[1] Artikel 113 wurde durch Gesetz vom 12. 5. 1969 (BGBl. I S. 357) geändert.

[2] Artikel 114 wurde durch Gesetz vom 12. 5. 1969 (BGBl. I S. 357) geändert. Absatz 2 Satz 1 wurde geändert durch Gesetz vom 13. 7. 2017 (BGBl. I S. 2347). Durch das gleiche Gesetz wurde in Absatz 2 ein neuer Satz 2 eingefügt; dadurch wurden die bisherigen Sätze 2 und 3 zu Sätzen 3 und 4.

[3] Artikel 115 wurde durch Gesetz vom 12. 5. 1969 (BGBl. I S. 357) geändert. Absatz 1 Satz 2 und 3 wurde gestrichen und Absatz 2 geändert durch das Föderalismusreform II-Gesetz vom 29. 7. 2009 (BGBl. I S. 2248).

(2) Einnahmen und Ausgaben sind grundsätzlich ohne Einnahmen aus Krediten auszugleichen. Diesem Grundsatz ist entsprochen, wenn die Einnahmen aus Krediten 0,35 vom Hundert im Verhältnis zum nominalen Bruttoinlandsprodukt nicht überschreiten. Zusätzlich sind bei einer von der Normallage abweichenden konjunkturellen Entwicklung die Auswirkungen auf den Haushalt im Auf- und Abschwung symmetrisch zu berücksichtigen. Abweichungen der tatsächlichen Kreditaufnahme von der nach den Sätzen 1 bis 3 zulässigen Kreditobergrenze werden auf einem Kontrollkonto erfasst; Belastungen, die den Schwellenwert von 1,5 vom Hundert im Verhältnis zum nominalen Bruttoinlandsprodukt überschreiten, sind konjunkturgerecht zurückzuführen. Näheres, insbesondere die Bereinigung der Einnahmen und Ausgaben um finanzielle Transaktionen und das Verfahren zur Berechnung der Obergrenze der jährlichen Nettokreditaufnahme unter Berücksichtigung der konjunkturellen Entwicklung auf der Grundlage eines Konjunkturbereinigungsverfahrens sowie die Kontrolle und den Ausgleich von Abweichungen der tatsächlichen Kreditaufnahme von der Regelgrenze, regelt ein Bundesgesetz. Im Falle von Naturkatastrophen oder außergewöhnlichen Notsituationen, die sich der Kontrolle des Staates entziehen und die staatliche Finanzlage erheblich beeinträchtigen, können diese Kreditobergrenzen auf Grund eines Beschlusses der Mehrheit der Mitglieder des Bundestages überschritten werden. Der Beschluss ist mit einem Tilgungsplan zu verbinden. Die Rückführung der nach Satz 6 aufgenommenen Kredite hat binnen eines angemessenen Zeitraumes zu erfolgen.

Xa. Verteidigungsfall [1]

Artikel 115a

[Feststellung des Verteidigungsfalles]

(1) Die Feststellung, dass das Bundesgebiet mit Waffengewalt angegriffen wird oder ein solcher Angriff unmittelbar droht (Verteidigungsfall), trifft der Bundestag mit Zustimmung des Bundesrates. Die Feststellung erfolgt auf Antrag der Bundesregierung und bedarf einer Mehrheit von zwei Dritteln der abgegebenen Stimmen, mindestens der Mehrheit der Mitglieder des Bundestages.

(2) Erfordert die Lage unabweisbar ein sofortiges Handeln und stehen einem rechtzeitigen Zusammentritt des Bundestages unüberwindliche Hindernisse entgegen oder ist er nicht beschlußfähig, so trifft der Gemeinsame Ausschuß diese Feststellung mit einer Mehrheit von zwei Dritteln der abgegebenen Stimmen, mindestens der Mehrheit seiner Mitglieder.

(3) Die Feststellung wird vom Bundespräsidenten gemäß Artikel 82 im Bundesgesetzblatte verkündet. Ist dies nicht rechtzeitig möglich, so erfolgt die Verkündung in anderer Weise; sie ist im Bundesgesetzblatte nachzuholen, sobald die Umstände es zulassen.

(4) Wird das Bundesgebiet mit Waffengewalt angegriffen und sind die zuständigen Bundesorgane außerstande, sofort die Feststellung nach Abs. 1 S. 1 zu treffen, so gilt diese Feststellung als getroffen und als zu dem Zeitpunkt verkündet, in dem der Angriff begonnen hat. Der Bundespräsident gibt diesen Zeitpunkt bekannt, sobald die Umstände es zulassen.

[1] Abschnitt X a. wurde durch Gesetz vom 24. 6. 1968 (BGBl. I S. 709) eingefügt.

(5) Ist die Feststellung des Verteidigungsfalles verkündet und wird das Bundesgebiet mit Waffengewalt angegriffen, so kann der Bundespräsident völkerrechtliche Erklärungen über das Bestehen des Verteidigungsfalles mit Zustimmung des Bundestages abgeben. Unter den Voraussetzungen des Absatzes 2 tritt an die Stelle des Bundestages der Gemeinsame Ausschuß.

Artikel 115b

[Befehls- und Kommandogewalt im Verteidigungsfall]

Mit der Verkündung des Verteidigungsfalles geht die Befehls- und Kommandogewalt über die Streitkräfte auf den Bundeskanzler über.

Artikel 115c [1]

[Konkurrierende Gesetzgebung im Verteidigungsfall]

(1) Der Bund hat für den Verteidigungsfall das Recht der konkurrierenden Gesetzgebung auch auf den Sachgebieten, die zur Gesetzgebungszuständigkeit der Länder gehören. Diese Gesetze bedürfen der Zustimmung des Bundesrates.

(2) Soweit es die Verhältnisse während des Verteidigungsfalles erfordern, kann durch Bundesgesetz für den Verteidigungsfall

1. bei Enteignungen abweichend von Artikel 14 Abs. 3 S. 2 die Entschädigung vorläufig geregelt werden;
2. für Freiheitsentziehungen eine von Artikel 104 Abs. 2 S. 3 und Abs. 3 S. 1 abweichende Frist, höchstens jedoch eine solche von vier Tagen, für den Fall festgesetzt werden, dass ein Richter nicht innerhalb der für Normalzeiten geltenden Frist tätig werden konnte.

(3) Soweit es zur Abwehr eines gegenwärtigen oder unmittelbar drohenden Angriffs erforderlich ist, kann für den Verteidigungsfall durch Bundesgesetz mit Zustimmung des Bundesrates die Verwaltung und das Finanzwesen des Bundes und der Länder abweichend von Abschnitt VIII, VIII a und X geregelt werden, wobei die Lebensfähigkeit der Länder, Gemeinden und Gemeindeverbände, insbesondere auch in finanzieller Hinsicht, zu wahren ist.

(4) Bundesgesetze nach den Absätzen 1 und 2 Nr. 1 dürfen zur Vorbereitung ihres Vollzuges schon vor Eintritt des Verteidigungsfalles angewandt werden.

Artikel 115d

[Vereinfachtes Verfahren der Bundesgesetzgebung]

(1) Für die Gesetzgebung des Bundes gilt im Verteidigungsfalle abweichend von Artikel 76 Abs. 2, Artikel 77 Abs. 1 S. 2 und Abs. 2 bis 4, Artikel 78 und Artikel 82 Abs. 1 die Regelung der Absätze 2 und 3.

(2) Gesetzesvorlagen der Bundesregierung, die sie als dringlich bezeichnet, sind gleichzeitig mit der Einbringung beim Bundestage dem Bundesrate zuzuleiten. Bundestag und Bundesrat beraten diese Vorlagen unverzüglich gemeinsam. Soweit zu einem Gesetze die Zustimmung des Bundesrates erforderlich ist, bedarf es zum Zustandekommen des

---

[1] Artikel 115 c Abs. 3 wurde durch Gesetz vom 12. 5. 1969 (BGBl. I S. 359) geändert.

Gesetzes der Zustimmung der Mehrheit seiner Stimmen. Das Nähere regelt eine Geschäftsordnung, die vom Bundestage beschlossen wird und der Zustimmung des Bundesrates bedarf.

(3) Für die Verkündung der Gesetze gilt Artikel 115 a Abs. 3 S. 2 entsprechend.

Artikel 115e [1]

[Zuständigkeit des Gemeinsamen Ausschusses]

(1) Stellt der Gemeinsame Ausschuß im Verteidigungsfalle mit einer Mehrheit von zwei Dritteln der abgegebenen Stimmen, mindestens mit der Mehrheit seiner Mitglieder fest, dass dem rechtzeitigen Zusammentritt des Bundestages unüberwindliche Hindernisse entgegenstehen oder dass dieser nicht beschlußfähig ist, so hat der Gemeinsame Ausschuß die Stellung von Bundestag und Bundesrat und nimmt deren Rechte einheitlich wahr.

(2) Durch ein Gesetz des Gemeinsamen Ausschusses darf das Grundgesetz weder geändert noch ganz oder teilweise außer Kraft oder außer Anwendung gesetzt werden. Zum Erlaß von Gesetzen nach Artikel 23 Abs. 1 S. 2, Artikel 24 Abs. 1 oder Artikel 29 ist der Gemeinsame Ausschuß nicht befugt.

Artikel 115f

[Erweiterte Verwaltungszuständigkeiten des Bundes]

(1) Die Bundesregierung kann im Verteidigungsfalle, soweit es die Verhältnisse erfordern,

1. den Bundesgrenzschutz im gesamten Bundesgebiete einsetzen;
2. außer der Bundesverwaltung auch den Landesregierungen und, wenn sie es für dringlich erachtet, den Landesbehörden Weisungen erteilen und diese Befugnis auf von ihr zu bestimmende Mitglieder der Landesregierungen übertragen.

(2) Bundestag, Bundesrat und der Gemeinsame Ausschuß sind unverzüglich von den nach Abs. 1 getroffenen Maßnahmen zu unterrichten.

Artikel 115g

[Zuständigkeit des Bundesverfassungsgerichts im Verteidigungsfall]

Die verfassungsmäßige Stellung und die Erfüllung der verfassungsmäßigen Aufgaben des Bundesverfassungsgerichtes und seiner Richter dürfen nicht beeinträchtigt werden. Das Gesetz über das Bundesverfassungsgericht darf durch ein Gesetz des Gemeinsamen Ausschusses nur insoweit geändert werden, als dies auch nach Auffassung des Bundesverfassungsgerichtes zur Aufrechterhaltung der Funktionsfähigkeit des Gerichtes erforderlich ist. Bis zum Erlaß eines solchen Gesetzes kann das Bundesverfassungsgericht die zur Erhaltung der Arbeitsfähigkeit des Gerichtes erforderlichen Maßnahmen treffen. Beschlüsse nach S. 2 und S. 3 fasst das Bundesverfassungsgericht mit der Mehrheit der anwesenden Richter.

---

[1] Artikel 115 e Abs. 2 S. 2 wurde durch Gesetz vom 21. 12. 1992 (BGBl. I S. 2086) geändert.

Artikel 115h

[Verlängerung der Wahlperiode des Bundestages]

(1) Während des Verteidigungsfalles ablaufende Wahlperioden des Bundestages oder der Volksvertretungen der Länder enden sechs Monate nach Beendigung des Verteidigungsfalles. Die im Verteidigungsfalle ablaufende Amtszeit des Bundespräsidenten sowie bei vorzeitiger Erledigung seines Amtes die Wahrnehmung seiner Befugnisse durch den Präsidenten des Bundesrates enden neun Monate nach Beendigung des Verteidigungsfalles. Die im Verteidigungsfalle ablaufende Amtszeit eines Mitgliedes des Bundesverfassungsgerichtes endet sechs Monate nach Beendigung des Verteidigungsfalles.

(2) Wird eine Neuwahl des Bundeskanzlers durch den Gemeinsamen Ausschuß erforderlich, so wählt dieser einen neuen Bundeskanzler mit der Mehrheit seiner Mitglieder; der Bundespräsident macht dem Gemeinsamen Ausschuß einen Vorschlag. Der Gemeinsame Ausschuß kann dem Bundeskanzler das Mißtrauen nur dadurch aussprechen, dass er mit der Mehrheit von zwei Dritteln seiner Mitglieder einen Nachfolger wählt.

(3) Für die Dauer des Verteidigungsfalles ist die Auflösung des Bundestages ausgeschlossen.

Artikel 115i

[Sonderzuständigkeit der Länder im Notstandsfall]

(1) Sind die zuständigen Bundesorgane außerstande, die notwendigen Maßnahmen zur Abwehr der Gefahr zu treffen, und erfordert die Lage unabweisbar ein sofortiges selbständiges Handeln in einzelnen Teilen des Bundesgebietes, so sind die Landesregierungen oder die von ihnen bestimmten Behörden oder Beauftragten befugt, für ihren Zuständigkeitsbereich Maßnahmen im Sinne des Artikels 115 f Abs. 1 zu treffen.

(2) Maßnahmen nach Abs. 1 können durch die Bundesregierung, im Verhältnis zu Landesbehörden und nachgeordneten Bundesbehörden auch durch die Ministerpräsidenten der Länder, jederzeit aufgehoben werden.

Artikel 115k [1]

[Vorrang des Notstandsrechts]

(1) Für die Dauer ihrer Anwendbarkeit setzen Gesetze nach den Artikeln 115 c, 115 e und 115 g und Rechtsverordnungen, die auf Grund solcher Gesetze ergehen, entgegenstehendes Recht außer Anwendung. Dies gilt nicht gegenüber früherem Recht, das auf Grund der Artikel 115 c, 115 e und 115 g erlassen worden ist.

(2) Gesetze, die der Gemeinsame Ausschuß beschlossen hat, und Rechtsverordnungen, die auf Grund solcher Gesetze ergangen sind, treten spätestens sechs Monate nach Beendigung des Verteidigungsfalles außer Kraft.

(3) Gesetze, die von den Artikeln 91 a, 91 b, 104 a, 106 und 107 abweichende Regelungen enthalten, gelten längstens bis zum Ende des zweiten Rechnungsjahres, das auf die Beendigung des Verteidigungsfalles folgt. Sie können nach Beendigung des Verteidigungsfalles durch Bundesgesetz mit Zustimmung des Bundesrates geändert werden, um zu der Regelung gemäß den Abschnitten VIII a und X überzuleiten.

---

[1] Artikel 115 k Abs. 3 wurde durch Gesetz vom 12. 5. 1969 (BGBl. I S. 359) geändert.

Artikel 115l

[Aufhebung von Notstandsrecht, Beendigung des Verteidigungsfalles, Friedensschluss]

(1) Der Bundestag kann jederzeit mit Zustimmung des Bundesrates Gesetze des Gemeinsamen Ausschusses aufheben. Der Bundesrat kann verlangen, dass der Bundestag hierüber beschließt. Sonstige zur Abwehr der Gefahr getroffene Maßnahmen des Gemeinsamen Ausschusses oder der Bundesregierung sind aufzuheben, wenn der Bundestag und der Bundesrat es beschließen.

(2) Der Bundestag kann mit Zustimmung des Bundesrates jederzeit durch einen vom Bundespräsidenten zu verkündenden Beschluß den Verteidigungsfall für beendet erklären. Der Bundesrat kann verlangen, dass der Bundestag hierüber beschließt. Der Verteidigungsfall ist unverzüglich für beendet zu erklären, wenn die Voraussetzungen für seine Feststellung nicht mehr gegeben sind.

(3) Über den Friedensschluß wird durch Bundesgesetz entschieden.

XI. Übergangs- und Schlussbestimmungen

Artikel 116

[Deutsche Staatsangehörigkeit]

(1) Deutscher im Sinne dieses Grundgesetzes ist vorbehaltlich anderweitiger gesetzlicher Regelung, wer die deutsche Staatsangehörigkeit besitzt oder als Flüchtling oder Vertriebener deutscher Volkszugehörigkeit oder als dessen Ehegatte oder Abkömmling in dem Gebiete des Deutschen Reiches nach dem Stande vom 31. Dezember 1937 Aufnahme gefunden hat.

(2) Frühere deutsche Staatsangehörige, denen zwischen dem 30. Januar 1933 und dem 8. Mai 1945 die Staatsangehörigkeit aus politischen, rassischen oder religiösen Gründen entzogen worden ist, und ihre Abkömmlinge sind auf Antrag wieder einzubürgern. Sie gelten als nicht ausgebürgert, sofern sie nach dem 8. Mai 1945 ihren Wohnsitz in Deutschland genommen haben und nicht einen entgegengesetzten Willen zum Ausdruck gebracht haben.

Artikel 117

[Übergangsvorschrift zu Art. 116]

(1) Das dem Artikel 3 Abs. 2 entgegenstehende Recht bleibt bis zu seiner Anpassung an diese Bestimmung des Grundgesetzes in Kraft, jedoch nicht länger als bis zum 31. 3. 1953.

(2) Gesetze, die das Recht der Freizügigkeit mit Rücksicht auf die gegenwärtige Raumnot einschränken, bleiben bis zu ihrer Aufhebung durch Bundesgesetz in Kraft.

Artikel 118

[Neugliederung durch Staatsverträge]

Die Neugliederung in dem die Länder Baden, Württemberg-Baden und Württemberg-Hohenzollern umfassenden Gebiete kann abweichend von den Vorschriften des Artikels 29 durch Vereinbarung der beteiligten Länder erfolgen. Kommt eine Vereinbarung nicht zustande, so wird die Neugliederung durch Bundesgesetz geregelt, das eine Volksbefragung vorsehen muss.

Artikel 118a [1]

[Neugliederung in Berlin und Brandenburg]

Die Neugliederung in dem die Länder Berlin und Brandenburg umfassenden Gebiet kann abweichend von den Vorschriften des Artikels 29 unter Beteiligung ihrer Wahlberechtigten durch Vereinbarung beider Länder erfolgen.

Artikel 119

[Flüchtlinge und Vertriebene]

In Angelegenheiten der Flüchtlinge und Vertriebenen, insbesondere zu ihrer Verteilung auf die Länder, kann bis zu einer bundesgesetzlichen Regelung die Bundesregierung mit Zustimmung des Bundesrates Verordnungen mit Gesetzeskraft erlassen. Für besondere Fälle kann dabei die Bundesregierung ermächtigt werden, Einzelweisungen zu erteilen. Die Weisungen sind außer bei Gefahr im Verzuge an die obersten Landesbehörden zu richten.

Artikel 120 [2]

[Besatzungskosten, Kriegsfolgelasten]

(1) Der Bund trägt die Aufwendungen für Besatzungskosten und die sonstigen inneren und äußeren Kriegsfolgelasten nach näherer Bestimmung von Bundesgesetzen. Soweit diese Kriegsfolgelasten bis zum 1. Oktober 1969 durch Bundesgesetze geregelt worden sind, tragen Bund und Länder im Verhältnis zueinander die Aufwendungen nach Maßgabe dieser Bundesgesetze. Soweit Aufwendungen für Kriegsfolgelasten, die in Bundesgesetzen weder geregelt worden sind noch geregelt werden, bis zum 1. Oktober 1965 von den Ländern, Gemeinden (Gemeindeverbänden) oder sonstigen Aufgabenträgern, die Aufgaben von Ländern oder Gemeinden erfüllen, erbracht worden sind, ist der Bund zur Übernahme von Aufwendungen dieser Art auch nach diesem Zeitpunkt nicht verpflichtet. Der Bund trägt die Zuschüsse zu den Lasten der Sozialversicherung mit Einschluß der Arbeitslosenversicherung und der Arbeitslosenhilfe. Die durch diesen Absatz geregelte Verteilung der Kriegsfolgelasten auf Bund und Länder läßt die gesetzliche Regelung von Entschädigungsansprüchen für Kriegsfolgen unberührt.

(2) Die Einnahmen gehen auf den Bund zu demselben Zeltpunkte über, an dem der Bund die Ausgaben übernimmt.

Artikel 120a [3]

[Lastenausgleich]

(1) Die Gesetze, die der Durchführung des Lastenausgleichs dienen, können mit Zustimmung des Bundesrates bestimmen, dass sie auf dem Gebiete der Ausgleichsleistungen teils durch den Bund, teils im Auftrage des Bundes durch die Länder ausgeführt werden und dass die der Bundesregierung und den zuständigen obersten Bundesbehör-

---

[1] Artikel 118 a wurde durch Gesetz vom 27. 10. 1994 (BGBl. I S. 3146) eingefügt.

[2] Artikel 120 Abs. 1 wurde durch Gesetze vom 30. 7. 1965 (BGBl. I S. 649) und vom 28. 7. 1969 (BGBl. I S. 985) geändert.

[3] Artikel 120 a wurde durch Gesetz vom 14. 8. 1952 (BGBl. I S. 445) eingefügt.

den auf Grund des Artikels 85 insoweit zustehenden Befugnisse ganz oder teilweise dem Bundesausgleichsamt übertragen werden. Das Bundesausgleichsamt bedarf bei Ausübung dieser Befugnisse nicht der Zustimmung des Bundesrates; seine Weisungen sind, abgesehen von den Fällen der Dringlichkeit, an die obersten Landesbehörden (Landesausgleichsämter) zu richten.

(2) Artikel 87 Abs. 3 S. 2 bleibt unberührt.

Artikel 121

[Mehrheiten im Bundestag und in der Bundesversammlung]

Mehrheit der Mitglieder des Bundestages und der Bundesversammlung im Sinne dieses Grundgesetzes ist die Mehrheit ihrer gesetzlichen Mitgliederzahl.

Artikel 122

[Überleitung bisheriger Gesetzgebungszuständigkeiten]

(1) Vom Zusammentritt des Bundestages an werden die Gesetze ausschließlich von den in diesem Grundgesetze anerkannten gesetzgebenden Gewalten beschlossen.

(2) Gesetzgebende und bei der Gesetzgebung beratend mitwirkende Körperschaften, deren Zuständigkeit nach Abs. 1 endet, sind mit diesem Zeitpunkt aufgelöst.

Artikel 123

[Fortgeltung bisherigen Rechts]

(1) Recht aus der Zeit vor dem Zusammentritt des Bundestages gilt fort, soweit es dem Grundgesetze nicht widerspricht.

(2) Die vom Deutschen Reich abgeschlossenen Staatsverträge, die sich auf Gegenstände beziehen, für die nach diesem Grundgesetze die Landesgesetzgebung zuständig ist, bleiben, wenn sie nach allgemeinen Rechtsgrundsätzen gültig sind und fortgelten, unter Vorbehalt aller Rechte und Einwendungen der Beteiligten in Kraft, bis neue Staatsverträge durch die nach diesem Grundgesetze zuständigen Stellen abgeschlossen werden oder ihre Beendigung auf Grund der in ihnen enthaltenen Bestimmungen anderweitig erfolgt.

Artikel 124

[Fortgeltung als Bundesrecht]

Recht, das Gegenstände der ausschließlichen Gesetzgebung des Bundes betrifft, wird innerhalb seines Geltungsbereiches Bundesrecht.

Artikel 125

[Fortgeltung als Bundesrecht bei konkurrierender Gesetzgebung]

Recht, das Gegenstände der konkurrierenden Gesetzgebung des Bundes betrifft, wird innerhalb seines Geltungsbereiches Bundesrecht,

1. soweit es innerhalb einer oder mehrerer Besatzungszonen einheitlich gilt,
2. soweit es sich um Recht handelt, durch das nach dem 8. Mai 1945 früheres Reichsrecht abgeändert worden ist.

Artikel 125a [1]

[Bundes- und Landesrecht nach Zuständigkeitsänderung]

(1) Recht, das als Bundesrecht erlassen worden ist, aber wegen der Änderung des Artikels 74 Abs. 1, der Einfügung des Artikels 84 Abs. 1 Satz 7, des Artikels 85 Abs. 1 Satz 2 oder des Artikels 105 Abs. 2 a Satz 2 oder wegen der Aufhebung der Artikel 74a, 75 oder 98 Abs. 3 Satz 2 nicht mehr als Bundesrecht erlassen werden könnte, gilt als Bundesrecht fort. Es kann durch Landesrecht ersetzt werden.

(2) Recht, das auf Grund des Artikels 72 Abs. 2 in der bis zum 15. November 1994 geltenden Fassung erlassen worden ist, aber wegen Änderung des Artikels 72 Abs. 2 nicht mehr als Bundesrecht erlassen werden könnte, gilt als Bundesrecht fort. Durch Bundesgesetz kann bestimmt werden, dass es durch Landesrecht ersetzt werden kann.

(3) Recht, das als Landesrecht erlassen worden ist, aber wegen Änderung des Artikels 73 GG nicht mehr als Landesrecht erlassen werden könnte, gilt als Landesrecht fort. Es kann durch Bundesrecht ersetzt werden.

Artikel 125b [2]

[Abweichungsbefugnis der Länder bei fortgeltendem Bundesrecht]

(1) Recht, das auf Grund des Artikels 75 in der bis zum 1. September 2006 geltenden Fassung erlassen worden ist und das auch nach diesem Zeitpunkt als Bundesrecht erlassen werden könnte, gilt als Bundesrecht fort. Befugnisse und Verpflichtungen der Länder zur Gesetzgebung bleiben insoweit bestehen. Auf den in Artikel 72 Abs. 3 Satz 1 genannten Gebieten können die Länder von diesem Recht abweichende Regelungen treffen, auf den Gebieten des Artikel 72 Abs. 3 Satz 1 Nr. 2, 5 und 6 jedoch erst, wenn und soweit der Bund ab dem 1. September 2006 von seiner Gesetzgebungszuständigkeit Gebrauch gemacht hat, in den Fällen der Nummern 2 und 5 spätestens ab dem 1. Januar 2010, im Fall der Nummer 6 spätestens ab dem 1. 8. 2008.

(2) Von bundesgesetzlichen Regelungen, die auf Grund des Artikels 84 Abs. 1 in der vor dem 1. September 2006 geltenden Fassung erlassen worden sind, können die Länder abweichende Regelungen treffen, von Regelungen des Verwaltungsverfahrens bis zum 31. Dezember 2008 aber nur dann, wenn ab dem 1. September 2006 in dem jeweiligen Bundesgesetz Regelungen des Verwaltungsverfahrens geändert worden sind.

Artikel 125c [3]

[Überleitung bei Hochschulbau- und Gemeindefinanzierung]

(1) Recht, das auf Grund des Artikels 91 a Abs. 2 in Verbindung mit Abs. 1 Nr. 1 in der bis zum 1. September 2006 geltenden Fassung erlassen worden ist, gilt bis zum 31. Dezember 2006 fort.

---

[1] Artikel 125 a wurde durch Gesetz vom 27. 10. 1994 (BGBl. I S. 3146) eingefügt, Artikel 125 a neu gefasst durch Gesetz vom 28. 8. 2006 (BGBl. I S. 2034).

[2] Abs. 125 b wurde durch Gesetz vom 28. 8. 2006 (BGBl. I S. 2034) neu eingefügt.

[3] Abs. 125 c wurde durch Gesetz vom 28. 8. 2006 (BGBl. I S. 2034) neu eingefügt. Absatz 2 Satz 2 wurde neu gefasst und die Sätze 3 und 4 angefügt durch Gesetz vom 13. 7. 2017 (BGBl. I S. 2347). Abs. 2 Satz 3 wurde geändert, Satz 5 und Abs. 3 wurden angefügt durch Gesetz vom 28. 3. 2019 (BGBl. I S. 404).

(2) Die nach Artikel 104a Abs. 4 in der bis zum 1. September 2006 geltenden Fassung in den Bereichen der Gemeindeverkehrsfinanzierung und der sozialen Wohnraumförderung geschaffenen Regelungen gelten bis zum 31. Dezember 2006 fort. Die im Bereich der Gemeindeverkehrsfinanzierung für die besonderen Programme nach § 6 Absatz 1 des Gemeindeverkehrsfinanzierungsgesetzes sowie die mit dem Gesetz über Finanzhilfen des Bundes nach Artikel 104a Absatz 4 des Grundgesetzes an die Länder Bremen, Hamburg, Mecklenburg-Vorpommern, Niedersachsen sowie Schleswig-Holstein für Seehäfen vom 20. Dezember 2001 nach Artikel 104a Absatz 4 in der bis zum 1. September 2006 geltenden Fassung geschaffenen Regelungen gelten bis zu ihrer Aufhebung fort. Eine Änderung des Gemeindeverkehrsfinanzierungsgesetzes durch Bundesgesetz ist zulässig. Die sonstigen nach Artikel 104a Absatz 4 in der bis zum 1. September 2006 geltenden Fassung geschaffenen Regelungen gelten bis zum 31. Dezember 2019 fort, soweit nicht ein früherer Zeitpunkt für das Außerkrafttreten bestimmt ist oder wird. Artikel 104b Absatz 2 Satz 4 gilt entsprechend.

(3) Artikel 104b Absatz 2 Satz 5 erster Halbsatz ist erstmals auf nach dem 31. Dezember 2019 in Kraft getretene Regelungen anzuwenden.

Artikel 126

[Zuständigkeit des Bundesverfassungsgerichts]

Meinungsverschiedenheiten über das Fortgelten von Recht als Bundesrecht entscheidet das Bundesverfassungsgericht.

Artikel 127

[Übergangsvorschrift für Recht des Vereinigten Wirtschaftsgebietes]

Die Bundesregierung kann mit Zustimmung der Regierungen der beteiligten Länder Recht der Verwaltung des Vereinigten Wirtschaftsgebietes, soweit es nach Artikel 124 oder 125 als Bundesrecht fortgilt, innerhalb eines Jahres nach Verkündung dieses Grundgesetzes in den Ländern Baden, Groß-Berlin, Rheinland-Pfalz und Württemberg-Hohenzollern in Kraft setzen.

Artikel 128

[Fortgeltung von Weisungsrechten]

Soweit fortgeltendes Recht Weisungsrechte im Sinne des Artikels 84 Abs. 5 vorsieht, bleiben sie bis zu einer anderweitigen gesetzlichen Regelung bestehen.

Artikel 129

[Fortgeltung von Verordnungsermächtigungen]

(1) Soweit in Rechtsvorschriften, die als Bundesrecht fortgelten, eine Ermächtigung zum Erlasse von Rechtsverordnungen oder allgemeinen Verwaltungsvorschriften sowie zur Vornahme von Verwaltungsakten enthalten ist, geht sie auf die nunmehr sachlich zuständigen Stellen über. In Zweifelsfällen entscheidet die Bundesregierung im Einvernehmen mit dem Bundesrate; die Entscheidung ist zu veröffentlichen.

(2) Soweit in Rechtsvorschriften, die als Landesrecht fortgelten, eine solche Ermächtigung enthalten ist, wird sie von den nach Landesrecht zuständigen Stellen ausgeübt.

(3) Soweit Rechtsvorschriften im Sinne der Absätze 1 und 2 zu ihrer Änderung oder Ergänzung oder zum Erlaß von Rechtsvorschriften anstelle von Gesetzen ermächtigen, sind diese Ermächtigungen erloschen.

(4) Die Vorschriften der Absätze 1 und 2 gelten entsprechend, soweit in Rechtsvorschriften auf nicht mehr geltende Vorschriften oder nicht mehr bestehende Einrichtungen verwiesen ist.

Artikel 130

[Überleitung von Verwaltungsbehörden und Gerichten]

(1) Verwaltungsorgane und sonstige der öffentlichen Verwaltung oder Rechtspflege dienende Einrichtungen, die nicht auf Landesrecht oder Staatsverträgen zwischen Ländern beruhen, sowie die Betriebsvereinigung der südwestdeutschen Eisenbahnen und der Verwaltungsrat für das Post- und Fernmeldewesen für das französische Besatzungsgebiet unterstehen der Bundesregierung. Diese regelt mit Zustimmung des Bundesrates die Überführung, Auflösung oder Abwicklung.

(2) Oberster Disziplinarvorgesetzter der Angehörigen dieser Verwaltungen und Einrichtungen ist der zuständige Bundesminister.

(3) Nicht landesunmittelbare und nicht auf Staatsverträgen zwischen den Ländern beruhende Körperschaften und Anstalten des öffentlichen Rechtes unterstehen der Aufsicht der zuständigen obersten Bundesbehörde.

Artikel 131 [1]

[Rechtsverhältnisse des öffentlichen Dienstes]

Die Rechtsverhältnisse von Personen einschließlich der Flüchtlinge und Vertriebenen, die am 8. Mai 1945 im öffentlichen Dienste standen, aus anderen als beamten- oder tarifrechtlichen Gründen ausgeschieden sind und bisher nicht oder nicht ihrer früheren Stellung entsprechend verwendet werden, sind durch Bundesgesetz zu regeln. Entsprechendes gilt für Personen einschließlich der Flüchtlinge und Vertriebenen, die am 8. Mai 1945 versorgungsberechtigt waren und aus anderen als beamten- oder tarifrechtlichen Gründen keine oder keine entsprechende Versorgung mehr erhalten. Bis zum Inkrafttreten des Bundesgesetzes können vorbehaltlich anderweitiger landesrechtlicher Regelung Rechtsansprüche nicht geltend gemacht werden.

Artikel 132

[Versetzung in den Ruhestand und Kündigung von Dienstverhältnissen]

(1) Beamte und Richter, die im Zeitpunkte des Inkrafttretens dieses Grundgesetzes auf Lebenszeit angestellt sind, können binnen sechs Monaten nach dem ersten Zusammentritt des Bundestages in den Ruhestand oder Wartestand oder in ein Amt mit niedrigerem Diensteinkommen versetzt werden, wenn ihnen die persönliche oder fachliche Eignung für ihr Amt fehlt. Auf Angestellte, die in einem unkündbaren Dienstverhältnis stehen, findet diese Vorschrift entsprechende Anwendung. Bei Angestellten, deren Dienstverhältnis kündbar ist, können über die tarifmäßige Regelung hinausgehende Kündigungsfristen innerhalb der gleichen Frist aufgehoben werden.

---

[1] In den am 3. 10. 1990 beigetretenen Gebieten ist Artikel 131 des Grundgesetzes vorerst nicht in Kraft gesetzt worden (Artikel 6 Einigungsvertrag).

(2) Diese Bestimmung findet keine Anwendung auf Angehörige des öffentlichen Dienstes, die von den Vorschriften über die „Befreiung von Nationalsozialismus und Militarismus“ nicht betroffen oder die anerkannte Verfolgte des Nationalsozialismus sind, sofern nicht ein wichtiger Grund in ihrer Person vorliegt.

(3) Den Betroffenen steht der Rechtsweg gemäß Artikel 19 Abs. 4 offen.

(4) Das Nähere bestimmt eine Verordnung der Bundesregierung, die der Zustimmung des Bundesrates bedarf.

Artikel 133

[Rechtsnachfolge des Bundes]

Der Bund tritt in die Rechte und Pflichten der Verwaltung des Vereinigten Wirtschaftsgebietes ein.

Artikel 134

[Bundesvermögen, Landesvermögen, Gemeindevermögen]

(1) Das Vermögen des Reiches wird grundsätzlich Bundesvermögen.

(2) Soweit es nach seiner ursprünglichen Zweckbestimmung überwiegend für Verwaltungsaufgaben bestimmt war, die nach diesem Grundgesetze nicht Verwaltungsaufgaben des Bundes sind, ist es unentgeltlich auf die nunmehr zuständigen Aufgabenträger und, soweit es nach seiner gegenwärtigen, nicht nur vorübergehenden Benutzung Verwaltungsaufgaben dient, die nach diesem Grundgesetze nunmehr von den Ländern zu erfüllen sind, auf die Länder zu übertragen. Der Bund kann auch sonstiges Vermögen den Ländern übertragen.

(3) Vermögen, das dem Reich von den Ländern und Gemeinden (Gemeindeverbänden) unentgeltlich zur Verfügung gestellt wurde, wird wiederum Vermögen der Länder und Gemeinden (Gemeindeverbände), soweit es nicht der Bund für eigene Verwaltungsaufgaben benötigt.

(4) Das Nähere regelt ein Bundesgesetz, das der Zustimmung des Bundesrates bedarf.

Artikel 135

[Rechtsnachfolge in den Ländern]

(1) Hat sich nach dem 8. Mai 1945 bis zum Inkrafttreten dieses Grundgesetzes die Landeszugehörigkeit eines Gebietes geändert, so steht in diesem Gebiete das Vermögen des Landes, dem das Gebiet angehört hat, dem Lande zu, dem es jetzt angehört.

(2) Das Vermögen nicht mehr bestehender Länder und nicht mehr bestehender anderer Körperschaften und Anstalten des öffentlichen Rechtes geht, soweit es nach seiner ursprünglichen Zweckbestimmung überwiegend für Verwaltungsaufgaben bestimmt war oder nach seiner gegenwärtigen, nicht nur vorübergehenden Benutzung überwiegend Verwaltungsaufgaben dient, auf das Land oder die Körperschaft oder Anstalt des öffentlichen Rechtes über, die nunmehr diese Aufgaben erfüllen.

(3) Grundvermögen nicht mehr bestehender Länder geht einschließlich des Zubehörs, soweit es nicht bereits zu Vermögen im Sinne des Absatzes 1 gehört, auf das Land über, in dessen Gebiet es belegen ist.

(4) Sofern ein überwiegendes Interesse des Bundes oder das besondere Interesse eines Gebietes es erfordert, kann durch Bundesgesetz eine von den Absätzen 1 bis 3 abweichende Regelung getroffen werden.

(5) Im übrigen wird die Rechtsnachfolge und die Auseinandersetzung, soweit sie nicht bis zum 1. Januar 1952 durch Vereinbarung zwischen den beteiligten Ländern oder Körperschaften oder Anstalten des öffentlichen Rechtes erfolgt, durch Bundesgesetz geregelt, das der Zustimmung des Bundesrates bedarf.

(6) Beteiligungen des ehemaligen Landes Preußen an Unternehmen des privaten Rechtes gehen auf den Bund über. Das Nähere regelt ein Bundesgesetz, das auch Abweichendes bestimmen kann.

(7) Soweit über Vermögen, das einem Lande oder einer Körperschaft oder Anstalt des öffentlichen Rechtes nach den Absätzen 1 bis 3 zufallen würde, von dem danach Berechtigten durch ein Landesgesetz, auf Grund eines Landesgesetzes oder in anderer Weise bei Inkrafttreten des Grundgesetzes verfügt worden war, gilt der Vermögensübergang als vor der Verfügung erfolgt.

Artikel 135a [1]

[Reichsschulden und Schulden anderer Körperschaften]

(1) Durch die in Artikel 134 Abs. 4 und Artikel 135 Abs. 5 vorbehaltene Gesetzgebung des Bundes kann auch bestimmt werden, dass nicht oder nicht in voller Höhe zu erfüllen sind

1. Verbindlichkeiten des Reiches sowie Verbindlichkeiten des ehemaligen Landes Preußen und sonstiger nicht mehr bestehender Körperschaften und Anstalten des öffentlichen Rechts;
2. Verbindlichkeiten des Bundes oder anderer Körperschaften und Anstalten des öffentlichen Rechts, welche mit dem Übergang von Vermögenswerten nach Artikel 89, 90, 134 und 135 im Zusammenhang stehen, und Verbindlichkeiten dieser Rechtsträger, die auf Maßnahmen der in Nummer 1 bezeichneten Rechtsträger beruhen,
3. Verbindlichkeiten der Länder und Gemeinden (Gemeindeverbände), die aus Maßnahmen entstanden sind, welche diese Rechtsträger vor dem 1. 8. 1945 zur Durchführung von Anordnungen der Besatzungsmächte oder zur Beseitigung eines kriegsbedingten Notstandes im Rahmen dem Reich obliegender oder vom Reich übertragener Verwaltungsaufgaben getroffen haben.

(2) Abs. 1 findet entsprechende Anwendung auf Verbindlichkeiten der Deutschen Demokratischen Republik oder ihrer Rechtsträger sowie auf Verbindlichkeiten des Bundes oder anderer Körperschaften und Anstalten des öffentlichen Rechts, die mit dem Übergang von Vermögenswerten der Deutschen Demokratischen Republik auf Bund, Länder und Gemeinden im Zusammenhang stehen, und auf Verbindlichkeiten, die auf Maßnahmen der Deutschen Demokratischen Republik oder ihrer Rechtsträger beruhen.

---

[1] Artikel 135 a wurde durch Gesetz vom 22. 10. 1957 (BGBl. I S. 1745) eingefügt, zur Geltung in den neuen Bundesländern siehe den Einigungsvertrag vom 31. 8. 1990 (BGBl. II S. 889).

Artikel 136

[Erster Zusammentritt des Bundesrates]

(1) Der Bundesrat tritt erstmalig am Tage des ersten Zusammentrittes des Bundestages zusammen.

(2) Bis zur Wahl des ersten Bundespräsidenten werden dessen Befugnisse von dem Präsidenten des Bundesrates ausgeübt. Das Recht der Auflösung des Bundestages steht ihm nicht zu.

Artikel 137 [1]

[Wählbarkeit von Beamten, Angestellten, Berufssoldaten, Soldaten auf Zeit und Richtern]

(1) Die Wählbarkeit von Beamten, Angestellten des öffentlichen Dienstes, Berufssoldaten, freiwilligen Soldaten auf Zeit und Richtern im Bund, in den Ländern und den Gemeinden kann gesetzlich beschränkt werden.

(2) Für die Wahl des ersten Bundestages, der ersten Bundesversammlung und des ersten Bundespräsidenten der Bundesrepublik gilt das vom Parlamentarischen Rat zu beschließende Wahlgesetz.

(3) Die dem Bundesverfassungsgerichte gemäß Artikel 41 Abs. 2 zustehende Befugnis wird bis zu seiner Errichtung von dem Deutschen Obergericht für das Vereinigte Wirtschaftsgebiet wahrgenommen, das nach Maßgabe seiner Verfahrensordnung entscheidet.

Artikel 138

[Notariat in den süddeutschen Ländern]

Änderungen der Einrichtungen des jetzt bestehenden Notariats in den Ländern Baden, Bayern, Württemberg-Baden und Württemberg-Hohenzollern bedürfen der Zustimmung der Regierungen dieser Länder.

Artikel 139

[Fortgeltung der Befreiungsgesetze]

Die zur „Befreiung des deutschen Volkes vom Nationalsozialismus und Militarismus" erlassenen Rechtsvorschriften werden von den Bestimmungen dieses Grundgesetzes nicht berührt.

Artikel 140

[Staatskirchenrecht]

Die Bestimmungen der Artikel 136, 137, 138, 139 und 141 der deutschen Verfassung vom 11. 8. 1919 sind Bestandteil dieses Grundgesetzes.

---

[1] Artikel 137 wurde durch Gesetz vom 27. 10. 1994 (BGBl. I S. 3146) eingefügt.

Die angeführten Bestimmungen sind folgende:

Artikel 136

Die bürgerlichen und staatsbürgerlichen Rechte und Pflichten werden durch die Ausübung der Religionsfreiheit weder bedingt noch beschränkt.

Der Genuß bürgerlicher und staatsbürgerlicher Rechte sowie die Zulassung zu öffentlichen Ämtern sind unabhängig von dem religiösen Bekenntnis.

Niemand ist verpflichtet, seine religiöse Überzeugung zu offenbaren. Die Behörden haben nur soweit das Recht, nach der Zugehörigkeit zu einer Religionsgesellschaft zu fragen, als davon Rechte und Pflichten abhängen oder eine gesetzlich angeordnete statistische Erhebung dies erfordert.

Niemand darf zu einer kirchlichen Handlung oder Feierlichkeit oder zur Teilnahme an religiösen Übungen oder zur Benutzung einer religiösen Eidesform gezwungen werden.

Artikel 137

Es besteht keine Staatskirche.

Die Freiheit der Vereinigung zu Religionsgesellschaften wird gewährleistet. Der Zusammenschluß von Religionsgesellschaften innerhalb des Reichsgebiets unterliegt keinen Beschränkungen.

Jede Religionsgesellschaft ordnet und verwaltet ihre Angelegenheiten selbständig innerhalb der Schranken des für alle geltenden Gesetzes. Sie verleiht ihre Ämter ohne Mitwirkung des Staates oder der bürgerlichen Gemeinde.

Religionsgesellschaften erwerben die Rechtsfähigkeit nach den allgemeinen Vorschriften des bürgerlichen Rechtes.

Die Religionsgesellschaften bleiben Körperschaften des öffentlichen Rechtes, soweit sie solche bisher waren. Anderen Religionsgesellschaften sind auf ihren Antrag gleiche Rechte zu gewähren, wenn sie durch ihre Verfassung und die Zahl ihrer Mitglieder die Gewähr der Dauer bieten. Schließen sich mehrere derartige öffentlich-rechtliche Religionsgesellschaften zu einem Verbande zusammen, so ist auch dieser Verband eine öffentlich-rechtliche Körperschaft.

Die Religionsgesellschaften, welche Körperschaften des öffentlichen Rechtes sind, sind berechtigt, auf Grund der bürgerlichen Steuerlisten nach Maßgabe der landesrechtlichen Bestimmungen Steuern zu erheben.

Den Religionsgesellschaften werden die Vereinigungen gleichgestellt, die sich die gemeinschaftliche Pflege einer Weltanschauung zur Aufgabe machen.

Soweit die Durchführung dieser Bestimmungen eine weitere Regelung erfordert, liegt diese der Landesgesetzgebung ob.

Artikel 138

Die auf Gesetz, Vertrag oder besonderen Rechtstiteln beruhenden Staatsleistungen an die Religionsgesellschaften werden durch die Landesgesetzgebung abgelöst. Die Grundsätze hierfür stellt das Reich auf.

Das Eigentum und andere Rechte der Religionsgesellschaften und religiösen Vereine an ihren für Kultus-, Unterrichts- und Wohltätigkeitszwecke bestimmten Anstalten, Stiftungen und sonstigen Vermögen werden gewährleistet.

Artikel 139

Der Sonntag und die staatlich anerkannten Feiertage bleiben als Tage der Arbeitsruhe und der seelischen Erhebung gesetzlich geschützt.

Artikel 141

Soweit das Bedürfnis nach Gottesdienst und Seelsorge im Heer, in Krankenhäusern, Strafanstalten oder sonstigen öffentlichen Anstalten besteht, sind die Religionsgesellschaften zur Vornahme religiöser Handlungen zuzulassen, wobei jeder Zwang fernzuhalten ist.

Artikel 141

[Vorbehalt für Religionsunterricht]

Artikel 7 Abs. 3 Satz 1 findet keine Anwendung in einem Lande, in dem am 1. Januar 1949 eine andere landesrechtliche Regelung bestand.

Artikel 142

[Fortgeltung von Landesgrundrechten]

Ungeachtet der Vorschrift des Artikels 31 bleiben Bestimmungen der Landesverfassungen auch insoweit in Kraft, als sie in Übereinstimmung mit den Artikeln 1 bis 18 dieses Grundgesetzes Grundrechte gewährleisten.

Artikel 142a [1]

Artikel 143 [2]

[Zeitlich begrenzte Fortgeltung von DDR-Recht]

(1) Recht in dem in Artikel 3 des Einigungsvertrags genannten Gebiet kann längstens bis zum 31. Dezember 1992 von Bestimmungen dieses Grundgesetzes abweichen, soweit und solange infolge der unterschiedlichen Verhältnisse die völlige Anpassung an die grundgesetzliche Ordnung noch nicht erreicht werden kann. Abweichungen dürfen nicht gegen Artikel 19 Abs. 2 verstoßen und müssen mit den in Artikel 79 Abs. 3 genannten Grundsätzen vereinbar sein.

(2) Abweichungen von den Abschnitten II, VIII, VIII a, IX, X und XI sind längstens bis zum 31. Dezember 1995 zulässig.

(3) Unabhängig von Abs. 1 und 2 haben Artikel 41 des Einigungsvertrags und Regelungen zu seiner Durchführung auch insoweit Bestand, als sie vorsehen, dass Eingriffe in das Eigentum auf dem in Artikel 3 dieses Vertrags genannten Gebiet nicht mehr rückgängig gemacht werden.

---

[1] Artikel 142 a wurde durch Gesetz vom 26. 3. 1954 (BGBl. I S. 45) eingefügt und durch Gesetz vom 24. 6. 1968 (BGBl. I S. 709) wieder aufgehoben.

[2] Artikel 143 der ersten Fassung des Grundgesetzes wurde durch Gesetz vom 30. 8. 1951 (BGBl. I S. 739) außer Kraft gesetzt. Die zweite Fassung des Artikels 143 wurde durch Gesetz vom 19. 3. 1956 (BGBl. I S. 111) eingefügt und durch Gesetz vom 24. 6. 1968 (BGBl. I S. 709) aufgehoben. Die jetzige Fassung wurde aufgrund des Einigungsvertrages vom 31. 8. 1990 (BGBl. II S. 889) eingefügt.

Artikel 143 a [1]

[Gesetzgebungszuständigkeit für die Umwandlung der Bundesbahn und Wirtschaftsunternehmen des Bundes]

(1) Der Bund hat die ausschließliche Gesetzgebung über alle Angelegenheiten, die sich aus der Umwandlung der in bundeseigener Verwaltung geführten Bundeseisenbahnen in Wirtschaftsunternehmen ergeben. Artikel 87 e Abs. 5 findet entsprechende Anwendung. Beamte der Bundeseisenbahnen können durch Gesetz unter Wahrung ihrer Rechtsstellung und der Verantwortung des Dienstherrn einer privat-rechtlich organisierten Eisenbahn des Bundes zur Dienstleistung zugewiesen werden.

(2) Gesetze nach Abs. 1 führt der Bund aus.

(3) Die Erfüllung der Aufgaben im Bereich des Schienenpersonennahverkehrs der bisherigen Bundeseisenbahnen ist bis zum 31. Dezember 1995 Sache des Bundes. Dies gilt auch für die entsprechenden Aufgaben der Eisenbahnverkehrsverwaltung. Das Nähere wird durch Bundesgesetz geregelt, das der Zustimmung des Bundesrates bedarf.

Artikel 143 b [2]

[Gesetzgebungszuständigkeit für die Umwandlung der Bundespost]

(1) Das Sondervermögen Deutsche Bundespost wird nach Maßgabe eines Bundesgesetzes in Unternehmen privater Rechtsform umgewandelt. Der Bund hat die ausschließliche Gesetzgebung über alle sich hieraus ergebenden Angelegenheiten.

(2) Die vor der Umwandlung bestehenden ausschließlichen Rechte des Bundes können durch Bundesgesetz für eine Übergangszeit den aus der Deutschen Bundespost POSTDIENST und der Deutschen Bundespost TELEKOM hervorgegangenen Unternehmen verliehen werden. Die Kapitalmehrheit am Nachfolgeunternehmen der Deutschen Bundespost POSTDIENST darf der Bund frühestens fünf Jahre nach Inkrafttreten des Gesetzes aufgeben. Dazu bedarf es eines Bundesgesetzes mit Zustimmung des Bundesrates.

(3) Die bei der Deutschen Bundespost tätigen Bundesbeamten werden unter Wahrung ihrer Rechtsstellung und der Verantwortung des Dienstherrn bei den privaten Unternehmen beschäftigt. Die Unternehmen üben Dienstherrenbefugnisse aus. Das Nähere bestimmt ein Bundesgesetz.

Artikel 143 c [3]

[Vorübergehende Finanzbeiträge des Bundes für die Länder]

(1) Den Ländern stehen ab dem 1. Januar 2007 bis zum 31. Dezember 2019 für den durch die Abschaffung der Gemeinschaftsaufgaben Ausbau und Neubau von Hochschulen einschließlich Hochschulkliniken und Bildungsplanung sowie für den durch die Abschaffung der Finanzhilfen zur Verbesserung der Verkehrsverhältnisse der Gemeinden und zur sozialen Wohnraumförderung bedingten Wegfall der Finanzierungsanteile des Bundes jährlich Beträge aus dem Haushalt des Bundes zu. Bis zum 31. Dezember 2013 werden diese Beträge aus dem Durchschnitt der Finanzierungsanteile des Bundes im Referenzzeitraum 2000 bis 2008 ermittelt.

---

[1] Artikel 143 a wurde durch Gesetz vom 20. 12. 1993 (BGBl. I S. 2089) eingefügt.

[2] Artikel 143b wurde durch Gesetz vom 30. 8. 1994 (BGBl. I S. 2245) eingefügt.

[3] Abs. 143c wurde durch Gesetz vom 28. 8. 2006 (BGBl. I S. 2034) eingefügt.

(2) Die Beträge nach Absatz 1 werden auf die Länder bis zum 31. Dezember 2013 wie folgt verteilt:

1. als jährliche Festbeträge, deren Höhe sich nach dem Durchschnittsanteil eines jeden Landes im Zeitraum 2000 bis 2003 errechnet;
2. jeweils zweckgebunden an den Aufgabenbereich der bisherigen Mischfinanzierungen.

(3) Bund und Länder überprüfen bis Ende 2013, in welcher Höhe die den Ländern nach Absatz 1 zugewiesenen Finanzierungsmittel zur Aufgabenerfüllung der Länder noch angemessen und erforderlich sind. Ab dem 1. Januar 2014 entfällt die nach Absatz 2 Nr. 2 vorgesehene Zweckbindung der nach Absatz 1 zugewiesenen Finanzierungsmittel; die investive Zweckbindung des Mittelvolumens bleibt bestehen. Die Vereinbarungen aus dem Solidarpakt II bleiben unberührt.

(4) Das Nähere regelt ein Bundesgesetz, das der Zustimmung des Bundesrates bedarf.

Artikel 143 d [1]

[Übergangsvorschrift zur Reform der Finanzverfassung]

(1) Artikel 109 und 115 in der bis zum 31. 7. 2009 geltenden Fassung sind letztmals auf das Haushaltsjahr 2010 anzuwenden. Artikel 109 und 115 in der ab dem 1. August 2009 geltenden Fassung sind erstmals für das Haushaltsjahr 2011 anzuwenden; am 31. Dezember 2010 bestehende Kreditermächtigungen für bereits eingerichtete Sondervermögen bleiben unberührt. Die Länder dürfen im Zeitraum vom 1. Januar 2011 bis zum 31. Dezember 2019 nach Maßgabe der geltenden landesrechtlichen Regelungen von den Vorgaben des Artikels 109 Absatz 3 abweichen. Die Haushalte der Länder sind so aufzustellen, dass im Haushaltsjahr 2020 die Vorgabe aus Artikel 109 Absatz 3 Satz 5 erfüllt wird. Der Bund kann im Zeitraum vom 1. Januar 2011 bis zum 31. Dezember 2015 von der Vorgabe des Artikels 115 Absatz 2 Satz 2 abweichen. Mit dem Abbau des bestehenden Defizits soll im Haushaltsjahr 2011 begonnen werden. Die jährlichen Haushalte sind so aufzustellen, dass im Haushaltsjahr 2016 die Vorgabe aus Artikel 115 Absatz 2 Satz 2 erfüllt wird; das Nähere regelt ein Bundesgesetz.

(2) Als Hilfe zur Einhaltung der Vorgaben des Artikels 109 Absatz 3 ab dem 1. Januar 2020 können den Ländern Berlin, Bremen, Saarland, Sachsen-Anhalt und Schleswig-Holstein für den Zeitraum 2011 bis 2019 Konsolidierungshilfen aus dem Haushalt des Bundes in Höhe von insgesamt 800 Millionen Euro jährlich gewährt werden. Davon entfallen auf Bremen 300 Millionen Euro, auf das Saarland 260 Millionen Euro und auf Berlin, Sachsen-Anhalt und Schleswig-Holstein jeweils 80 Millionen Euro. Die Hilfen werden auf der Grundlage einer Verwaltungsvereinbarung nach Maßgabe eines Bundesgesetzes mit Zustimmung des Bundesrates geleistet. Die Gewährung der Hilfen setzt einen vollständigen Abbau der Finanzierungsdefizite bis zum Jahresende 2020 voraus. Das Nähere, insbesondere die jährlichen Abbauschritte der Finanzierungsdefizite, die Überwachung des Abbaus der Finanzierungsdefizite durch den Stabilitätsrat sowie die Konsequenzen im Falle der Nichteinhaltung der Abbauschritte, wird durch Bundesgesetz mit Zustimmung des Bundesrates und durch Verwaltungsvereinbarung geregelt. Die gleichzeitige Gewährung der Konsolidierungshilfen und Sanierungshilfen auf Grund einer extremen Haushaltsnotlage ist ausgeschlossen.

---

[1] Artikel 143d wurde durch das Föderalismusreform II-Gesetz vom 29. 7. 2009 (BGBl. I S. 2248) eingefügt. Absatz 4 wurde später durch Gesetz vom 13. 7. 2017 (BGBl. I S. 2347) angefügt.

(3) Die sich aus der Gewährung der Konsolidierungshilfen ergebende Finanzierungslast wird hälftig von Bund und Ländern, von letzteren aus ihrem Umsatzsteueranteil, getragen. Das Nähere wird durch Bundesgesetz mit Zustimmung des Bundesrates geregelt.

(4) Als Hilfe zur künftig eigenständigen Einhaltung der Vorgaben des Artikels 109 Absatz 3 können den Ländern Bremen und Saarland ab dem 1. Januar 2020 Sanierungshilfen in Höhe von jährlich insgesamt 800 Millionen Euro aus dem Haushalt des Bundes gewährt werden. Die Länder ergreifen hierzu Maßnahmen zum Abbau der übermäßigen Verschuldung sowie zur Stärkung der Wirtschafts- und Finanzkraft. Das Nähere regelt ein Bundesgesetz, das der Zustimmung des Bundesrates bedarf. Die gleichzeitige Gewährung der Sanierungshilfen und Sanierungshilfen auf Grund einer extremen Haushaltsnotlage ist ausgeschlossen.

Artikel 143 e [1]

[Übergangsvorschrift für Bundesautobahnen]

(1) Die Bundesautobahnen werden abweichend von Artikel 90 Absatz 2 längstens bis zum 31. Dezember 2020 in Auftragsverwaltung durch die Länder oder die nach Landesrecht zuständigen Selbstverwaltungskörperschaften geführt. Der Bund regelt die Umwandlung der Auftragsverwaltung in Bundesverwaltung nach Artikel 90 Absatz 2 und 4 durch Bundesgesetz mit Zustimmung des Bundesrates.

(2) Auf Antrag eines Landes, der bis zum 31. Dezember 2018 zu stellen ist, übernimmt der Bund abweichend von Artikel 90 Absatz 4 die sonstigen Bundesstraßen des Fernverkehrs, soweit sie im Gebiet dieses Landes liegen, mit Wirkung zum 1. Januar 2021 in Bundesverwaltung.

(3) Durch Bundesgesetz mit Zustimmung des Bundesrates kann geregelt werden, dass ein Land auf Antrag die Aufgabe der Planfeststellung und Plangenehmigung für den Bau und für die Änderung von Bundesautobahnen und von sonstigen Bundesstraßen des Fernverkehrs, die der Bund nach Artikel 90 Absatz 4 oder Artikel 143e Absatz 2 in Bundesverwaltung übernommen hat, im Auftrage des Bundes übernimmt und unter welchen Voraussetzungen eine Rückübertragung erfolgen kann.

Artikel 143 f [2]

[Übergangsregelung für den Finanzausgleich ab dem Jahr 2030]

Artikel 143d, das Gesetz über den Finanzausgleich zwischen Bund und Ländern sowie sonstige auf der Grundlage von Artikel 107 Absatz 2 in seiner ab dem 1. Januar 2020 geltenden Fassung erlassene Gesetze treten außer Kraft, wenn nach dem 31. Dezember 2030 die Bundesregierung, der Bundestag oder gemeinsam mindestens drei Länder Verhandlungen über eine Neuordnung der bundesstaatlichen Finanzbeziehungen verlangt haben und mit Ablauf von fünf Jahren nach Notifikation des Verhandlungsverlangens der Bundesregierung, des Bundestages oder der Länder beim Bundespräsidenten keine gesetzliche Neuordnung der bundesstaatlichen Finanzbeziehungen in Kraft getreten ist. Der Tag des Außerkrafttretens ist im Bundesgesetzblatt bekannt zu geben.

---

[1] Artikel 143 e wurde durch Gesetz vom 13. 7. 2017 (BGBl. I S. 2347) eingefügt. Abs. 3 wurde neu angefügt durch Gesetz vom 28. 3. 2019 (GVBl. I S. 404).

[2] Artikel 143 f wurde durch Gesetz vom 13. 7. 2017 (BGBl. I S. 2347) neu eingefügt.

Artikel 143 g [1]

[Übergangsregelung für den Finanzausgleich bis zum Jahr 2019]

Für die Regelung der Steuerertragsverteilung, des Länderfinanzausgleichs und der Bundesergänzungszuweisungen bis zum 31. Dezember 2019 ist Artikel 107 in bis zum Inkrafttreten des Gesetzes zur Änderung des Grundgesetzes vom 13. Juli 2017 geltenden Fassung weiter anzuwenden.

Artikel 144

[Ratifikation des Grundgesetzes]

(1) Dieses Grundgesetz bedarf der Annahme durch die Volksvertretungen in zwei Dritteln der deutschen Länder, in denen es zunächst gelten soll.

(2) Soweit die Anwendung dieses Grundgesetzes in einem der in Artikel 23 aufgeführten Länder oder in einem Teile eines dieser Länder Beschränkungen unterliegt, hat das Land oder der Teil des Landes das Recht, gemäß Artikel 38 Vertreter in den Bundestag und gemäß Artikel 50 Vertreter in den Bundesrat zu entsenden.

Artikel 145

[Ausfertigung, und Verkündung des Grundgesetzes]

(1) Der Parlamentarische Rat stellt in öffentlicher Sitzung unter Mitwirkung der Abgeordneten Groß-Berlins die Annahme dieses Grundgesetzes fest, fertigt es aus und verkündet es.

(2) Dieses Grundgesetz tritt mit Ablauf des Tages der Verkündung in Kraft.

(3) Es ist im Bundesgesetzblatte zu veröffentlichen.

Artikel 146 [2]

[Geltungsdauer]

Dieses Grundgesetz, das nach Vollendung der Einheit und Freiheit Deutschlands für das gesamte deutsche Volk gilt, verliert seine Gültigkeit an dem Tage, an dem eine Verfassung in Kraft tritt, die von dem deutschen Volke in freier Entscheidung beschlossen worden ist.

Bonn am Rhein, am 23. Mai 1949.

Dr. Adenauer	*Schönfelder*	*Dr. Schäfer*
Präsident des Parlamentarischen Rates	1. Vizepräsident	2. Vizepräsident

[1] Artikel 143 g wurde durch Gesetz vom 13. 7. 2017 (BGBl. I S. 2347) neu eingefügt.

[2] Artikel 146 wurde durch den Einigungsvertrag vom 31. 8. 1990 (BGBl. II S. 889) neu gefasst.

Verzeichnis aller Änderungen des Grundgesetzes

1. Strafrechtsreformgesetz vom 30. 8. 1951, BGBl. I S. 739.
Aufgehoben wurde Artikel 143.
Gegenstand: Straftaten gegen die verfassungsmäßige Ordnung, ausführlichere Regelung in den §§ 80 ff. StGB.
Gesetzentwurf: Vorlage der Bundesregierung (Drs. 1/1307 vom 4. 9. 1950).

2. Gesetz zur Einfügung eines Artikels 120 a in das Grundgesetz vom 14. 8. 1952, BGBl. I S. 445.
Eingefügt wurde Artikel 120a.
Gegenstand: Organisation der Lastenausgleichsverwaltung.
Gesetzentwurf: Vorlage der Fraktionen der CDU/CSU, FDP und DP/DPB (Drs. 1/3334 vom 25. 4. 1952); geänderte Fassung des Vermittlungsausschusses (Drs. 1/ 3550 vom 4. 7. 1952).

3. Gesetz zur Ergänzung des Grundgesetzes vom 20. 4. 1953, BGBl. I S. 130.
Geändert wurde Artikel 107 Satz 1.
Gegenstand: Verlängerung des Geltungsdauer.
Gesetzentwurf: Vorlage der Bundesregierung (Drs. 1/3769 vom 16. 10. 1952); geänderte Fassung des Vermittlungsausschusses (Drs.1/4026 vom 23. 1. 1953).

4. Gesetz zur Ergänzung des Grundgesetzes vom 26. 3. 1954, BGBl. I S. 45.
Geändert wurden die Artikel 73 Satz 1 und 79 Abs. 1, eingefügt wurde Artikel 142 a.
Gegenstand: Völkerrechtliche Verträge zur Beendigung des Besatzungsregimes, Wehrpflicht.
Gesetzentwurf: Vorlage der Fraktionen der CDU/CSU, Deutschen Partei und des GB/BHE (Drs. 2/124 vom 4. 12. 1953).

5. Zweites Gesetz zur Änderung des Artikels 107 des Grundgesetzes vom 25. 12. 1954, BGBl. I S. 517.
Geändert wurde Artikel 107 Satz 1.
Gegenstand: Weitere Verlängerung der Geltungsdauer.
Gesetzentwurf: Vorlage der Bundesregierung (Drs. 2/480 vom 29. 4. 1954).

6. Gesetz zur Änderung und Ergänzung der Finanzverfassung (Finanzverfassungsgesetz) vom 25. 12. 1955, BGBl. I S. 817.
Geändert wurden die Artikel 106 und 107.
Gegenstand: Neuordnung der Finanzverfassung, Ertragshoheit für Steueraufkommen, Verteilung der Einkommen- und Körperschaftsteuer, Finanzausgleich.
Gesetzentwurf: Vorlage der Bundesregierung (Drs. 2/480 vom 29. 4. 1954) in der Fassung des Vermittlungsausschusses (Drs. 02/1819 vom 26. 10. 1955).

7. Gesetz zur Änderung des Grundgesetzes vom 19. 3. 1956, BGBl. I S. 111.
Geändert wurden die Artikel 1 Abs. 3, 12, 36, 49, 60 Abs. 1, 96 Abs. 3, 137 Abs. 1. eingefügt wurden 17a, 45a, 45b, 59a, 65a, 87a, 87b, 96a, 143.
Gegenstand: Unmittelbare Geltung der Grundrechte, Wehrverfassung, u. a. Wehr- und Ersatzdienst, Ausschuss für Verteidigungsfragen, Wehrbeauftragter, Feststellung des Verteidigungsfalles, Bundeswehrverwaltung, Dienststrafverfahren.

Gesetzentwurf: Vorlage der Fraktionen der CDU/CSU, GB/BHE, DP (Drs. 2/124 vom 4. 12. 1953) und FDP (Drs. 2/125, 171 vom 4. 12. 1953) in der Fassung des Ausschusses für Rechtswesen und Verfassungsrecht (Drs. 2/2150 vom 29. 2. 1956).

8. Gesetz zur Änderung und Ergänzung des Artikel 106 des Grundgesetzes vom 24. 12. 1956, BGBl. I S. 1077.
   Geändert wurde Artikel 106 Abs. 2 und 6 bis 8.
   Gegenstand: Ertragshoheit der Gemeinden für die Realsteuern, finanzieller Ausgleich für zusätzliche Aufgaben der Kommunen.
   Gesetzentwurf: Vorlage der Fraktionen der CDU/CSU, SPD, FDP, GB/BHE, DP (Drs. 2/1050 vom 7. 12. 1954) in der Fassung für den Vermittlungsausschuss (Drs. 2/2920 vom 28. 11. 1956).

9. Gesetz zur Einfügung eines Artikel 135a in das Grundgesetz vom 20. 10. 1957, BGBl. I S. 1745.
   Eingefügt wurde Artikel 135a.
   Gegenstand: Begrenzte Haftung für Altschulden von Bund, Ländern und Gemeinden.
   Gesetzentwurf: Vorlage der Fraktionen der CDU/CSU, SPD (Drs. 2/3727 vom 4. 7. 1957).

10. Gesetz zur Ergänzung des Grundgesetzes vom 23. 12. 1959, BGBl. I S. 813.
    Eingefügt wurden Artikel 74 Nr. 11a und 87c.
    Gegenstand: Zuständigkeit für Kernkraftwerke.
    Gesetzentwurf: Vorlage der Fraktion der SPD (Drs. 3/30 vom 28. 11. 1957).

11. Gesetz zur Einfügung eines Artikels über die Luftverkehrsverwaltung in das Grundgesetz vom 6. 2. 1961, BGBl. I S. 65.
    Eingefügt wurde Artikel 87d.
    Gegenstand: Bundeszuständigkeit für die Luftverkehrsverwaltung.
    Gesetzentwurf: Vorlage der Bundesregierung (Drs. 3/1534 vom 14. 1. 1960).

12. Zwölftes Gesetz zur Änderung des Grundgesetzes vom 6. 3. 1961, BGBl. I S. 141.
    Neu gefasst wurde Artikel 96a. Gestrichen wurde Artikel 96 Abs. 3.
    Gegenstand: Bundesgericht für gewerblichen Rechtsschutz, Dienststrafgerichte.
    Gesetzentwurf: Vorlagen der Bundesregierung (Drs. 3/1748 und 3/1901 vom 24. 3. 1960 und 7. 6. 1960).

13. Dreizehntes Gesetz zur Änderung des Grundgesetzes vom 16. 6. 1965, BGBl. I S. 513.
    Geändert wurde Artikel 74 Nr. 10; eingefügt wurde 74 Nr. 10a.
    Gegenstand: Gesetzgebungszuständigkeit für Kriegsgräberfürsorge.
    Gesetzentwurf: Vorlage der Bundesregierung (Drs. 4/2531 vom 18. 8. 1964).

14. Vierzehntes Gesetz zur Änderung des Grundgesetzes vom 30. 7. 1965, BGBl. I S. 649.
    Geändert wurde Artikel 120 Abs.1.
    Gegenstand: Bundeszuständigkeit für Besatzungskosten, Kriegsfolgelasten und Zuschüsse an die Sozialversicherungen.
    Gesetzentwurf: Vorlage der Bundesregierung (Drs, 4/2524 vom 15. 8. 1964).

15. Fünfzehntes Gesetz zur Änderung des Grundgesetzes vom 8. 6. 1967, BGBl. I S. 581.
Neu gefasst wurde Artikel 109.
Gegenstand: Abwehr von Störungen des gesamtwirtschaftlichen Gleichgewichts.
Gesetzentwurf: Vorlage der Bundesregierung (Drs. V/890 vom 2. 9. 1966).

16. Sechzehntes Gesetz zur Änderung des Grundgesetzes vom 18. 6. 1968, BGBl. I S. 657.
Geändert wurden die Artikel 92 und 95, 96a Abs. 3, 99, 100 Abs. 3. Aufgehoben wurde Artikel 96 a, dadurch wurde der bisherige Artikel 96a zu Artikel 96.
Gegenstand: Änderungen der Gerichtsverfassung.
Gesetzentwurf: Vorlage des Bundesrates (Drs. 5/1449 vom 20. 2. 1967).

17. Siebzehntes Gesetz zur Ergänzung des Grundgesetzes vom 24. 6. 1968, BGBl. I S. 709.
Geändert wurden die Artikel 10, 11 Abs. 2, 12, 73 Nr. 1, 87a, 91. Eingefügt wurden die Artikel 9 Abs. 3 Satz 3, 12a, 19 Abs. 4 Satz 3, 20 Abs. 4, 35 Abs. 2 und 3, 53a, 80a, 115a bis 115l. Die Artikel 59a, 65a Abs. 2, 142a, 143 wurden aufgehoben.
Gegenstand: Wehrdienst und Zivildienst, Einsatz der Streitkräfte bei Naturkatastrophen, Gemeinsamer Ausschuss für den Verteidigungsfall, Aufstellung von Streitkräften, Sonderregelungen für den Verteidigungsfall.
Gesetzentwurf: Vorlage der Bundesregierung (Drs. 5/1879 vom 13. 6. 1967).

18. Achtzehntes Gesetz zur Änderung des Grundgesetzes (Artikel 76 und 77) vom 15. 11. 1968, BGBl. I S. 1177.
Geändert wurden die Artikel 76 Abs. 2, 77 Abs. 2 Satz 1 und Abs. 3.
Gegenstand: Änderung der Fristen im Einspruchsverfahren.
Gesetzentwurf: Vorlage des Bundesrates (Drs. 5/1983 vom 27. 6. 1967).

19. Neunzehntes Gesetz zur Änderung des Grundgesetzes vom 29. 1. 1969, BGBl. I S. 97.
Eingefügt wurden die Artikel 93 Abs. 1 Nr. 4a und 4b, 94 Abs. 2 Satz 2.
Gegenstand: Erweiterung der Verfassungsbeschwerde, vorherige Erschöpfung des Rechtsweges.
Gesetzentwurf: Vorlage der Fraktionen des SPD und FDP (Drs. 5/2677 vom 13. 3. 1968.

20. Zwanzigstes Gesetz zur Änderung des Grundgesetzes vom 12. 5. 1969, BGBl. I S. 357.
Geändert wurden die Artikel 109 Abs. 3, 110, 112, 113, 114, 115.
Gegenstand: konjunkturgerechte Haushaltspolitik, mehrjährige Finanzplanung, außerplanmäßige Ausgaben, Zustimmungsvorbehalt der Bundesregierung bei ausgabenerhöhenden Gesetzen, Begrenzung der Kreditaufnahmen.
Gesetzentwurf: Vorlage der Bundesregierung (Drs. 5/3040 vom 21. 6. 1968).

21. Einundzwanzigstes Gesetz zur Änderung des Grundgesetzes (Finanzreformgesetz) vom 12. 5. 1969, BGBl. I S. 359.
Geändert wurden die Artikel 105 Abs. 2, 106, 107, 108, 115c Abs. 3, 115k Abs. 3. Neu eingefügt wurden die Artikel 91a, 91b, 104a, 105 Abs. 2a.
Gegenstand: Gemeinschaftsaufgaben von Bund und Ländern, Vereinbarungen zur Bildungsplanung, Aufteilung der Kostentragung, Neuordnung der Steuererträge und deren Aufteilung.
Gesetzentwurf: Vorlage der Bundesregierung (Drs. 5/4085 vom 14. 4. 1969).

22. Zweiundzwanzigstes Gesetz zur Änderung des Grundgesetzes vom 12. 5. 1969, BGBl. I S. 363.
Geändert wurden die Artikel 74 Nr.13 und 22, 96 Abs. 4. Eingefügt wurden die Artikel 74 Nr. 19a, 75 Abs. 1 Nr. 1a, Abs. 2 und 3.
Gegenstand: Gesetzgebungskompetenz des Bundes für Ausbildungsbeihilfen, Forschungsförderung, wirtschaftliche Sicherung der Krankenhäuser und Straßenmaut, Rahmengesetzgebung für die allgemeinen Grundsätze des Hochschulwesens.
Gesetzentwurf: Vorlage der Bundesregierung (Drs. 5/3515 vom 28. 11. 1968).

23. Dreiundzwanzigstes Gesetz zur Änderung des Grundgesetzes vom 17. 7. 1969, BGBl. I S. 817.
Geändert wurde Artikel 76 Abs. 3 Satz 1.
Gegenstand: Dreimonatsfrist für Vorlagen des Bundesrates.
Gesetzentwurf: Vorlage der Fraktionen der CDU/CSU, SPD, und FDP (Drs. 5/4138 vom 25. 4. 1969).

24. Vierundzwanzigstes Gesetz zur Änderung des Grundgesetzes vom 28. 7. 1969, BGBl. I S. 985.
Geändert wurde Artikel 120 Abs. 1 Satz 2.
Gegenstand: verlängerte Gültigkeit des Artikel 120.
Gesetzentwurf: Vorlage der Bundesregierung (Drs. 5/4104 vom 18. 4. 1969).

25. Fünfundzwanzigstes Gesetz zur Änderung des Grundgesetzes vom 19. 8. 1969, BGBl. I S. 1241.
Geändert wurde Artikel 29.
Gegenstand: Neugliederung der Bundesländer.
Gesetzentwurf: Vorlage der Fraktion der SPD (Drs. 5/2470 vom 17. 1. 1968).

26. Sechsundzwanzigstes Gesetz zur Änderung des Grundgesetzes (Artikel 96) vom 26. 8. 1969, BGBl. I S. 1357.
Eingefügt wurde Artikel 96 Abs. 5.
Gegenstand: Zuständigkeit für Staatsschutz- und kriegsauslösende Strafverfahren.
Gesetzentwurf: Vorlage der Bundesregierung (Drs. 5/4085 vom 14. 4. 1969).

27. Siebenundzwanzigstes Gesetz zur Änderung des Grundgesetzes vom 31. 7. 1970, BGBl. I S. 1161.
Geändert wurden die Artikel 38 Abs. 2, 91a Abs. 1 Nr. 1.
Gegenstand: Herabsetzung des Alters für das aktive Wahlrecht, Hochschulbau.
Gesetzentwurf: Vorlagen der Fraktion des CDU/CSU (Drs. 6/70 vom 14. 11. 1969) und der Bundesregierung (Drs. 6/304 vom 27. 1. 1970).

28. Achtundzwanzigstes Gesetz zur Änderung des Grundgesetzes (Artikel 74a) vom 18. 3.1971, BGBl. I S. 206.
Geändert wurden die Artikel 75 und 98 Abs. 3. Eingefügt wurde Artikel 74a.
Gegenstand: Konkurrierende und Rahmengesetzgebung für Beamte und Richter der Länder.
Gesetzentwurf: Vorlage der Bundesregierung (Drs. 6/1009 vom 4. 7. 1970).

29. Neunundzwanzigstes Gesetz zur Änderung des Grundgesetzes vom 8. 3. 1971, BGBl. I S. 207.
Geändert wurde Artikel 74 Nr. 20.
Gegenstand: Gesetzgebungskompetenz für Tierschutz.
Gesetzentwurf: Vorlage der Bundesregierung (Drs. 6/1010 vom 4. 7. 1970).

30. Dreißigstes Gesetz zur Änderung des Grundgesetzes (Artikel 74 GG – Umweltschutz) vom 12. 4. 1972, BGBl. I S. 593.
Eingefügt wurde Artikel 74 Nr. 24.
Gegenstand: Gesetzgebungszuständigkeit für Abfallbeseitigung, Luftreinhaltung und Lärmbekämpfung.
Gesetzentwurf: Vorlage der Bundesregierung (Drs. 6/2947 vom 14.12.1971).

31. Einunddreißigstes Gesetz zur Änderung des Grundgesetzes vom 28. 7. 1972, BGBl. I S. 1305.
Geändert wurden die Artikel 35 Abs. 2, 73 Nr. 10 und 87 Abs. 1 Satz 2. Eingefügt wurde Artikel 74 Nr. 4a.
Gegenstand: Einsatz des Bundesgrenzschutzes bei Störungen der öffentlichen Sicherheit, Gesetzgebung für die Abwehr von Gewalttaten gegen auswärtige Beziehungen und internationale Verbrechensbekämpfung.
Gesetzentwurf: Vorlage des Bundesrates (Drs. 6/2653 vom 4. 10. 1971).

32. Zweiunddreißigstes Gesetz zur Änderung des Grundgesetzes (Artikel 45c) vom 15. 7.1975, BGBl. I S. 1901.
Eingefügt wurde Artikel 45c.
Gegenstand: Verankerung des Petitionsrechts im Grundgesetz.
Gesetzentwurf: Vorlage der Fraktionen der SPD, CDU/CSU und FDP (Drs. 7/580 vom 17.05.73).

33. Dreiunddreißigstes Gesetz zur Änderung des Grundgesetzes (Artikel 29 und 39) vom 23. 8.1976, BGBl. I S. 2381.
Geändert wurden die Artikel 29, 39 Abs. 1 und 2. Aufgehoben wurden die Artikel 45, 45a Abs. 1 Satz 2 und 49.
Gegenstand: Volksbefragungen und Volksentscheide bei Neugliederung von Ländern, Bundestagswahlen und Wahlperioden.
Gesetzentwurf: Vorlage der Bundesregierung (Drs. 7/4958 vom 2. 4. 1976).

34. Vierunddreißigstes Gesetz zur Änderung des Grundgesetzes (Artikel 74 Nr. 4a) vom 23. 8. 1976, BGBl. I S. 2383.
Geändert wurde Artikel 74 Nr. 4a.
Gegenstand: Gesetzgebungszuständigkeit für das Sprengstoffrecht.
Gesetzentwurf: Vorlage des Bundesrates (Drs. 7/ 5101 vom 3. 5. 1976).

35. Fünfunddreißigstes Gesetz zur Änderung des Grundgesetzes (Artikel 21 Abs. 1) vom 21. 12. 1983, BGBl. I S. 1481.
Geändert wurde Artikel 21 Abs. 1 Satz 4.
Gegenstand: Rechenschaftspflicht der Parteien für Herkunft und Verwendung ihrer Finanzmittel.
Gesetzentwurf: Vorlage der Fraktionen der CDU/CSU und FDP (Drs. 10/183 vom 21. 6. 1983.

36. Gesetz zu dem Vertrag vom 31. August 1990 zwischen der Bundesrepublik Deutschland und der Deutschen Demokratischen Republik über die Herstellung der Einheit Deutschlands – Einigungsvertragsgesetz – und der Vereinbarung vom 18. September 1990 vom 23. 9. 1990, BGBl. II S. 885.
Geändert wurden die Präambel des Grundgesetzes, ferner die Artikel 23, 51 Abs. 2, 135a Abs. 2 und 146, Artikel 143 eingefügt.
Gegenstand: Anpassung des Grundgesetzes zur Vollendung der Einheit Deutschlands.
Gesetzentwurf: Vorlage der Bundesregierung sowie textidentisch eingebracht von CDU/CSU und FDP (Drs. 11/7760 vom 31. 8. 1990 und Drs. 11/7841 vom 12. 9. 1990).

37. Gesetz zur Änderung des Grundgesetzes vom 14. 7. 1992, BGBl. I S. 1254.
Geändert wurde Artikel 87d.
Gegenstand: Übertragung von Aufgaben der Flugsicherung an private Gesellschaften.
Gesetzentwurf: Vorlage der Fraktionen der CDU/CSU und FDP (Drs. 12/1800 vom 11. 12. 1991).

38. Gesetz zur Änderung des Grundgesetzes vom 21. 12. 1992, BGBl. I S. 2086.
Geändert wurden die Artikel 24, 28, 50, 52, 88, 115e, eingefügt die Artikel 23 und 45.
Gegenstand: verfassungsrechtliche Grundlagen für die Ratifikation des Vertrages von Maastricht, Verankerung der Mitwirkung der Bundesrepublik Deutschland an der europäischen Integration als Staatsziel der Länder in Angelegenheiten der Europäischen Union; Unabhängigkeit der Europäischen Zentralbank und Verpflichtung zur Sicherung der Preisstabilität.
Gesetzentwurf: Vorlage der Bundesregierung (Drs.12/3338 vom 2. 10. 1992).

39. Gesetz zur Änderung des Grundgesetzes (Artikel 16 und 18) vom 28. 6. 1993, BGBl. I S. 1002.
Geändert wurden Artikel 16, 18, eingefügt Artikel 16a.
Gegenstand: Möglichkeit der Zurückweisung von Asylbewerbern bei Einreise aus sicheren Drittstaaten, Vollzug aufenthaltsbeendender Maßnahmen, Ratifikation des Schengener und Dubliner Übereinkommens.
Gesetzentwurf: Vorlage der Bundesregierung (Drs.12/3338 vom 2. 10. 1992).

40. Gesetz zur Änderung des Grundgesetzes vom 20. 12. 1993, BGBl. I S. 2089.
Geändert wurden die Artikel 73, 74, 80, 87; eingefügt wurden die Artikel 87e, 106a, 143a.
Gegenstand: Bahnstrukturreform, Übertragung des Personennahverkehrs auf die Länder und dessen Finanzierung.
Gesetzentwurf: Vorlage der Bundesregierung (Drs. 12/5015 vom 25. 5. 1993).

41. Gesetz zur Änderung des Grundgesetzes vom 30. 8. 1994, BGBl. I S. 2245.
Geändert wurden die Artikel 73, 80, 87, neu eingefügt die Artikel 87f, 143b.
Gegenstand: Privatisierung im Bereich des Postwesens und der Telekommunikation.
Gesetzentwurf: Vorlage der Bundesregierung (Drs. 12/7269 vom 14. 4. 1994).

42. Gesetz zur Änderung des Grundgesetzes (Artikel 3, 20a, 28, 29, 72, 74, 75, 76, 77, 80, 87, 93, 118a und 125a) vom 27. 10. 1994, BGBl. I S. 3146.
Geändert wurden die Artikel 3, 28, 29, 72, 74, 75, 76, 77, 80, 87, 93; eingefügt wurden die Artikel 20a, 118a und 125a.
Gegenstand: Förderung der Gleichberechtigung von Frauen und Männern durch den Staat sowie Benachteiligungsverbot für Behinderte, Umweltschutz, finanzielle Eigenverantwortung bei der Selbstverwaltung, konkurrierende und Rahmengesetzgebung, Fortgelten von Bundesrecht als Landesrecht.
Gesetzentwurf: Interfraktionelle Vorlage in der Fassung der Beschlussempfehlung des Vermittlungsausschusses (Drs. 12/8423 vom 2. 9. 1994).

43. Gesetz zur Änderung des Grundgesetzes vom 3. 11. 1995, BGBl. I S. 1492.
Geändert wurde Artikel 106.
Gegenstand: Lastenverteilung zwischen Bund und Ländern im Zusammenhang mit der Neuregelung des Familienlastenausgleichs.
Gesetzentwurf: Vorlage der Fraktionen der CDU/CSU, SPD und FDP (Drs. 13/2245 vom 4. 9. 1995).

44. Gesetz zur Änderung des Grundgesetzes (Artikel 28 und 106) vom 20. 10. 1997, BGBl. I S. 2470
Geändert wurden die Artikel 28 und 106.
Gegenstand: Beteiligung der Gemeinden am Umsatzsteueraufkommen als Ausgleich für die durch eine Gewerbesteuerreform entstehenden Steuerausfälle.
Gesetzentwurf: Vorlage der Bundesregierung (Drs. 13/1685 vom 13. 6. 1995) und Vorlage der Fraktionen CDU/CSU, SPD, BÜNDNIS 90/DIE GRÜNEN sowie FDP (Drs.13/8340 vom 5. 8. 1997).

45. Gesetz zur Änderung des Grundgesetzes (Artikel 13) vom 26. 3. 1998, BGBl. I S. 610
Geändert wurde Artikel 13.
Gegenstand: akustische Überwachung von Wohnungen zum Zweck der Strafverfolgung, Sicherstellung der parlamentarischen Kontrolle durch Berichtspflicht der Bundesregierung.
Gesetzentwurf: Vorlage der Fraktionen CDU/CSU, SPD und FDP (Drs. 13/8650 vom 1. 10. 1997).

46. Gesetz zur Änderung des Grundgesetzes (Artikel 39) vom 16. 7. 1998, BGBl. I S. 1822.
Geändert wurde Artikel 39.
Gegenstand: Wahltermine zur Neuwahl des Bundestages.
Gesetzentwurf: Vorlage der Fraktionen CDU/CSU, SPD, B 90/DIE GRÜNEN und FDP (Drs. 13/9393 vom 10. 12. 1997).

47. Gesetz zur Änderung des Grundgesetzes (Artikel 16) vom 29. 11. 2000, BGBl. I S. 1633.
Geändert wurde Artikel 16.
Gegenstand: Auslieferung Deutscher an einen internationalen Gerichtshof oder an einen Mitgliedstaat der Europäischen Union.
Gesetzentwurf: Vorlage der Bundesregierung (Drs. 14/2668 vom 10. 2. 2000).

48. Gesetz zur Änderung des Grundgesetzes (Artikel 12a) vom 19. 12. 2000, BGBl. I S. 1755.
Geändert wurde Artikel 12a.
Gegenstand: freiwilliger Dienst von Frauen mit der Waffe.
Gesetzentwurf: Vorlage der Fraktionen der SPD, CDU/CSU, B 90/DIE GRÜNEN und der FDP (Drs. 14/4380 vom 24. 10. 2000).

49. Gesetz zur Änderung des Grundgesetzes (Artikel 108) vom 26. 11. 2001, BGBl. I S. 3219.
Geändert wurde Artikel 108.
Gegenstand: zweistufiger Aufbau von Bundes- und Landesfinanzbehörden.
Gesetzentwurf: Vorlage der Bundesregierung (Drs. 14/6144 vom 25. 5. 2001).

50. Gesetz zur Änderung des Grundgesetzes (Staatsziel Tierschutz) vom 26. 7. 2002, BGBl. I S. 2862.
Geändert wurde Artikel 20a.
Gegenstand. Verankerung des Tierschutzes als Staatsziel.
Gesetzentwurf: Vorlage der Fraktionen SPD, CDU/CSU, B 90/ DIE GRÜNEN und FDP (Drs. 14/8860 vom 23. 4. 2002).

51. Gesetz zur Änderung des Grundgesetzes (Artikel 96) vom 26. 7. 2002, BGBl. I S. 2863.
Geändert wurde Artikel 96.
Gegenstand: Verfolgungszuständigkeit für Straftaten des Völkerstrafgesetzbuches.
Gesetzentwurf: Vorlage der Bundesregierung (Drs. 14/8994 vom 8. 5. 2002).

52. Gesetz zur Änderung des Grundgesetzes (Artikel 22, 23, 33, 52, 72, 73, 74, 74a, 75, 84, 85, 87c, 91a, 91b, 93, 98, 104a, 104b, 105, 107, 109, 125a, 125b, 125c, 143c) vom 28. 8. 2006, BGBl. I S. 2034.
Geändert wurden die Artikel 22, 23, 33, 52, 72, 73, 74, 75, 84, 85, 87c, 91a, 91b, 93, 98, 104a, 105, 107, 109, 125a, neu eingefügt wurden die Artikel 104b, 125b, 125c, 143c, aufgehoben die Artikel 74a und 75.
Gegenstand: Föderalismusreform I, erweiterte Mitwirkungsrechte des Bundesrates, Neuordnung der konkurrierenden Gesetzgebung, Abbau von Mischfinanzierungen, besondere Finanzhilfen des Bundes.
Gesetzentwurf: Vorlage der Fraktionen der CDU/CSU und SPD (Drs. 16/813 vom 7. 3. 2006)

53. Gesetz zur Änderung des Grundgesetzes (Artikel 23, 45 und 93) vom 8. 10. 2008, BGBl. I S. 1926.
Geändert wurden die Artikel 23, 45 und 93.
Gegenstand: Mitwirkungsrechte der nationalen Parlamente gegenüber Organen der EU nach dem Vertrag von Lissabon.
Gesetzentwurf: Vorlage der Fraktionen der B90/DIE GRÜNEN, CDU/CSU, FDP und SPD (Drs.16/8488 vom 11. 3. 2008).

54. Gesetz zur Änderung des Grundgesetzes (Artikel 106, 106b, 107, 108) vom 19. 3. 2009, BGBl. I S. 606.
Geändert wurden die Artikel 106, 107, 108, neu eingefügt wurde Artikel 106b.
Gegenstand: Stabilitäts- und Beschäftigungspakt, Neuordnung der Kraftfahrzeugsteuer und der Finanzverfassung.
Gesetzentwurf: Vorlage der Fraktionen der CDU/CSU und SPD (Drs. 16/11741 vom 27. 1. 2009).

55. Gesetz zur Änderung des Grundgesetzes (Artikel 45d) vom 17. 7. 2009, BGBl. I S. 1977.
Eingefügt wurde Artikel 45d.
Gegenstand: Absicherung der parlamentarischen Kontrolle der nachrichtendienstlichen Tätigkeit des Bundes durch das Parlamentarische Kontrollgremium.
Gesetzentwurf: Vorlage der Fraktionen der CDU/CSU, FDP und SPD (Drs. 16/12412 vom 24. 3. 2009.

56. Gesetz zur Änderung des Grundgesetzes (Artikel 87d) vom 29. 7. 2009, BGBl. I S. 2247.
Geändert wurde Artikel 87d.
Gegenstand: Einheitlicher Europäischer Luftraum, Bundesverwaltung für die Luftverkehrsaufgaben.
Gesetzentwurf: Vorlage der Bundesregierung (Drs. 220/09 vom 13. 3. 2009 und Vorlage der Fraktionen CDU/CSU und SPD (Drs. 16/12280 vom 17. 3. 2009).

57. Gesetz zur Änderung des Grundgesetzes (Artikel 91c, 91d, 104b, 109, 109a, 115, 143d) vom 29. 7. 2009, BGBl. I S. 2248.
Geändert wurden die Artikel 104b, 109, 115, eingefügt wurden die Artikel 91c, 91d, 109a und 143d.
Gegenstand: Förderalismusreform II, Neuordnung der Finanzverfassung, Schuldenbremse, Festschreibung eines ausgeglichenen Haushalts ohne Einnahmen aus Krediten, Konsolidierungshilfen für hoch verschuldete Bundesländer, Zusammenarbeit bei Informationstechnik sowie Leistungsvergleich in der öffentlichen Verwaltung.
Gesetzentwurf: Vorlage der Fraktionen der CDU/CSU und der SPD (Drs. 16/12410 vom 24. 3. 2009.

58. Gesetz zur Änderung des Grundgesetzes (Artikel 91e) vom 21. 7. 2010, BGBl. I S. 944.
Eingefügt wurde Artikel 91e.
Gegenstand: Zuständigkeiten für die Grundsicherung für Arbeitsuchende: Zusammenwirken von Bund und Ländern bzw. Gemeinden zur Aufrechterhaltung der Betreuung und Leistungserbringung, Kostenübernahme des Bundes.
Gesetzentwurf: Vorlage der Bundesregierung (Drs. 17/1939 vom 7. 6. 2010).

59. Gesetz zur Änderung des Grundgesetzes (Artikel 93) vom 11. 7. 2012, BGBl. I S. 1478.
Geändert wurde Artikel 93.
Gegenstand: Rechtsschutz durch das BVerfG bei verweigerter Anerkennung als politische Partei durch den Bundeswahlausschuss.

Gesetzentwurf: Vorlage der Fraktionen der CDU/CSU, SPD, FDP und B 90/DIE GRÜNEN (Drs.17/9392 vom 24. 4. 2012).

60. Gesetz zur Änderung des Grundgesetzes (Artikel 91b) vom 23. 12. 2014; BGBl. I S. 2438.
Neu gefasst wurde Artikel 91b.Gegenstand: Erweiterung der Kooperation im Wissenschaftsbereich im Rahmen einer Gemeinschaftsaufgabe, langfristige Förderung von Forschungseinrichtungen.
Gesetzentwurf: Vorlage der Bundesregierung (Drs. 18/2710 vom 2. 10. 2014).

61. Gesetz zur Änderung des Grundgesetzes (Artikel 21) vom 13. 7. 2017, BGBl. I S. 2346.
Geändert wurde Artikel 21.
Gegenstand: Ausschluss verfassungsfeindlicher Parteien von der staatlichen Finanzierung und von steuerlichen Begünstigungen.
Gesetzentwurf: Vorlage der Fraktionen der CDU/CSU und SPD (Drs. 18/12357 vom 16. 5. 2017).

62. Gesetz zur Änderung des Grundgesetzes (Artikel 90, 91c, 104b, 104c, 107, 108, 109a, 114, 125c 143d, 143e, 143f, 143g) vom 13. 7. 2017, BGBl. I S. 2347.
Geändert wurden die Artikel 90, 91c, 104b, 107, 108, 109a, 114, 125c und 143d.
Neu eingefügt wurden die Artikel 104c, 143e, 143f und 143g.
Gegenstand: Finanzhilfen für Gemeinden und Seehäfen, Forschungsförderung, Stärkung des Stabilitätsrates, bundesweiter Online-Portalverbund für Verwaltungsleistungen, Prüf- und Kontrollrechte bei Mitfinanzierung von Länderaufgaben, Informationstechnik in der Steuerverwaltung, Neuregelung der bundesstaatlichen Finanzbeziehungen ab 2020.
Gesetzentwurf: Vorlage der Bundesregierung (Drs. 18/11131 vom 13. 2. 2017).

63. Gesetz zur Änderung des Grundgesetzes (Artikel 104b, 104c, 104d, 125c, 143e) vom 28. 3. 2019, BGBl. I S. 404).
Neu gefasst wurden die Artikel 104b Abs. 2 Satz 5 und 104c; ergänzt wurden die Artikel 125c und 143e; neu eingefügt wurde Artikel 104d.
Gegenstand: Erweiterte Finanzhilfen des Bundes für die Länder zur Sicherstellung der Qualität und Leistungsfähigkeit des Bildungswesens; Förderung des sozialen Wohnungsbaues.
Gesetzentwurf: Vorlage der Bundesregierung (Drs. 19/3440 vom 18. 7. 2018) in der Fassung des Vermittlungsausschusses (Drs. 19/7940 vom 20. 2. 2019).

KONVENTION ZUM SCHUTZE DER MENSCHENRECHTE UND GRUNDFREIHEITEN

Vom 4. November 1950[1]

INHALTSÜBERSICHT[2]

ABSCHNITT I
RECHTE UND FREIHEITEN

ABSCHNITT II
EUROPÄISCHER GERICHTSHOF FÜR MENSCHENRECHTE

---

[1] In den hier wiedergegebenen Text sind alle Änderungen eingearbeitet worden, die das 14. Protokoll zur Konvention zum Schutz der Menschenrechte und Grundfreiheiten über die Änderung des Kontrollsystems der Konvention vom 13. Mai 2004 enthält (vgl. BGBl. II 2006, S. 138). Die Änderungen sind jeweils in Fußnoten dargestellt.

[2] Das Inhaltsverzeichnis und die Überschriften der einzelnen Artikel sind nicht Teil des Vertragstextes, sondern vom Herausgeber hinzugefügt worden.

Abschnitt III
Verschiedene Bestimmungen

In Erwägung der Universellen Erklärung der Menschenrechte, die von der allgemeinen Versammlung der Vereinten Nationen am 10. Dezember 1948 verkündet wurde;

in der Erwägung, dass diese Erklärung bezweckt, die universelle und wirksame Anerkennung und Einhaltung der darin erklärten Rechte zu gewährleisten;

in der Erwägung, dass das Ziel des Europarates die Herbeiführung einer größeren Einigkeit unter seinen Mitgliedern ist und dass eines der Mittel zur Erreichung dieses Zieles in der Wahrung und in der Entwicklung der Menschenrechte und Grundfreiheiten besteht;

unter erneuter Bekräftigung ihres tiefen Glaubens an diese Grundfreiheiten, welche die Grundlage der Gerechtigkeit und des Friedens in der Welt bilden, und deren Aufrechterhaltung wesentlich auf einem wahrhaft demokratischen politischen Regime einerseits und auf einer gemeinsamen Auffassung und Achtung der Menschenrechte andererseits beruht, von denen sie sich herleiten;

entschlossen, als Regierungen europäischer Staaten, die vom gleichen Geiste beseelt sind und ein gemeinsames Erbe an geistigen Gütern, politischen Überlieferungen, Achtung der Freiheit und Vorherrschaft des Gesetzes besitzen, die ersten Schritte auf dem Wege zu einer kollektiven Garantie gewisser in der Universellen Erklärung verkündeter Rechte zu unternehmen;

vereinbaren die unterzeichneten Regierungen und Mitglieder des Europarates Folgendes:

Artikel 1

Verpflichtung zur Achtung der Menschenrechte

Die Hohen Vertragschließenden Teile sichern allen ihrer Herrschaftsgewalt unterstehenden Personen die in Abschnitt I dieser Konvention niedergelegten Rechte und Freiheiten zu.

Abschnitt I
Rechte und Freiheiten

Artikel 2

Recht auf Leben

(1) Das Recht jedes Menschen auf das Leben wird gesetzlich geschützt. Abgesehen von der Vollstreckung eines Todesurteils, das von einem Gericht im Falle eines mit der Todesstrafe bedrohten Verbrechens ausgesprochen worden ist, darf eine absichtliche Tötung nicht vorgenommen werden.

(2) Die Tötung wird nicht als Verletzung dieses Artikels betrachtet, wenn sie sich aus einer unbedingt erforderlichen Gewaltanwendung ergibt:

a) um die Verteidigung eines Menschen gegenüber rechtswidriger Gewaltanwendung sicherzustellen;

b) um eine ordnungsgemäße Festnahme durchzuführen oder das Entkommen einer ordnungsgemäß festgehaltenen Person zu verhindern;

c) um im Rahmen der Gesetze einen Aufruhr oder einen Aufstand zu unterdrücken.

Artikel 3

Verbot der Folter

Niemand darf der Folter oder unmenschlicher oder erniedrigender Strafe oder Behandlung unterworfen werden.

Artikel 4

Verbot der Sklaverei und der Zwangsarbeit

(1) Niemand darf in Sklaverei oder Leibeigenschaft gehalten werden.

(2) Niemand darf gezwungen werden, Zwangs- oder Pflichtarbeit zu verrichten.

(3) Als „Zwangs- oder Pflichtarbeit“ im Sinne dieses Artikels gilt nicht:

a) jede Arbeit, die normalerweise von einer Person verlangt wird, die unter den von Artikel 5 der vorliegenden Konvention vorgesehenen Bedingungen in Haft gehalten oder bedingt freigelassen worden ist;

b) jede Dienstleistung militärischen Charakters, oder im Falle der Verweigerung aus Gewissensgründen in Ländern, wo diese als berechtigt anerkannt ist, eine sonstige anstelle der militärischen Dienstpflicht tretende Dienstleistung;

c) jede Dienstleistung im Falle von Notständen und Katastrophen, die das Leben oder das Wohl der Gemeinschaft bedrohen;

d) jede Arbeit oder Dienstleistung, die zu den normalen Bürgerpflichten gehört.

Artikel 5

Recht auf Freiheit und Sicherheit

(1) Jeder Mensch hat ein Recht auf Freiheit und Sicherheit. Die Freiheit darf einem Menschen nur in den folgenden Fällen und nur auf dem gesetzlich vorgeschriebenen Wege entzogen werden:

a) wenn er rechtmäßig nach Verurteilung durch ein zuständiges Gericht in Haft gehalten wird;

b) wenn er rechtmäßig festgenommen worden ist oder in Haft gehalten wird wegen Nichtbefolgung eines rechtmäßigen Gerichtsbeschlusses oder zur Erzwingung der Erfüllung einer durch das Gesetz vorgeschriebenen Verpflichtung;

c) wenn er rechtmäßig festgenommen worden ist oder in Haft gehalten wird zum Zwecke seiner Vorführung vor die zuständige Gerichtsbehörde, sofern hinreichender Verdacht dafür besteht, dass der Betreffende eine strafbare Handlung begangen hat, oder begründeter Anlaß zu der Annahme besteht, dass es notwendig ist, den Betreffenden an der Begehung einer strafbaren Handlung oder an der Flucht nach Begehung einer solchen zu verhindern;

d) wenn es sich um die rechtmäßige Haft eines Minderjährigen handelt, die zum Zwecke überwachter Erziehung angeordnet ist, oder um die rechtmäßige Haft eines solchen, die zwecks Vorführung vor die zuständige Behörde verhängt ist;

e) wenn er sich in rechtmäßiger Haft befindet, weil er eine Gefahrenquelle für die Ausbreitung ansteckender Krankheiten bildet, oder weil er geisteskrank, Alkoholiker, rauschgiftsüchtig oder Landstreicher ist;

f) wenn er rechtmäßig festgenommen worden ist oder in Haft gehalten wird, weil er daran gehindert werden soll, unberechtigt in das Staatsgebiet einzudringen oder weil er von einem gegen ihn schwebenden Ausweisungs- oder Auslieferungsverfahren betroffen ist.

(2) Jeder Festgenommene muss unverzüglich und in einer ihm verständlichen Sprache über die Gründe seiner Festnahme und über die gegen ihn erhobenen Beschuldigungen unterrichtet werden.

(3) Jede nach der Vorschrift des Absatzes 1 c dieses Artikels festgenommene oder in Haft gehaltene Person muss unverzüglich einem Richter oder einem anderen, gesetzlich zur Ausübung richterlicher Funktionen ermächtigten Beamten vorgeführt werden. Er hat Anspruch auf Aburteilung innerhalb einer angemessenen Frist oder auf Haftentlassung während des Verfahrens. Die Freilassung kann von der Leistung einer Sicherheit für das Erscheinen vor Gericht abhängig gemacht werden.

(4) Jeder, der seiner Freiheit durch Festnahme oder Haft beraubt ist, hat das Recht, ein Verfahren zu beantragen, in dem von einem Gericht unverzüglich über die Rechtmäßigkeit der Haft entschieden wird und im Falle der Widerrechtlichkeit seine Entlassung angeordnet wird.

(5) Jeder, der entgegen den Bestimmungen dieses Artikels von Festnahme oder Haft betroffen worden ist, hat Anspruch auf Schadenersatz.

Artikel 6

Recht auf ein faires Verfahren

(1) Jedermann hat Anspruch darauf, dass seine Sache in billiger Weise öffentlich und innerhalb einer angemessenen Frist gehört wird, und zwar von einem unabhängigen und unparteiischen, auf Gesetz beruhenden Gericht, das über zivilrechtliche Ansprüche und Verpflichtungen oder über die Stichhaltigkeit der gegen ihn erhobenen strafrechtlichen Anklage zu entscheiden hat. Das Urteil muss öffentlich verkündet werden, jedoch kann die Presse und die Öffentlichkeit während der gesamten Verhandlung oder eines Teiles derselben im Interesse der Sittlichkeit, der öffentlichen Ordnung oder der nationalen Sicherheit in einem demokratischen Staat ausgeschlossen werden, oder wenn die Interessen von Jugendlichen oder der Schutz des Privatlebens der Prozeßparteien es verlangen oder, und zwar unter besonderen Umständen, wenn die öffentliche Verhandlung die Interessen der Gerechtigkeit beeinträchtigen würde, in diesem Falle jedoch nur in dem nach Auffassung des Gerichts erforderlichen Umfang.

(2) Bis zum gesetzlichen Nachweis seiner Schuld wird vermutet, dass der wegen einer strafbaren Handlung Angeklagte unschuldig ist.

(3) Jeder Angeklagte hat die folgenden Rechte:

a) unverzüglich in einer für ihn verständlichen Sprache in allen Einzelheiten über die Art und den Grund der gegen ihn erhobenen Beschuldigung in Kenntnis gesetzt zu werden;

b) über ausreichende Zeit und Gelegenheit zur Vorbereitung seiner Verteidigung zu verfügen;

c) sich selbst zu verteidigen oder den Beistand eines Verteidigers seiner Wahl zu erhalten und, falls er nicht über die Mittel zur Bezahlung eines Verteidigers verfügt, unentgeltlich den Beistand eines Pflichtverteidigers zu erhalten, wenn dies im Interesse der Rechtspflege erforderlich ist;

d) Fragen an die Belastungszeugen zu stellen oder stellen zu lassen und die Ladung und Vernehmung der Entlastungszeugen unter denselben Bedingungen wie die der Belastungszeugen zu erwirken;

e) die unentgeltliche Beiziehung eines Dolmetschers zu verlangen, wenn er (der Angeklagte) die Verhandlungssprache des Gerichts nicht versteht oder sich nicht darin ausdrücken kann.

Artikel 7

Keine Strafe ohne Gesetz

(1) Niemand kann wegen einer Handlung oder Unterlassung verurteilt werden, die zur Zeit ihrer Begehung nach inländischem oder internationalem Recht nicht strafbar war. Ebenso darf keine höhere Strafe als die im Zeitpunkt der Begehung der strafbaren Handlung angedrohte Strafe verhängt werden.

(2) Durch diesen Artikel darf die Verurteilung oder Bestrafung einer Person nicht ausgeschlossen werden, die sich einer Handlung oder Unterlassung schuldig gemacht hat, welche im Zeitpunkt ihrer Begehung nach den allgemeinen von den zivilisierten Völkern anerkannten Rechtsgrundsätzen strafbar war.

Artikel 8

Recht auf Achtung des Privat- und Familienlebens

(1) Jedermann hat Anspruch auf Achtung seines Privat- und Familienlebens, seiner Wohnung und seines Briefverkehrs.

(2) Der Eingriff einer öffentlichen Behörde in die Ausübung dieses Rechts ist nur statthaft, insoweit dieser Eingriff gesetzlich vorgesehen ist und eine Maßnahme darstellt, die in einer demokratischen Gesellschaft für die nationale Sicherheit, die öffentliche Ruhe und Ordnung, das wirtschaftliche Wohl des Landes, die Verteidigung der Ordnung und zur Verhinderung von strafbaren Handlungen, zum Schutz der Gesundheit und der Moral oder zum Schutz der Rechte und Freiheiten anderer notwendig ist.

Artikel 9

Gedanken-, Gewissens- und Religionsfreiheit

(1) Jedermann hat Anspruch auf Gedanken-, Gewissens- und Religionsfreiheit; dieses Recht umfasst die Freiheit des einzelnen zum Wechsel der Religion oder der Weltanschauung sowie die Freiheit, seine Religion oder Weltanschauung einzeln oder in Gemeinschaft mit anderen öffentlich oder privat, durch Gottesdienst, Unterricht, durch die Ausübung und Beachtung religiöser Gebräuche auszuüben.

(2) Die Religions- und Bekenntnisfreiheit darf nicht Gegenstand anderer als vom Gesetz vorgesehener Beschränkungen sein, die in einer demokratischen Gesellschaft notwendige Maßnahmen im Interesse der öffentlichen Sicherheit, der öffentlichen Ordnung, Gesundheit und Moral oder für den Schutz der Rechte und Freiheiten anderer sind.

Artikel 10

Freiheit der Meinungsäußerung

(1) Jeder hat Anspruch auf freie Meinungsäußerung. Dieses Recht schließt die Freiheit der Meinung und die Freiheit zum Empfang und zur Mitteilung von Nachrichten oder Ideen ohne Eingriffe öffentlicher Behörden und ohne Rücksicht auf Landesgrenzen ein. Dieser Artikel schließt nicht aus, dass die Staaten Rundfunk-, Lichtspiel- oder Fernsehunternehmen einem Genehmigungsverfahren unterwerfen.

(2) Da die Ausübung dieser Freiheiten Pflichten und Verantwortung mit sich bringt, kann sie bestimmten, vom Gesetz vorgesehenen Formvorschriften, Bedingungen, Einschränkungen oder Strafdrohungen unterworfen werden, wie sie vom Gesetz vorgeschrieben und in einer demokratischen Gesellschaft im Interesse der nationalen Sicherheit, der territorialen Unversehrtheit oder der öffentlichen Sicherheit, der Aufrechterhaltung der Ordnung und der Verbrechensverhütung, des Schutzes der Gesundheit und der Moral, des Schutzes des guten Rufes oder der Rechte anderer, um die Verbreitung von vertraulichen Nachrichten zu verhindern oder das Ansehen und die Unparteilichkeit der Rechtsprechung zu gewährleisten, unentbehrlich sind.

Artikel 11

Versammlungs- und Vereinigungsfreiheit

(1) Alle Menschen haben das Recht, sich friedlich zu versammeln und sich frei mit anderen zusammenzuschließen, einschließlich des Rechts, zum Schutze ihrer Interessen Gewerkschaften zu bilden und diesen beizutreten.

(2) Die Ausübung dieser Rechte darf keinen anderen Einschränkungen unterworfen werden als den vom Gesetz vorgesehenen, die in einer demokratischen Gesellschaft im Interesse der äußeren und inneren Sicherheit, zur Aufrechterhaltung der Ordnung und zur Verbrechensverhütung, zum Schutze der Gesundheit und der Moral oder zum Schutze der Rechte und Freiheiten anderer notwendig sind. Dieser Artikel verbietet nicht, dass die Ausübung dieser Rechte für Mitglieder der Streitkräfte, der Polizei oder der Staatsverwaltung gesetzlichen Einschränkungen unterworfen wird.

Artikel 12

Recht auf Eheschließung

Mit Erreichung des Heiratsalters haben Männer und Frauen das Recht, eine Ehe einzugehen und eine Familie nach den nationalen Gesetzen, die die Ausübung dieses Rechts regeln, zu gründen.

Artikel 13

Recht auf wirksame Beschwerde

Sind die in der vorliegenden Konvention festgelegten Rechte und Freiheiten verletzt worden, so hat der Verletzte das Recht, eine wirksame Beschwerde bei einer nationalen Instanz einzulegen, selbst wenn die Verletzung von Personen begangen worden ist, die in amtlicher Eigenschaft gehandelt haben.

Artikel 14

Diskriminierungsverbot

Der Genuss der in der vorliegenden Konvention festgelegten Rechte und Freiheiten muss ohne Unterschied des Geschlechts, der Rasse, Hautfarbe, Sprache, Religion, politischen oder sonstigen Anschauungen, nationaler oder sozialer Herkunft, Zugehörigkeit zu einer nationalen Minderheit, des Vermögens, der Geburt oder des sonstigen Status gewährleistet werden.

Artikel 15

Abweichen im Notstandsfall

(1) Im Falle eines Krieges oder eines anderen öffentlichen Notstandes, der das Leben der Nation bedroht, kann jeder der Hohen Vertragschließenden Teile Maßnahmen ergreifen, welche die in dieser Konvention vorgesehenen Verpflichtungen in dem Umfang, den die Lage unbedingt erfordert, und unter der Bedingung außer Kraft setzen, dass diese Maßnahmen nicht in Widerspruch zu den sonstigen völkerrechtlichen Verpflichtungen stehen.

(2) Die vorstehende Bestimmung gestattet kein Außerkraftsetzen des Artikels 2 außer bei Todesfällen, die auf rechtmäßige Kriegshandlungen zurückzuführen sind, oder der Artikel 3, 4 (Absatz 1) und 7.

(3) Jeder Hohe Vertragschließende Teil, der dieses Recht der Außerkraftsetzung ausübt, hat den Generalsekretär des Europarats eingehend über die getroffenen Maßnahmen und deren Gründe zu unterrichten. Er muss den Generalsekretär des Europarats auch über den Zeitpunkt in Kenntnis setzen, in dem diese Maßnahmen außer Kraft getreten sind und die Vorschriften der Konvention wieder volle Anwendung finden.

Artikel 16

Beschränkungen der politischen Tätigkeit ausländischer Personen

Keine der Bestimmungen der Artikel 10, 11 und 14 darf so ausgelegt werden, dass sie den Hohen Vertragschließenden Parteien verbietet, die politische Tätigkeit von Ausländern Beschränkungen zu unterwerfen.

Artikel 17

Verbot des Missbrauchs der Rechte

Keine Bestimmung dieser Konvention darf dahin ausgelegt werden, dass sie für einen Staat, eine Gruppe oder eine Person das Recht begründet, eine Tätigkeit auszuüben oder eine Handlung zu begehen, die auf die Abschaffung der in der vorliegenden Konvention festgelegten Rechte und Freiheiten oder auf weitergehende Beschränkungen dieser Rechte und Freiheiten, als in der Konvention vorgesehen, hinzielt.

Artikel 18

Begrenzung der Rechtseinschränkungen

Die nach der vorliegenden Konvention gestatteten Einschränkungen dieser Rechte und Freiheiten dürfen nicht für andere Zwecke als die vorgesehenen angewandt werden.

ABSCHNITT II
EUROPÄISCHER GERICHTSHOF FÜR MENSCHENRECHTE

Artikel 19

Errichtung des Gerichtshofs

Um die Einhaltung der Verpflichtungen, welche die Hohen Vertragschließenden Teile in dieser Konvention übernommen haben, sicherzustellen, werden errichtet:

a) eine Europäische Kommission für Menschenrechte, im folgenden „Kommission" genannt;

b) ein Europäischer Gerichtshof für Menschenrechte, im folgenden „Gerichtshof" genannt.

Artikel 20

Zahl der Richter

Die Zahl der Richter des Gerichtshofs entspricht derjenigen der Hohen Vertragsparteien.

Artikel 21

Voraussetzungen für das Amt

(1) Die Richter müssen hohes sittliches Ansehen genießen und entweder die für die Ausübung hoher richterlicher Ämter erforderlichen Voraussetzungen erfüllen oder Rechtsgelehrte von anerkanntem Ruf sein.

(2) Die Richter gehören dem Gerichtshof in ihrer persönlichen Eigenschaft an.

(3) Während ihrer Amtszeit dürfen die Richter keine Tätigkeit ausüben, die mit ihrer Unabhängigkeit, ihrer Unparteilichkeit oder mit den Erfordernissen der Vollzeitbeschäftigung in diesem Amt unvereinbar ist; alle Fragen, die sich aus der Anwendung dieses Absatzes ergeben, werden vom Gerichtshof entschieden.

Artikel 22 [1]

Wahl der Richter

Die Richter werden von der Parlamentarischen Versammlung für jede Hohe Vertragspartei mit der Mehrheit der abgegebenen Stimmen aus einer Liste von drei Kandidaten gewählt, die von der Hohen Vertragspartei vorgeschlagen werden.

Artikel 23 [2]

Amtszeit und Entlassung

(1) Die Richter werden für neun Jahre gewählt. IhreWiederwahl ist nicht zulässig.

(2) Die Amtszeit der Richter endet mit Vollendung des 70. Lebensjahrs.

---

[1] Artikel 22 Abs. 2 wurde aufgehoben durch Protokoll Nr. 14 zur EMRK vom 13. 5. 2004 (siehe BGBl. II 2006 S. 138).

[2] Artikel 23 wurde neu gefasst durch Protokoll Nr. 14 zur EMRK vom 13. 5. 2004 (siehe BGBl. II 2006 S. 138).

(3) Die Richter bleiben bis zum Amtsantritt ihrer Nachfolger im Amt. Sie bleiben jedoch in den Rechtssachen tätig, mit denen sie bereits befasst sind.

(4) Ein Richter kann nur entlassen werden, wenn die anderen Richter mit Zweidrittelmehrheit entscheiden, dass er die erforderlichen Voraussetzungen nicht mehr erfüllt.

Artikel 24 [1]

Kanzlei und Berichterstatter

(1) Der Gerichtshof hat eine Kanzlei, deren Aufgaben und Organisation in der Verfahrensordnung des Gerichtshofs festgelegt werden.

(2) Wenn der Gerichtshof in Einzelrichterbesetzung tagt, wird er von Berichterstattern unterstützt, die ihre Aufgaben unter der Aufsicht des Präsidenten des Gerichtshofs ausüben. Sie gehören der Kanzlei des Gerichtshofs an.

Artikel 25 [2]

Plenum des Gerichtshofs

Das Plenum des Gerichtshofs

a) wählt seinen Präsidenten und einen oder zwei Vizepräsidenten für drei Jahre; ihre Wiederwahl ist zulässig;

b) bildet Kammern für einen bestimmten Zeitraum;

c) wählt die Präsidenten der Kammern des Gerichtshofs; ihre Wiederwahl ist zulässig;

d) beschließt die Verfahrensordnung des Gerichtshofs;

e) wählt den Kanzler und einen oder mehrere stellvertretende Kanzler;

f) stellt Anträge nach Artikel 26 Absatz 2.

Artikel 26 [3]

Einzelrichterbesetzung, Ausschüsse, Kammern und Große Kammer

(1) Zur Prüfung der Rechtssachen, die bei ihm anhängig gemacht werden, tagt der Gerichtshof in Einzelrichterbesetzung, in Ausschüssen mit drei Richtern, in Kammern mit sieben Richtern und in einer Großen Kammer mit siebzehn Richtern. Die Kammern des Gerichtshofs bilden die Ausschüsse für einen bestimmten Zeitraum.

(2) Auf Antrag des Plenums des Gerichtshofs kann die Anzahl Richter je Kammer für einen bestimmten Zeitraum durch einstimmigen Beschluss des Ministerkomitees auf fünf herabgesetzt werden.

---

[1] Artikel 24 alter Fassung wurde aufgehoben durch Protokoll Nr. 14 zur EMRK vom 13. 5. 2004; der neu gefasste Artikel 25 ist an die Stelle des bisherigen Artikels 24 vorgerückt (siehe BGBl. II 2006 S. 138).

[2] In Artikel 26 alter Fassung wurden die Buchstaben d) und e) geändert und Buchstabe f) neu angefügt durch Protokoll Nr. 14 zur EMRK vom 13. 5. 2004; der neu gefasste Artikel ist an die Stelle des bisherigen Artikels 25 vorgerückt (siehe BGBl. II 2006 S. 138).

[3] Artikel 27 alter Fassung wurde neu gefasst durch Protokoll Nr. 14 zur EMRK vom 13. 5. 2004 (siehe BGBl. II 2006 S. 138); der neu gefasste Artikel ist an die Stelle des bisherigen Artikelr 26 vorgerückt.

(3) Ein Richter, der als Einzelrichter tagt, prüft keine Beschwerde gegen die Hohe Vertragspartei, für die er gewählt worden ist.

(4) Der Kammer und der Großen Kammer gehört von Amts wegen der für eine als Partei beteiligte Hohe Vertragspartei gewählte Richter an. Wenn ein solcher nicht vorhanden ist oder er an den Sitzungen nicht teilnehmen kann, nimmt eine Person in der Eigenschaft eines Richters an den Sitzungen teil, die der Präsident des Gerichtshofs aus einer Liste auswählt, welche ihm die betreffende Vertragspartei vorab unterbreitet hat.

(5) Der Großen Kammer gehören ferner der Präsident des Gerichtshofs, die Vizepräsidenten, die Präsidenten der Kammern und andere nach der Verfahrensordnung des Gerichtshofs ausgewählte Richter an. Wird eine Rechtssache nach Artikel 43 an die Große Kammer verwiesen, so dürfen Richter der Kammer, die das Urteil gefällt hat, der Großen Kammer nicht angehören; das gilt nicht für den Präsidenten der Kammer und den Richter, welcher in der Kammer für die als Partei beteiligte Hohe Vertragspartei mitgewirkt hat.

Artikel 27 [1]

Befugnisse des Einzelrichters

(1) Ein Einzelrichter kann eine nach Artikel 34 erhobene Beschwerde für unzulässig erklären oder im Register streichen, wenn eine solche Entscheidung ohne weitere Prüfung getroffen werden kann.

(2) Die Entscheidung ist endgültig.

(3) Erklärt der Einzelrichter eine Beschwerde nicht für unzulässig und streicht er sie auch nicht im Register des Gerichtshofs, so übermittelt er sie zur weiteren Prüfung an einen Ausschuss oder eine Kammer.

Artikel 28 [2]

Befugnisse der Ausschüsse

(1) Ein Ausschuss, der mit einer nach Artikel 34 erhobenen Beschwerde befasst wird, kann diese durch einstimmigen Beschluss

a) für unzulässig erklären oder im Register streichen, wenn eine solche Entscheidung ohne weitere Prüfung getroffen werden kann; oder

b) für zulässig erklären und zugleich ein Urteil über die Begründetheit fällen, sofern die der Rechtssache zugrunde liegende Frage der Auslegung oder Anwendung dieser Konvention oder der Protokolle dazu Gegenstand einer gefestigt en Rechtsprechung des Gerichtshofs ist.

(2) Die Entscheidungen und Urteile nach Absatz 1 sind endgültig.

(3) Ist der für die als Partei beteiligte Hohe Vertragspartei gewählte Richter nicht Mitglied des Ausschusses, so kann er von Letzterem jederzeit während des Verfahrens eingeladen werden, den Sitz eines Mitglieds im Ausschuss einzunehmen; der Ausschuss hat dabei alle erheblichen Umstände einschließlich der Frage, ob diese Vertragspartei der Anwendung des Verfahrens nach Absatz 1 Buchstabe b entgegengetreten ist, zu berücksichtigen.

---

[1] Artikel 27 wurde neu eingefügt durch Protokoll Nr. 14 zur EMRK vom 13. 5. 2004 (siehe BGBl. II 2006 S. 138).

[2] Artikel 28 wurde neu gefasst durch Protokoll Nr. 14 zur EMRK vom 13. 5. 2004 (siehe BGBl. II 2006 S. 138).

Artikel 29 [1]

Entscheidungen der Kammern über die Zulässigkeit und Begründetheit

(1) Ergeht weder eine Entscheidung nach Artikel 27 oder 28 noch ein Urteil nach Artikel 28, so entscheidet eine Kammer über die Zulässigkeit und Begründetheit der nach Artikel 34 erhobenen Beschwerden. Die Entscheidung über die Zulässigkeit kann gesondert ergehen.

(2) Eine Kammer entscheidet über die Zulässigkeit und Begründetheit der nach Artikel 33 erhobenen Staatenbeschwerden. Die Entscheidung über die Zulässigkeit ergeht gesondert, sofern der Gerichtshof in Ausnahmefällen nicht anders entscheidet.

Artikel 30

Abgabe der Rechtssache an die Große Kammer

Wirft eine bei einer Kammer anhängige Rechtssache eine schwerwiegende Frage der Auslegung dieser Konvention oder der Protokolle dazu auf oder kann die Entscheidung einer ihr vorliegenden Frage zu einer Abweichung von einem früheren Urteil des Gerichtshofs führen, so kann die Kammer diese Sache jederzeit, bevor sie ihr Urteil gefällt hat, an die Große Kammer abgeben, sofern nicht eine Partei widerspricht.

Artikel 31 [2]

Befugnisse der Großen Kammer

Die Große Kammer

a) entscheidet über nach Artikel 33 oder Artikel 34 erhobene Beschwerden, wenn eine Kammer die Rechtssache nach Artikel 30 an sie abgegeben hat oder wenn die Sache nach Artikel 43 an sie verwiesen worden ist,
b) entscheidet über Fragen, mit denen der Gerichtshof durch das Ministerkomitee nach Artikel 46 Absatz 4 befasst wird, und
c) behandelt Anträge nach Artikel 47 auf Erstattung von Gutachten.

Artikel 32 [3]

Zuständigkeit des Gerichtshofs

(1) Die Zuständigkeit des Gerichtshofs umfasst alle die Auslegung und Anwendung dieser Konvention und der Protokolle dazu betreffenden Angelegenheiten, mit denen er nach den Artikeln 33, 34, 46 und 47 befasst wird.

(2) Besteht Streit über die Zuständigkeit des Gerichtshofs, so entscheidet der Gerichtshof.

---

[1] Artikel 29 Abs. 1 wurde geändert, Abs, 2 Satz 2 neu angefügt und Abs. 3 aufgehoben durch Protokoll Nr. 14 zur EMRK vom 13. 5. 2004 (siehe BGBl. II 2006 S. 138).

[2] In Artikel 31 wurde Buchstabe b) neu eingefügt und der bisherige Buchstabe b) nach c) gerückt durch Protokoll Nr. 14 zur EMRK vom 13. 5. 2004 (siehe BGBl. II 2006 S. 138).

[3] In Artikel 32 Abs. 1 wurde die Zahl 46 eingefügt durch Protokoll Nr. 14 zur EMRK vom 13. 5. 2004 (siehe BGBl. II 2006 S. 138).

Artikel 33

Staatenbeschwerden

Jede Hohe Vertragspartei kann den Gerichtshof wegen jeder behaupteten Verletzung dieser Konvention und der Protokolle dazu durch eine andere Hohe Vertragspartei anrufen.

Artikel 34

Individualbeschwerden

Der Gerichtshof kann von jeder natürlichen Person, nichtstaatlichen Organisation oder Personengruppe, die behauptet, durch eine der Hohen Vertragsparteien in einem der in dieser Konvention oder den Protokollen dazu anerkannten Rechte verletzt zu sein, mit einer Beschwerde befasst werden. Die Hohen Vertragsparteien verpflichten sich, die wirksame Ausübung dieses Rechts nicht zu behindern.

Artikel 35 [1]

Zulässigkeitsvoraussetzungen

(1) Der Gerichtshof kann sich mit einer Angelegenheit erst nach Erschöpfung aller innerstaatlichen Rechtsbehelfe in Übereinstimmung mit den allgemein anerkannten Grundsätzen des Völkerrechts und nur innerhalb einer Frist von sechs Monaten nach der endgültigen innerstaatlichen Entscheidung befassen.

(2) Der Gerichtshof befasst sich nicht mit einer nach Artikel 34 erhobenen Individualbeschwerde, die

a) anonym ist oder

b) im Wesentlichen mit einer schon vorher vom Gerichtshof geprüften Beschwerde übereinstimmt oder schon einer anderen internationalen Untersuchungs- oder Vergleichsinstanz unterbreitet worden ist und keine neuen Tatsachen enthält.

(3) Der Gerichtshof erklärt eine nach Artikel 34 erhobene Individualbeschwerde für unzulässig,

a) wenn er sie für unvereinbar mit dieser Konvention oder den Protokollen dazu, für offensichtlich unbegründet oder für missbräuchlich hält oder

b) wenn er der Ansicht ist, dass dem Beschwerdeführer kein erheblicher Nachteil entstanden ist, es sei denn, die Achtung der Menschenrechte, wie sie in dieser Konvention und den Protokollen dazu anerkannt sind, erfordert eine Prüfung der Begründetheit der Beschwerde, und vorausgesetzt, es wird aus diesem Grund nicht eine Rechtssache zurückgewiesen, die noch von keinem innerstaatlichen Gericht gebührend geprüft worden ist.

(4) Der Gerichtshof weist eine Beschwerde zurück, die er nach diesem Artikel für unzulässig hält. Er kann dies in jedem Stadium des Verfahrens tun.

---

[1] Artikel 35 Abs. 3 wurde neu gefasst durch Protokoll Nr. 14 zur EMRK vom 13. 5. 2004 (siehe BGBl. II 2006 S. 138).

Artikel 36 [1]

Beteiligung Dritter

(1) In allen bei einer Kammer oder der Großen Kammer anhängigen Rechtssachen ist die Hohe Vertragspartei, deren Staatsangehörigkeit der Beschwerdeführer besitzt, berechtigt, schriftliche Stellungnahmen abzugeben und an den mündlichen Verhandlungen teilzunehmen.

(2) Im Interesse der Rechtspflege kann der Präsident des Gerichtshofs jeder Hohen Vertragspartei, die in dem Verfahren nicht Partei ist, oder jeder betroffenen Person, die nicht Beschwerdeführer ist, Gelegenheit geben, schriftlich Stellung zu nehmen oder an den mündlichen Verhandlungen teilzunehmen.

(3) In allen bei einer Kammer oder der Großen Kammer anhängigen Rechtssachen kann der Kommissar für Menschenrechte des Europarats schriftliche Stellungnahmen abgeben und an den mündlichen Verhandlungen teilnehmen.

Artikel 37

Streichung von Beschwerden

(1) Der Gerichtshof kann jederzeit während des Verfahrens entscheiden, eine Beschwerde in seinem Register zu streichen, wenn die Umstände Grund zur Annahme geben, dass

a) der Beschwerdeführer seine Beschwerde nicht weiterzuverfolgen beabsichtigt;

b) die Streitigkeit einer Lösung zugeführt worden ist oder

c) eine weitere Prüfung der Beschwerde aus anderen vom Gerichtshof festgestellten Gründen nicht gerechtfertigt ist.

Der Gerichtshof setzt jedoch die Prüfung der Beschwerde fort, wenn die Achtung der Menschenrechte, wie sie in dieser Konvention und den Protokollen dazu anerkannt sind, dies erfordert.

(2) Der Gerichtshof kann die Wiedereintragung einer Beschwerde in sein Register anordnen, wenn er dies den Umständen nach für gerechtfertigt hält.

Artikel 38 [2]

Prüfung der Rechtssache

Der Gerichtshof prüft die Rechtssache mit den Vertretern der Parteien und nimmt, falls erforderlich, Ermittlungen vor; die betreffenden Hohen Vertragsparteien haben alle zur wirksamen Durchführung der Ermittlungen erforderlichen Erleichterungen zu gewähren.

---

[1] Artikel 36 Abs. 3 wurde neu angefügt durch Protokoll Nr. 14 zur EMRK vom 13. 5. 2004 (siehe BGBl. II 2006 S. 138).

[2] Artikel 38 wurde neu gefasst durch Protokoll Nr. 14 zur EMRK vom 13. 5. 2004 (siehe BGBl. II 2006 S. 138).

Artikel 39 [1]

Gütliche Einigung

(1) Der Gerichtshof kann sich jederzeit während des Verfahrens zur Verfügung der Parteien halten mit dem Ziel, eine gütliche Einigung auf der Grundlage der Achtung der Menschenrechte, wie sie in dieser Konvention und den Protokollen dazu anerkannt sind, zu erreichen.

(2) Das Verfahren nach Absatz 1 ist vertraulich.

(3) Im Fall einer gütlichen Einigung streicht der Gerichtshof durch eine Entscheidung, die sich auf eine kurze Angabe des Sachverhalts und der erzielten Lösung beschränkt, die Rechtssache in seinem Register.

(4) Diese Entscheidung ist dem Ministerkomitee zuzuleiten; dieses überwacht die Durchführung der gütlichen Einigung, wie sie in der Entscheidung festgehalten wird.

Artikel 40

Öffentliche Verhandlung und Akteneinsicht

(1) Die Verhandlung ist öffentlich, soweit nicht der Gerichtshof auf Grund besonderer Umstände anders entscheidet.

(2) Die beim Kanzler verwahrten Schriftstücke sind der Öffentlichkeit zugänglich, soweit nicht der Präsident des Gerichtshofs anders entscheidet.

Artikel 41

Gerechte Entschädigung

Stellt der Gerichtshof fest, dass diese Konvention oder die Protokolle dazu verletzt worden sind, und gestattet das innerstaatliche Recht der Hohen Vertragspartei nur eine unvollkommene Wiedergutmachung für die Folgen dieser Verletzung, so spricht der Gerichtshof der verletzten Partei eine gerechte Entschädigung zu, wenn dies notwendig ist.

Artikel 42

Urteile der Kammern

Urteile der Kammern werden nach Maßgabe des Artikels 44 Absatz 2 endgültig.

Artikel 43

Verweisung an die Große Kammer

(1) Innerhalb von drei Monaten nach dem Datum des Urteils der Kammer kann jede Partei in Ausnahmefällen die Verweisung der Rechtssache an die Große Kammer beantragen.

(2) Ein Ausschuss von fünf Richtern der Großen Kammer nimmt den Antrag an, wenn die Rechtssache eine schwerwiegende Frage der Auslegung oder Anwendung dieser Konvention oder der Protokolle dazu oder eine schwerwiegende Frage von allgemeiner Bedeutung aufwirft.

---

[1] Artikel 39 wurde neu gefasst durch Protokoll Nr. 14 zur EMRK vom 13. 5. 2004 (siehe BGBl. II 2006 S. 138).

(3) Nimmt der Ausschuss den Antrag an, so entscheidet die Große Kammer die Sache durch Urteil.

Artikel 44

Endgültige Urteile

(1) Das Urteil der Großen Kammer ist endgültig.

(2) Das Urteil einer Kammer wird endgültig,

a) wenn die Parteien erklären, dass sie die Verweisung der Rechtssache an die Große Kammer nicht beantragen werden;

b) drei Monate nach dem Datum des Urteils, wenn nicht die Verweisung der Rechtssache an die Große Kammer beantragt worden ist; oder

c) wenn der Ausschuss der Großen Kammer den Antrag auf Verweisung nach Artikel 43 abgelehnt hat.

(3) Das endgültige Urteil wird veröffentlicht.

Artikel 45

Begründung der Urteile und Entscheidungen

(1) Urteile sowie Entscheidungen, mit denen Beschwerden für zulässig oder für unzulässig erklärt werden, werden begründet.

(2) Bringt ein Urteil ganz oder teilweise nicht die übereinstimmende Meinung der Richter zum Ausdruck, so ist jeder Richter berechtigt, seine abweichende Meinung darzulegen.

Artikel 46 [1]

Verbindlichkeit und Durchführung der Urteile

(1) Die Hohen Vertragsparteien verpflichten sich, in allen Rechtssachen, in denen sie Partei sind, das endgültige Urteil des Gerichtshofs zu befolgen.

(2) Das endgültige Urteil des Gerichtshofs ist dem Ministerkomitee zuzuleiten; dieses überwacht seine Durchführung.

(3) Wird die Überwachung der Durchführung eines endgültigen Urteils nach Auffassung des Ministerkomitees durch eine Frage betreffend die Auslegung dieses Urteils behindert, so kann das Ministerkomitee den Gerichtshof anrufen, damit er über diese Auslegungsfrage entscheidet. Der Beschluss des Ministerkomitees, den Gerichtshof anzurufen, bedarf der Zweidrittelmehrheit der Stimmen der zur Teilnahme an den Sitzungen des Komitees berechtigten Mitglieder.

(4) Weigert sich eine Hohe Vertragspartei nach Auffassung des Ministerkomitees, in einer Rechtssache, in der sie Partei ist, ein endgültiges Urteil des Gerichtshofs zu befolgen, so kann das Ministerkomitee, nachdem es die betreffende Partei ermahnt hat, durch einen mit Zweidrittelmehrheit der Stimmen der zur Teilnahme an den Sitzungen des Komitees berechtigten Mitglieder gefassten Beschluss den Gerichtshof mit der Frage befassen, ob diese Partei ihrer Verpflichtung nach Absatz 1 nachgekommen ist.

---

[1] Artikel 46 wurde neu gefasst durch Protokoll Nr. 14 zur EMRK vom 13. 5. 2004 (siehe BGBl. II 2006 S. 138).

(5) Stellt der Gerichtshof eine Verletzung des Absatzes 1 fest, so weist er die Rechtssache zur Prüfung der zu treffenden Maßnahmen an das Ministerkomitee zurück. Stellt der Gerichtshof fest, dass keine Verletzung des Absatzes 1 vorliegt, so weist er die Rechtssache an das Ministerkomitee zurück; dieses beschließt die Einstellung seiner Prüfung.

Artikel 47

Gutachten

(1) Der Gerichtshof kann auf Antrag des Ministerkomitees Gutachten über Rechtsfragen erstatten, welche die Auslegung dieser Konvention und der Protokolle dazu betreffen.

(2) Diese Gutachten dürfen keine Fragen zum Gegenstand haben, die sich auf den Inhalt oder das Ausmaß der in Abschnitt I dieser Konvention und in den Protokollen dazu anerkannten Rechte und Freiheiten beziehen, noch andere Fragen, über die der Gerichtshof oder das Ministerkomitee auf Grund eines nach dieser Konvention eingeleiteten Verfahrens zu entscheiden haben könnte.

(3) Der Beschluss des Ministerkomitees, ein Gutachten beim Gerichtshof zu beantragen, bedarf der Mehrheit der Stimmen der zur Teilnahme an den Sitzungen des Komitees berechtigten Mitglieder.

Artikel 48

Gutachterliche Zuständigkeit des Gerichtshofs

Der Gerichtshof entscheidet, ob ein vom Ministerkomitee gestellter Antrag auf Erstattung eines Gutachtens in seine Zuständigkeit nach Artikel 47 fällt.

Artikel 49

Begründung der Gutachten

(1) Die Gutachten des Gerichtshofs werden begründet.

(2) Bringt das Gutachten ganz oder teilweise nicht die übereinstimmende Meinung der Richter zum Ausdruck, so ist jeder Richter berechtigt, seine abweichende Meinung darzulegen.

(3) Die Gutachten des Gerichtshofs werden dem Ministerkomitee übermittelt.

Artikel 50

Kosten des Gerichtshofs

Die Kosten des Gerichtshofs werden vom Europarat getragen.

Artikel 51

Vorrechte und Immunitäten der Richter

Die Richter genießen bei der Ausübung ihres Amtes die Vorrechte und Immunitäten, die in Artikel 40 der Satzung des Europarats und den aufgrund jenes Artikels geschlossenen Übereinkünften vorgesehen sind.

Abschnitt III
Verschiedene Bestimmungen

Artikel 52

Anfragen des Generalsekretärs

Auf Anfrage des Generalsekretärs des Europarats erläutert jede Hohe Vertragspartei, auf welche Weise die wirksame Anwendung aller Bestimmungen dieser Konvention in ihrem innerstaatlichen Recht gewährleistet wird.

Artikel 53

Wahrung anerkannter Menschenrechte

Diese Konvention ist nicht so auszulegen, als beschränke oder beeinträchtige sie Menschenrechte und Grundfreiheiten, die in den Gesetzen einer Hohen Vertragspartei oder in einer anderen Übereinkunft, deren Vertragspartei sie ist, anerkannt werden.

Artikel 54

Befugnisse des Ministerkomitees

Diese Konvention berührt nicht die dem Ministerkomitee durch die Satzung des Europarats übertragenen Befugnisse.

Artikel 55

Ausschluss anderer Verfahren zur Streitbeilegung

Die Hohen Vertragsparteien kommen überein, dass sie sich vorbehaltlich besonderer Vereinbarung nicht auf die zwischen ihnen geltenden Verträge, sonstigen Übereinkünfte oder Erklärungen berufen werden, um eine Streitigkeit über die Auslegung oder Anwendung dieser Konvention einem anderen als den in der Konvention vorgesehenen Beschwerdeverfahren zur Beilegung zu unterstellen.

Artikel 56

Räumlicher Geltungsbereich

(1) Jeder Staat kann bei der Ratifikation oder jederzeit danach durch eine an den Generalsekretär des Europarats gerichtete Notifikation erklären, dass diese Konvention vorbehaltlich des Absatzes 4 auf alle oder einzelne Hoheitsgebiete Anwendung findet, für deren internationale Beziehungen er verantwortlich ist.

(2) Die Konvention findet auf jedes in der Erklärung bezeichnete Hoheitsgebiet ab dem dreißigsten Tag nach Eingang der Notifikation beim Generalsekretär des Europarats Anwendung.

(3) In den genannten Hoheitsgebieten wird diese Konvention unter Berücksichtigung der örtlichen Notwendigkeiten angewendet.

(4) Jeder Staat, der eine Erklärung nach Absatz 1 abgegeben hat, kann jederzeit danach für eines oder mehrere der in der Erklärung bezeichneten Hoheitsgebiete erklären, dass er die Zuständigkeit des Gerichtshofs für die Entgegennahme von Beschwerden von natürlichen Personen, nichtstaatlichen Organisationen oder Personengruppen nach Artikel 34 anerkennt.

Artikel 57

Vorbehalte

(1) Jeder Staat kann bei der Unterzeichnung dieser Konvention oder bei der Hinterlegung seiner Ratifikationsurkunde einen Vorbehalt zu einzelnen Bestimmungen der Konvention anbringen, soweit ein zu dieser Zeit in seinem Hoheitsgebiet geltendes Gesetz mit der betreffenden Bestimmung nicht übereinstimmt. Vorbehalte allgemeiner Art sind nach diesem Artikel nicht zulässig.

(2) Jeder nach diesem Artikel angebrachte Vorbehalt muss mit einer kurzen Darstellung des betreffenden Gesetzes verbunden sein.

Artikel 58

Kündigung

(1) Eine Hohe Vertragspartei kann diese Konvention frühestens fünf Jahre nach dem Tag, an dem sie Vertragspartei geworden ist, unter Einhaltung einer Kündigungsfrist von sechs Monaten durch eine an den Generalsekretär des Europarats gerichtete Notifikation kündigen; dieser unterrichtet die anderen Hohen Vertragsparteien.

(2) Die Kündigung befreit die Hohe Vertragspartei nicht von ihren Verpflichtungen aus dieser Konvention in Bezug auf Handlungen, die sie vor dem Wirksamwerden der Kündigung vorgenommen hat und die möglicherweise eine Verletzung dieser Verpflichtungen darstellen.

(3) Mit derselben Maßgabe scheidet eine Hohe Vertragspartei, deren Mitgliedschaft im Europarat endet, als Vertragspartei dieser Konvention aus.

(4) Die Konvention kann in Bezug auf jedes Hoheitsgebiet, auf das sie durch eine Erklärung nach Artikel 56 anwendbar geworden ist, nach den Absätzen 1 bis 3 gekündigt werden.

Artikel 59 [1]

Unterzeichnung und Ratifikation

(1) Diese Konvention liegt für die Mitglieder des Europarats zur Unterzeichnung auf. Sie bedarf der Ratifikation. Die Ratifikationsurkunden werden beim Generalsekretär des Europarats hinterlegt.

(2) Die Europäische Union kann dieser Konvention beitreten.

(3) Diese Konvention tritt nach Hinterlegung von zehn Ratifikationsurkunden in Kraft.

---

[1] Artikel 59 Abs. 2 wurde neu eingefügt durch Protokoll Nr. 14 zur EMRK vom 13. 5. 2004 (siehe BGBl. II 2006 S. 138); die bisherigen Abs. 2 – 4 wurden dadurch zu Abs. 3 – 5.

(4) Für jeden Unterzeichner, der die Konvention später ratifiziert, tritt sie mit der Hinterlegung seiner Ratifikationsurkunde in Kraft.

(5) Der Generalsekretär des Europarats notifiziert allen Mitgliedern des Europarats das Inkrafttreten der Konvention, die Namen der Hohen Vertragsparteien, die sie ratifiziert haben, und jede spätere Hinterlegung einer Ratifikationsurkunde.

Geschehen zu Rom am 4. November 1950 [1] in englischer und französischer Sprache, wobei jeder Wortlaut gleichermaßen verbindlich ist, in einer Urschrift, die im Archiv des Europarats hinterlegt wird. Der Generalsekretär übermittelt allen Unterzeichnern beglaubigte Abschriften.

Zusatzprotokoll zur Konvention zum Schutz der Menschenrechte und Grundfreiheiten von 1952

Inhaltsübersicht [2]

Die Unterzeichnerregierungen, Mitglieder des Europarats – entschlossen, Maßnahmen zur kollektiven Gewährleistung gewisser Rechte und Freiheiten zu treffen, die in Abschnitt I der am 4. November 1950 in Rom unterzeichneten Konvention zum Schutz der Menschenrechte und Grundfreiheiten (im Folgenden als „Konvention“ bezeichnet) noch nicht enthalten sind – haben Folgendes vereinbart:

Artikel 1

Schutz des Eigentums

(1) Jede natürliche oder juristische Person hat das Recht auf Achtung ihres Eigentums. Niemandem darf sein Eigentum entzogen werden, es sei denn, dass das öffentliche Interesse es verlangt, und nur unter den durch Gesetz und durch die allgemeinen Grundsätze des Völkerrechts vorgesehenen Bedingungen.

[1] Der vorstehend wiedergegebene Text berücksichtigt alle Änderungen, die mit dem 14. Protokoll zur Konvention zum Schutz der Menschenrechte und Grundfreiheiten über die Änderung des Kontrollsystems der Konvention vom 13. Mai 2004 vorgenommen worden sind.

[2] Das Inhaltsverzeichnis und die Überschriften der einzelnen Artikel sind nicht Teil des Vertragstextes, sondern vom Herausgeber hinzugefügt worden.

(2) Absatz 1 beeinträchtigt jedoch nicht das Recht des Staates, diejenigen Gesetze anzuwenden, die er für die Regelung der Benutzung des Eigentums im Einklang mit dem Allgemeininteresse oder zur Sicherung der Zahlung der Steuern oder sonstigen Abgaben oder von Geldstrafen für erforderlich hält.

Artikel 2

Recht auf Bildung

Niemandem darf das Recht auf Bildung verwehrt werden. Der Staat hat bei Ausübung der von ihm auf dem Gebiet der Erziehung und des Unterrichts übernommenen Aufgaben das Recht der Eltern zu achten, die Erziehung und den Unterricht entsprechend ihren eigenen religiösen und weltanschaulichen Überzeugungen sicherzustellen.

Artikel 3

Recht auf freie Wahlen

Die Hohen Vertragsparteien verpflichten sich, in angemessenen Zeitabständen freie und geheime Wahlen unter Bedingungen abzuhalten, welche die freie Äußerung der Meinung des Volkes bei der Wahl der gesetzgebenden Körperschaften gewährleisten.

Artikel 4

Räumlicher Geltungsbereich

(1) Jede Hohe Vertragspartei kann im Zeitpunkt der Unterzeichnung oder Ratifikation dieses Protokolls oder zu jedem späteren Zeitpunkt an den Generalsekretär des Europarats eine Erklärung darüber richten, in welchem Umfang sie sich zur Anwendung dieses Protokolls auf die in der Erklärung angegebenen Hoheitsgebiete verpflichtet, für deren internationale Beziehungen sie verantwortlich ist.

(2) Jede Hohe Vertragspartei, die eine Erklärung nach Absatz 1 abgegeben hat, kann jederzeit eine weitere Erklärung abgeben, die den Inhalt einer früheren Erklärung ändert oder die Anwendung der Bestimmungen dieses Protokolls auf irgendein Hoheitsgebiet beendet.

(3) Eine nach diesem Artikel abgegebene Erklärung gilt als eine Erklärung im Sinne des Artikels 56 Absatz 1 der Konvention.

Artikel 5

Verhältnis zur Konvention

Die Hohen Vertragsparteien betrachten die Artikel 1, 2, 3 und 4 dieses Protokolls als Zusatzartikel zur Konvention; alle Bestimmungen der Konvention sind dementsprechend anzuwenden.

Artikel 6

Unterzeichnung und Ratifikation

(1) Dieses Protokoll liegt für die Mitglieder des Europarats, die Unterzeichner der Konvention sind, zur Unterzeichnung auf; es wird gleichzeitig mit der Konvention oder zu einem späteren Zeitpunkt ratifiziert. Es tritt nach Hinterlegung von zehn

Ratifikationsurkunden in Kraft. Für jeden Unterzeichner, der das Protokoll später ratifiziert, tritt es mit der Hinterlegung seiner Ratifikationsurkunde in Kraft.

(2) Die Ratifikationsurkunden werden beim Generalsekretär des Europarats hinterlegt, der allen Mitgliedern die Namen derjenigen Staaten, die das Protokoll ratifiziert haben, notifiziert.

Geschehen zu Paris am 20 März 1952 in englischer und französischer Sprache, wobei jeder Wortlaut gleichermaßen verbindlich ist, in einer Urschrift, die im Archiv des Europarats hinterlegt wird. Der Generalsekretär übermittelt allen Unterzeichnerregierungen beglaubigte Abschriften.

Protokoll Nr. 4 von 1963 zur Konvention zum Schutz der Menschenrechte und Grundfreiheiten, durch das gewisse Rechte und Freiheiten gewährleistet werden, die nicht bereits in der Konvention oder im ersten Zusatzprotokoll enthalten sind

Inhaltsübersicht

Die Unterzeichnerregierungen, Mitglieder des Europarats – entschlossen, Maßnahmen zur kollektiven Gewährleistung gewisser Rechte und Freiheiten zu treffen, die in Abschnitt I der am 4. November 1950 in Rom unterzeichneten Konvention zum Schutz der Menschenrechte und Grundfreiheiten (im Folgenden als "Konvention" bezeichnet) und in den Artikeln 1 bis 3 des am 20. März 1952 in Paris unterzeichneten ersten Zusatzprotokolls zur Konvention noch nicht enthalten sind – haben folgendes vereinbart:

Artikel 1

Verbot der Freiheitsentziehung wegen Schulden

Niemandem darf die Freiheit allein deshalb entzogen werden, weil er nicht in der Lage ist, eine vertragliche Verpflichtung zu erfüllen.

Artikel 2

Freizügigkeit

(1) Jede Person, die sich rechtmäßig im Hoheitsgebiet eines Staates aufhält, hat das Recht, sich dort frei zu bewegen und ihren Wohnsitz frei zu wählen.

(2) Jeder Person steht es frei, jedes Land, einschließlich des eigenen, zu verlassen.

(3) Die Ausübung dieser Rechte darf nur Einschränkungen unterworfen werden, die gesetzlich vorgesehen und in einer demokratischen Gesellschaft notwendig sind für die nationale oder öffentliche Sicherheit, zur Aufrechterhaltung der öffentlichen Ordnung, zur Verhütung von Straftaten, zum Schutz der Gesundheit oder der Moral oder zum Schutz der Rechte und Freiheiten anderer.

(4) Die in Absatz 1 anerkannten Rechte können ferner für bestimmte Gebiete Einschränkungen unterworfen werden, die gesetzlich vorgesehen und in einer demokratischen Gesellschaft durch das öffentliche Interesse gerechtfertigt sind.

Artikel 3

Verbot der Ausweisung eigener Staatsangehöriger

(1) Niemand darf durch eine Einzel- oder Kollektivmaßnahme aus dem Hoheitsgebiet des Staates ausgewiesen werden, dessen Angehöriger er ist.

(2) Niemandem darf das Recht entzogen werden, in das Hoheitsgebiet des Staates einzureisen, dessen Angehöriger er ist.

Artikel 4

Verbot der Kollektivausweisung ausländischer Personen

Kollektivausweisungen ausländischer Personen sind nicht zulässig.

Artikel 5

Räumlicher Geltungsbereich

(1) Jede Hohe Vertragspartei kann im Zeitpunkt der Unterzeichnung oder Ratifikation dieses Protokolls oder zu jedem späteren Zeitpunkt an den Generalsekretär des Europarats eine Erklärung darüber richten, in welchem Umfang sie sich zur Anwendung dieses Protokolls auf die in der Erklärung angegebenen Hoheitsgebiete verpflichtet, für deren internationale Beziehungen sie verantwortlich ist.

(2) Jede Hohe Vertragspartei, die eine Erklärung nach Absatz 1 abgegeben hat, kann jederzeit eine weitere Erklärung abgeben, die den Inhalt einer früheren Erklärung ändert oder die Anwendung der Bestimmungen dieses Protokolls auf irgendein Hoheitsgebiet beendet.

(3) Eine nach diesem Artikel abgegebene Erklärung gilt als eine Erklärung im Sinne des Artikels 56 Absatz 1 der Konvention.

(4) Das Hoheitsgebiet eines Staates, auf das dieses Protokoll aufgrund der Ratifikation oder Annahme durch diesen Staat Anwendung findet, und jedes Hoheitsgebiet, auf welches das Protokoll aufgrund einer von diesem Staat nach diesem Artikel abgegebenen Erklärung Anwendung findet, werden als getrennte Hoheitsgebiete betrachtet, soweit die Artikel 2 und 3 auf das Hoheitsgebiet eines Staates Bezug nehmen.

(5) Jeder Staat, der eine Erklärung nach Absatz 1 oder 2 abgegeben hat, kann jederzeit danach für eines oder mehrere der in der Erklärung bezeichneten Hoheitsgebiete erklären, dass er die Zuständigkeit des Gerichtshofs, Beschwerden von natürlichen Personen, nichtstaatlichen Organisationen oder Personengruppen nach Artikel 34 der Konvention entgegenzunehmen, für die Artikel 1 bis 4 dieses Protokolls insgesamt oder für einzelne dieser Artikel annimmt.

Artikel 6

Verhältnis zur Konvention

Die Hohen Vertragsparteien betrachten die Artikel 1 bis 5 dieses Protokolls als Zusatzartikel zur Konvention; alle Bestimmungen der Konvention sind dementsprechend anzuwenden.

Artikel 7

Unterzeichnung und Ratifikation

(1) Dieses Protokoll liegt für die Mitglieder des Europarats, die Unterzeichner der Konvention sind, zur Unterzeichnung auf; es wird gleichzeitig mit der Konvention oder zu einem späteren Zeitpunkt ratifiziert. Es tritt nach Hinterlegung von fünf Ratifikationsurkunden in Kraft. Für jeden Unterzeichner, der das Protokoll später ratifiziert, tritt es mit der Hinterlegung der Ratifikationsurkunde in Kraft.

(2) Die Ratifikationsurkunden werden beim Generalsekretär des Europarats hinterlegt, der allen Mitgliedern die Namen derjenigen Staaten, die das Protokoll ratifiziert haben, notifiziert.

Zu Urkund dessen haben die hierzu gehörig befugten Unterzeichneten dieses Protokoll unterschrieben.

Geschehen zu Straßburg am 16. September 1963 in englischer und französischer Sprache, wobei jeder Wortlaut gleichermaßen verbindlich ist, in einer Urschrift, die im Archiv des Europarats hinterlegt wird. Der Generalsekretär übermittelt allen Unterzeichnerstaaten beglaubigte Abschriften.

Protokoll Nr. 6 zur Konvention zum Schutz der Menschenrechte und Grundfreiheiten über die Abschaffung der Todesstrafe

Inhaltsübersicht

Die Mitgliedsstaaten des Europarats, die dieses Protokoll zu der am 4. November 1950 in Rom unterzeichneten Konvention zum Schutz der Menschenrechte und Grundfreiheiten (im Folgenden als „Konvention" bezeichnet) unterzeichnen – in der Erwägung, dass die in verschiedenen Mitgliedsstaaten des Europarats eingetretene Entwicklung eine allgemeine Tendenz zugunsten der Abschaffung der Todesstrafe zum Ausdruck bringt – haben Folgendes vereinbart:

Artikel 1

Abschaffung der Todesstrafe

Die Todesstrafe ist abgeschafft. Niemand darf zu dieser Strafe verurteilt oder hingerichtet werden.

Artikel 2

Todesstrafe in Kriegszeiten

Ein Staat kann in seinem Recht die Todesstrafe für Taten vorsehen, die in Kriegszeiten oder bei unmittelbarer Kriegsgefahr begangen werden; diese Strafe darf nur in den Fällen, die im Recht vorgesehen sind, und in Übereinstimmung mit dessen Bestimmungen angewendet werden. Der Staat übermittelt dem Generalsekretär des Europarats die einschlägigen Rechtsvorschriften.

Artikel 3

Verbot des Abweichens

Von diesem Protokoll darf nicht nach Artikel 15 der Konvention abgewichen werden.

Artikel 4

Verbot von Vorbehalten

Vorbehalte nach Artikel 57 der Konvention zu Bestimmungen dieses Protokolls sind nicht zulässig.

Artikel 5

Räumlicher Geltungsbereich

(1) Jeder Staat kann bei der Unterzeichnung oder bei der Hinterlegung seiner Ratifikations-, Annahme- oder Genehmigungsurkunde einzelne oder mehrere Hoheitsgebiete bezeichnen, auf die dieses Protokoll Anwendung findet.

(2) Jeder Staat kann jederzeit danach durch eine an den Generalsekretär des Europarats gerichtete Erklärung die Anwendung dieses Protokolls auf jedes weitere in der Erklärung bezeichnete Hoheitsgebiet erstrecken. Das Protokoll tritt für dieses Hoheitsgebiet am ersten Tag des Monats in Kraft, der auf den Eingang der Erklärung beim Generalsekretär folgt.

(3) Jede nach den Absätzen 1 und 2 abgegebene Erklärung kann in Bezug auf jedes darin bezeichnete Hoheitsgebiet durch eine an den Generalsekretär gerichtete Notifikation zurückgenommen werden. Die Rücknahme wird am ersten Tag des Monats wirksam, der auf den Eingang der Notifikation beim Generalsekretär folgt.

Artikel 6

Verhältnis zur Konvention

Die Vertragsstaaten betrachten die Artikel 1 bis 5 dieses Protokolls als Zusatzartikel zur Konvention; alle Bestimmungen der Konvention sind dementsprechend anzuwenden.

Artikel 7

Unterzeichnung und Ratifikation

Dieses Protokoll liegt für die Mitgliedsstaaten des Europarats, welche die Konvention unterzeichnet haben, zur Unterzeichnung auf. Es bedarf der Ratifikation, Annahme oder Genehmigung. Ein Mitgliedstaat des Europarats kann dieses Protokoll nur ratifizieren, annehmen oder genehmigen, wenn er die Konvention gleichzeitig ratifiziert oder sie früher ratifiziert hat. Die Ratifikations-, Annahme- oder Genehmigungsurkunden werden beim Generalsekretär des Europarats hinterlegt.

Artikel 8

Inkrafttreten

(1) Dieses Protokoll tritt am ersten Tag des Monats in Kraft, der auf den Tag folgt, an dem fünf Mitgliedsstaaten des Europarats nach Artikel 7 ihre Zustimmung ausgedrückt haben, durch das Protokoll gebunden zu sein.

(2) Für jeden Mitgliedstaat, der später seine Zustimmung ausdrückt, durch das Protokoll gebunden zu sein, tritt es am ersten Tag des Monats in Kraft, der auf die Hinterlegung der Ratifikations-, Annahme- oder Genehmigungsurkunde folgt.

Artikel 9

Aufgaben des Verwahrers

Der Generalsekretär des Europarats notifiziert den Mitgliedstaaten des Rates

a) jede Unterzeichnung;

b) jede Hinterlegung einer Ratifikations-, Annahme- oder Genehmigungsurkunde;

c) jeden Zeitpunkt des Inkrafttretens dieses Protokolls nach den Artikeln 5 und 8;

d) jede andere Handlung, Notifikation oder Mitteilung im Zusammenhang mit diesem Protokoll.

Zu Urkund dessen haben die hierzu gehörig befugten Unterzeichneten dieses Protokoll unterschrieben.

Geschehen zu Straßburg am 28. April 1983 in englischer und französischer Sprache, wobei jeder Wortlaut gleichermaßen verbindlich ist, in einer Urschrift, die im Archiv des Europarats hinterlegt wird. Der Generalsekretär des Europarats übermittelt allen Mitgliedsstaaten des Europarats beglaubigte Abschriften.

Charta der Vereinten Nationen von 1948

Inhaltsübersicht

WIR, DIE VÖLKER DER VEREINTEN NATIONEN SIND FEST ENTSCHLOSSEN,

künftige Geschlechter vor der Geißel des Krieges zu bewahren, die zweimal zu unseren Lebzeiten unsagbares Leid über die Menschheit gebracht hat,

unseren Glauben an die Grundrechte des Menschen, an Würde und Wert der menschlichen Persönlichkeit, an die Gleichberechtigung von Mann und Frau sowie von allen Nationen, ob groß oder klein, erneut zu bekräftigen,

Bedingungen zu schaffen, unter denen Gerechtigkeit und die Achtung vor den Verpflichtungen aus Verträgen und anderen Quellen des Völkerrechts gewahrt werden können,

den sozialen Fortschritt und einen besseren Lebensstandard in größerer Freiheit zu fördern,

UND FÜR DIESE ZWECKE

Duldsamkeit zu üben und als gute Nachbarn in Frieden miteinander zu leben,

unsere Kräfte zu vereinen, um den Weltfrieden und die internationale Sicherheit zu wahren,

Grundsätze anzunehmen und Verfahren einzuführen, die gewährleisten, dass Waffengewalt nur noch im gemeinsamen Interesse angewendet wird, und

internationale Einrichtungen in Anspruch zu nehmen, um den wirtschaftlichen und sozialen Fortschritt aller Völker zu fördern

HABEN BESCHLOSSEN, IN UNSEREM BEMÜHEN UM DIE ERREICHUNG DIESER ZIELE ZUSAMMENZUWIRKEN.

Dementsprechend haben unsere Regierungen durch ihre in der Stadt San Franzisco versammelten Vertreter, deren Vollmachten vorgelegt und in guter und gehöriger Form befunden wurden, diese Charta der Vereinten Nationen angenommen und errichten hiermit eine internationale Organisation, die den Namen „Vereinte Nationen" führen soll.

KAPITEL I
ZIELE UND GRUNDSÄTZE

Artikel 1

Die Vereinten Nationen setzen sich folgende Ziele:

(1) den Weltfrieden und die internationale Sicherheit zu wahren und zu diesem Zweck wirksame Kollektivmaßnahmen zu treffen, um Bedrohungen des Friedens zu verhüten und zu beseitigen, Angriffshandlungen und andere Friedensbrüche zu unterdrücken und internationale Streitigkeiten oder Situationen, die zu einem Friedensbruch führen könnten, durch friedliche Mittel nach den Grundsätzen der Gerechtigkeit und des Völkerrechts zu bereinigen oder beizulegen;

(2) freundschaftliche, auf der Achtung vor dem Grundsatz der Gleichberechtigung und Selbstbestimmung der Völker beruhende Beziehungen zwischen den Nationen zu entwickeln und andere geeignete Maßnahmen zur Festigung des Weltfriedens zu treffen;

(3) eine internationale Zusammenarbeit herbeizuführen, um internationale Probleme wirtschaftlicher, sozialer, kultureller und humanitärer Art zu lösen und die Achtung vor den Menschenrechten und Grundfreiheiten für alle ohne Unterschied der Rasse, des Geschlechts, der Sprache oder der Religion zu fördern und zu festigen;

(4) ein Mittelpunkt zu sein, in dem die Bemühungen der Nationen zur Verwirklichung dieser gemeinsamen Ziele aufeinander abgestimmt werden.

Artikel 2

Die Organisation und ihre Mitglieder handeln im Verfolg der in Artikel 1 dargelegten Ziele nach folgenden Grundsätzen:

(1) Die Organisation beruht auf dem Grundsatz der souveränen Gleichheit aller ihrer Mitglieder.

(2) Alle Mitglieder erfüllen, um ihnen allen die aus der Mitgliedschaft erwachsenden Rechte und Vorteile zu sichern, nach Treu und Glauben die Verpflichtungen, die sie mit dieser Charta übernehmen.

(3) Alle Mitglieder legen ihre internationalen Streitigkeiten durch friedliche Mittel so bei, dass der Weltfriede, die internationale Sicherheit und die Gerechtigkeit nicht gefährdet werden.

(4) Alle Mitglieder unterlassen in ihren internationalen Beziehungen jede gegen die territoriale Unversehrtheit oder die politische Unabhängigkeit eines Staates gerichtete oder sonst mit den Zielen der Vereinten Nationen unvereinbare Androhung oder Anwendung von Gewalt.

(5) Alle Mitglieder leisten den Vereinten Nationen jeglichen Beistand bei jeder Maßnahme, welche die Organisation im Einklang mit dieser Charta ergreift; sie leisten einem Staat, gegen den die Organisation Vorbeugungs- oder Zwangsmaßnahmen ergreift, keinen Beistand.

(6) Die Organisation trägt dafür Sorge, dass Staaten, die nicht Mitglieder der Vereinten Nationen sind, insoweit nach diesen Grundsätzen handeln, als dies zur Wahrung des Weltfriedens und der internationalen Sicherheit erforderlich ist.

(7) Aus dieser Charta kann eine Befugnis der Vereinten Nationen zum Eingreifen in Angelegenheiten, die ihrem Wesen nach zur inneren Zuständigkeit eines Staates gehören, oder eine Verpflichtung der Mitglieder, solche Angelegenheiten einer Regelung auf Grund dieser Charta zu unterwerfen, nicht abgeleitet werden; die Anwendung von Zwangsmaßnahmen nach Kapitel VII wird durch diesen Grundsatz nicht berührt.

KAPITEL II
MITGLIEDSCHAFT

Artikel 3

Ursprüngliche Mitglieder der Vereinten Nationen sind die Staaten, welche an der Konferenz der Vereinten Nationen über eine Internationale Organisation in San Francisco teilgenommen oder bereits vorher die Erklärung der Vereinten Nationen vom 1. Januar 1942 unterzeichnet haben und nunmehr diese Charta unterzeichnen und nach Artikel 110 ratifizieren.

Artikel 4

(1) Mitglied der Vereinten Nationen können alle sonstigen friedliebenden Staaten werden, welche die Verpflichtungen aus dieser Charta übernehmen und nach dem Urteil der Organisation fähig und willens sind, diese Verpflichtungen zu erfüllen.

(2) Die Aufnahme eines solchen Staates als Mitglied der Vereinten Nationen erfolgt auf Empfehlung des Sicherheitsrats durch Beschluss der Generalversammlung.

Artikel 5

Einem Mitglied der Vereinten Nationen, gegen das der Sicherheitsrat Vorbeugungs- oder Zwangsma*ß*nahmen getroffen hat, kann die Generalversammlung auf Empfehlung des Sicherheitsrats die Ausübung der Rechte und Vorrechte aus seiner Mitgliedschaft zeitweilig entziehen. Der Sicherheitsrat kann die Ausübung dieser Rechte und Vorrechte wieder zulassen.

Artikel 6

Ein Mitglied der Vereinten Nationen, das die Grundsätze dieser Charta beharrlich verletzt, kann auf Empfehlung des Sicherheitsrats durch die Generalversammlung aus der Organisation ausgeschlossen werden.

Kapitel III
Organe

Artikel 7

(1) Als Hauptorgane der Vereinten Nationen werden eine Generalversammlung, ein Sicherheitsrat, ein Wirtschafts- und Sozialrat, ein Treuhandrat, ein Internationaler Gerichtshof und ein Sekretariat eingesetzt.

(2) Je nach Bedarf können in Übereinstimmung mit dieser Charta Nebenorgane eingesetzt werden.

Artikel 8

Die Vereinten Nationen schränken hinsichtlich der Anwartschaft auf alle Stellen in ihren Haupt- und Nebenorganen die Gleichberechtigung von Männern und Frauen nicht ein.

Kapitel IV
Die Generalversammlung

Zusammensetzung

Artikel 9

(1) Die Generalversammlung besteht aus allen Mitgliedern der Vereinten Nationen.

(2) Jedes Mitglied hat höchstens fünf Vertreter in der Generalversammlung.

Aufgaben und Befugnisse

Artikel 10

Die Generalversammlung kann alle Fragen und Angelegenheiten erörtern, die in den Rahmen dieser Charta fallen oder Befugnisse und Aufgaben eines in dieser Charta vorgesehenen Organs betreffen; vorbehaltlich des Artikels 12 kann sie zu diesen Fragen und Angelegenheiten Empfehlungen an die Mitglieder der Vereinten Nationen oder den Sicherheitsrat oder an beide richten.

Artikel 11

(1) Die Generalversammlung kann sich mit den allgemeinen Grundsätzen der Zusammenarbeit zur Wahrung des Weltfriedens und der internationalen Sicherheit einschließlich der Grundsätze für die Abrüstung und Rüstungsregelung befassen und, in Bezug

auf diese Grundsätze Empfehlungen an die Mitglieder oder den Sicherheitsrat oder an beide richten.

(2) Die Generalversammlung kann alle die Wahrung des Weltfriedens und der internationalen Sicherheit betreffenden Fragen erörtern, die ihr ein Mitglied der Vereinten Nationen oder der Sicherheitsrat oder nach Artikel 35 Abs. 2 ein Nichtmitgliedstaat der Vereinten Nationen vorlegt; vorbehaltlich des Artikels 12 kann sie zu diesen Fragen Empfehlungen an den oder die betreffenden Staaten oder den Sicherheitsrat oder an beide richten. Macht eine derartige Frage Maßnahmen erforderlich, so wird sie von der Generalversammlung vor oder nach der Erörterung an den Sicherheitsrat überwiesen.

(3) Die Generalversammlung kann die Aufmerksamkeit des Sicherheitsrats auf Situationen lenken, die geeignet sind, den Weltfrieden und die internationale Sicherheit zu gefährden.

(4) Die in diesem Artikel aufgeführten Befugnisse der Generalversammlung schränken die allgemeine Tragweite des Artikels 10 nicht ein.

Artikel 12

(1) Solange der Sicherheitsrat in einer Streitigkeit oder einer Situation die ihm in dieser Charta zugewiesenen Aufgaben wahrnimmt, darf die Generalversammlung zu dieser Streitigkeit oder Situation keine Empfehlung abgeben, es sei denn auf Ersuchen des Sicherheitsrats.

(2) Der Generalsekretär unterrichtet mit Zustimmung des Sicherheitsrats die Generalversammlung bei jeder Tagung über alle die Wahrung des Weltfriedens und der internationalen Sicherheit betreffenden Angelegenheiten, die der Sicherheitsrat behandelt; desgleichen unterrichtet er unverzüglich die Generalversammlung oder, wenn diese nicht tagt, die Mitglieder der Vereinten Nationen, sobald der Sicherheitsrat die Behandlung, einer solchen Angelegenheit einstellt.

Artikel 13

(1) Die Generalversammlung veranlasst Untersuchungen und gibt Empfehlungen ab,

a) um die internationale Zusammenarbeit auf politischem Gebiet zu fördern und die fortschreitende Entwicklung des Völkerrechts sowie seine Kodifizierung zu begünstigen;

b) um die internationale Zusammenarbeit auf den Gebieten der Wirtschaft, des Sozialwesens, der Kultur, der Erziehung und der Gesundheit zu fördern und zur Verwirklichung der Menschenrechte und Grundfreiheiten für alle ohne Unterschied der Rasse, des Geschlechts, der Sprache oder der Religion beizutragen.

(2) Die weiteren Verantwortlichkeiten, Aufgaben und Befugnisse der Generalversammlung in Bezug auf die in Abs. 1 Buchstabe b genannten Angelegenheiten sind in den Kapiteln IX und X dargelegt.

Artikel 14

Vorbehaltlich des Artikels 12 kann die Generalversammlung Maßnahmen zur friedlichen Bereinigung jeder Situation empfehlen, gleichviel wie sie entstanden ist, wenn diese Situation nach ihrer Auffassung geeignet ist, das allgemeine Wohl oder die freundschaftlichen Beziehungen zwischen Nationen zu beeinträchtigen; dies gilt auch für Situationen, die aus einer Verletzung der Bestimmungen dieser Charta über die Ziele und Grundsätze der Vereinten Nationen entstehen.

Artikel 15

(1) Die Generalversammlung erhält und prüft Jahresberichte und Sonderberichte des Sicherheitsrats; diese Berichte enthalten auch eine Darstellung der Maßnahmen, die der Sicherheitsrat zur Wahrung des Weltfriedens und der internationalen Sicherheit beschlossen oder getroffen hat.

(2) Die Generalversammlung erhält und prüft Berichte der anderen Organe der Vereinten Nationen.

Artikel 16

Die Generalversammlung nimmt die ihr bezüglich des internationalen Treuhandsystems in den Kapiteln XII und XIII zugewiesenen Aufgaben wahr, hierzu gehört die Genehmigung der Treuhandabkommen für Gebiete, die nicht als strategische Zonen bezeichnet sind.

Artikel 17

(1) Die Generalversammlung prüft und genehmigt den Haushaltsplan der Organisation.

(2) Die Ausgaben der Organisation werden von den Mitgliedern nach einem von der Generalversammlung festzusetzenden Verteilungsschlüssel getragen.

(3) Die Generalversammlung prüft und genehmigt alle Finanz- und Haushaltsabmachungen mit den in Artikel 57 bezeichneten Sonderorganisationen; sie prüft deren Verwaltungshaushalt mit dem Ziel, Empfehlungen an sie zu richten.

Abstimmung

Artikel 18

(1) Jedes Mitglied der Generalversammlung hat eine Stimme.

(2) Beschlüsse der Generalversammlung über wichtige Fragen bedürfen einer Zweidrittelmehrheit der anwesenden und abstimmenden Mitglieder. Zu diesen Fragen gehören: Empfehlungen hinsichtlich der Wahrung des Weltfriedens und der internationalen Sicherheit, die Wahl der nichtständigen Mitglieder des Sicherheitsrats, die Wahl der Mitglieder des Wirtschafts- und Sozialrats, die Wahl von Mitgliedern des Treuhandrats nach Artikel 86 Abs. 1 Buchstabe c, die Aufnahme neuer Mitglieder in die Vereinten Nationen, der zeitweilige Entzug der Rechte und Vorrechte aus der Mitgliedschaft, der Ausschluss von Mitgliedern, Fragen betreffend die Wirkungsweise des Treuhandsystems sowie Haushaltsfragen.

(3) Beschlüsse über andere Fragen, einschließlich der Bestimmung weiterer Gruppen von Fragen, über die mit Zweidrittelmehrheit zu beschließen ist, bedürfen der Mehrheit der anwesenden und abstimmenden Mitglieder.

Artikel 19

Ein Mitglied der Vereinten Nationen, das mit der Zahlung seiner finanziellen Beiträge an die Organisation im Rückstand ist, hat in der Generalversammlung kein Stimmrecht, wenn der rückständige Betrag die Höhe der Beiträge erreicht oder übersteigt, die dieses Mitglied für die vorausgegangenen zwei vollen Jahre schuldet. Die Generalversammlung kann ihm jedoch die Ausübung des Stimmrechts gestatten, wenn nach ihrer Überzeugung der Zahlungsverzug auf Umständen beruht, die dieses Mitglied nicht zu vertreten hat.

Verfahren

Artikel 20

Die Generalversammlung tritt zu ordentlichen Jahrestagungen und, wenn die Umstände es erfordern, zu außerordentlichen Tagungen zusammen. Außerordentliche Tagungen hat der Generalsekretär auf Antrag des Sicherheitsrats oder der Mehrheit der Mitglieder der Vereinten Nationen einzuberufen.

Artikel 21

Die Generalversammlung gibt sich eine Geschäftsordnung. Sie wählt für jede Tagung ihren Präsidenten.

Artikel 22

Die Generalversammlung kann Nebenorgane einsetzen, soweit sie dies zur Wahrnehmung ihrer Aufgaben für erforderlich hält.

Kapitel V
Der Sicherheitsrat

Zusammensetzung

Artikel 23

(1) Der Sicherheitsrat besteht aus fünfzehn Mitgliedern der Vereinten Nationen. Die Republik China, Frankreich, die Union der Sozialistischen Sowjetrepubliken, das Vereinigte Königreich Großbritannien und Nordirland sowie die Vereinigten Staaten von Amerika sind ständige Mitglieder des Sicherheitsrats. Die Generalversammlung wählt zehn weitere Mitglieder der Vereinten Nationen zu nichtständigen Mitgliedern des Sicherheitsrats; hierbei sind folgende Gesichtspunkte besonders zu berücksichtigen: in erster Linie der Beitrag von Mitgliedern der Vereinten Nationen zur Wahrung des Weltfriedens und der internationalen Sicherheit und zur Verwirklichung der sonstigen Ziele der Organisation sowie ferner eine angemessene geographische Verteilung der Sitze.

(2) Die nichtständigen Mitglieder des Sicherheitsrats werden für zwei Jahre gewählt. Bei der ersten Wahl der nichtständigen Mitglieder, die nach Erhöhung der Zahl der Ratsmitglieder von elf auf fünfzehn stattfindet, werden zwei der vier zusätzlichen Mitglieder für ein Jahr gewählt. Ausscheidende Mitglieder können nicht unmittelbar wiedergewählt werden.

(3) Jedes Mitglied des Sicherheitsrats hat in diesem einen Vertreter.

Aufgaben und Befugnisse

Artikel 24

(1) Um ein schnelles und wirksames Handeln der Vereinten Nationen zu gewährleisten, übertragen ihre Mitglieder dem Sicherheitsrat die Hauptverantwortung für die Wahrung des Weltfriedens und der internationalen Sicherheit und erkennen an, dass der Sicherheitsrat bei der Wahrnehmung der sich aus dieser Verantwortung ergebenden Pflichten in ihrem Namen handelt.

(2) Bei der Erfüllung dieser Pflichten handelt der Sicherheitsrat im Einklang mit den Zielen und Grundsätzen der Vereinten Nationen. Die ihm hierfür eingeräumten besonderen Befugnisse sind in den Kapiteln VI, VII, VIII und XII aufgeführt.

(3) Der Sicherheitsrat legt der Generalversammlung Jahresberichte und erforderlichenfalls Sonderberichte zur Prüfung vor.

Artikel 25

Die Mitglieder der Vereinten Nationen kommen überein, die Beschlüsse des Sicherheitsrats im Einklang mit dieser Charta anzunehmen und durchzuführen.

Artikel 26

Um die Herstellung und Wahrung des Weltfriedens und der internationalen Sicherheit so zu fördern, dass von den menschlichen und wirtschaftlichen Hilfsquellen der Welt möglichst wenig für Rüstungszwecke abgezweigt wird, ist der Sicherheitsrat beauftragt, mit Unterstützung des in Artikel 47 vorgesehenen Generalstabsausschusses Pläne auszuarbeiten, die den Mitgliedern der Vereinten Nationen zwecks Errichtung eines Systems der Rüstungsregelung vorzulegen sind.

Abstimmung

Artikel 27

(1) Jedes Mitglied des Sicherheitsrats hat eine Stimme.

(2) Beschlüsse des Sicherheitsrats über Verfahrensfragen bedürfen der Zustimmung von neun Mitgliedern.

(3) Beschlüsse des Sicherheitsrats über alle sonstigen Fragen bedürfen der Zustimmung von neun Mitgliedern einschließlich sämtlicher ständigen Mitglieder, jedoch mit der Maßgabe, dass sich bei Beschlüssen auf Grund des Kapitels VI und des Artikels 52 Abs. 3 die Streitparteien der Stimme enthalten.

Verfahren

Artikel 28

(1) Der Sicherheitsrat wird so organisiert, dass er seine Aufgaben ständig wahrnehmen kann. Jedes seiner Mitglieder muss zu diesem Zweck jederzeit am Sitz der Organisation vertreten sein.

(2) Der Sicherheitsrat tritt regelmäßig zu Sitzungen zusammen; bei diesen kann jedes seiner Mitglieder nach Wunsch durch ein Regierungsmitglied oder durch einen anderen eigens hierfür bestellten Delegierten vertreten sein.

(3) Der Sicherheitsrat kann außer am Sitz der Organisation auch an anderen Orten zusammentreten, wenn dies nach seinem Urteil seiner Arbeit am dienlichsten ist.

Artikel 29

Der Sicherheitsrat kann Nebenorgane einsetzen, soweit er dies zur Wahrnehmung seiner Aufgaben für erforderlich hält.

Artikel 30

Der Sicherheitsrat gibt sich eine Geschäftsordnung; in dieser regelt er auch das Verfahren für die Wahl seines Präsidenten.

Artikel 31

Ein Mitglied der Vereinten Nationen, das nicht Mitglied des Sicherheitsrats ist, kann ohne Stimmrecht an der Erörterung jeder vor den Sicherheitsrat gebrachten Frage teilnehmen, wenn dieser der Auffassung ist, dass die Interessen dieses Mitglieds besonders betroffen sind.

Artikel 32

Mitglieder der Vereinten Nationen, die nicht Mitglied des Sicherheitsrats sind, sowie Nichtmitgliedstaaten der Vereinten Nationen werden eingeladen, an den Erörterungen des Sicherheitsrats über eine Streitigkeit, mit der dieser befasst ist, ohne Stimmrecht teilzunehmen, wenn sie Streitpartei sind. Für die Teilnahme eines Nichtmitgliedstaats der Vereinten Nationen setzt der Sicherheitsrat die Bedingungen fest, die er für gerecht hält.

Kapitel VI
Die friedliche Beilegung von Streitigkeiten

Artikel 33

(1) Die Parteien einer Streitigkeit, deren Fortdauer geeignet ist, die Wahrung des Weltfriedens und der internationalen Sicherheit zu gefährden, bemühen sich zunächst um eine Beilegung durch Verhandlung, Untersuchung, Vermittlung, Vergleich, Schiedsspruch, gerichtliche Entscheidung, Inanspruchnahme regionaler Einrichtungen oder Abmachungen oder durch andere friedliche Mittel eigener Wahl.

(2) Der Sicherheitsrat fordert die Parteien auf, wenn er dies für notwendig hält, ihre Streitigkeit durch solche Mittel beizulegen.

Artikel 34

Der Sicherheitsrat kann jede Streitigkeit sowie jede Situation, die zu internationalen Reibungen führen oder eine Streitigkeit hervorrufen könnte, untersuchen, um festzustellen, ob die Fortdauer der Streitigkeit oder der Situation die Wahrung des Weltfriedens und der internationalen Sicherheit gefährden könnte.

Artikel 35

(1) Jedes Mitglied der Vereinten Nationen kann die Aufmerksamkeit des Sicherheitsrats oder der Generalversammlung auf jede Streitigkeit sowie auf jede Situation der in Artikel 34 bezeichneten Art lenken.

(2) Ein Nichtmitgliedstaat der Vereinten Nationen kann die Aufmerksamkeit des Sicherheitsrats oder der Generalversammlung auf jede Streitigkeit lenken, in der er Partei ist, wenn er im Voraus hinsichtlich dieser Streitigkeit die in dieser Charta für eine friedliche Beilegung festgelegten Verpflichtungen annimmt.

(3) Das Verfahren der Generalversammlung in Angelegenheiten, auf die ihre Aufmerksamkeit gemäß diesem Artikel gelenkt wird, bestimmt sich nach den Artikeln 11 und 12.

Artikel 36

(1) Der Sicherheitsrat kann in jedem Stadium einer Streitigkeit im Sinne des Artikels 33 oder einer Situation gleicher Art geeignete Verfahren oder Methoden für deren Bereinigung empfehlen.

(2) Der Sicherheitsrat soll alle Verfahren in Betracht ziehen, welche die Parteien zur Beilegung der Streitigkeit bereits angenommen haben.

(3) Bei seinen Empfehlungen auf Grund dieses Artikels soll der Sicherheitsrat ferner berücksichtigen, dass Rechtsstreitigkeiten im Allgemeinen von den Parteien dem Internationalen Gerichtshof im Einklang mit dessen Statut zu unterbreiten sind.

Artikel 37

(1) Gelingt es den Parteien einer Streitigkeit der in Artikel 33 bezeichneten Art nicht, diese mit den dort angegebenen Mitteln beizulegen, so legen sie die Streitigkeit dem Sicherheitsrat vor.

(2) Könnte nach Auffassung des Sicherheitsrats die Fortdauer der Streitigkeit tatsächlich die Wahrung des Weltfriedens und der internationalen Sicherheit gefährden, so beschließt er, ob er nach Artikel 36 tätig werden oder die ihm angemessen erscheinenden Empfehlungen für eine Beilegung abgeben will.

Artikel 38

Unbeschadet der Artikel 33 bis 37 kann der Sicherheitsrat, wenn alle Parteien einer Streitigkeit dies beantragen, Empfehlungen zu deren friedlicher Beilegung an die Streitparteien richten.

Kapitel VII
Maßnahmen bei Bedrohung oder Bruch des Friedens und bei Angriffshandlungen

Artikel 39

Der Sicherheitsrat stellt fest, ob eine Bedrohung oder ein Bruch des Friedens oder eine Angriffshandlung vorliegt; er gibt Empfehlungen ab oder beschließt, welche Maßnahmen auf Grund der Artikel 41 und 42 zu treffen sind, um den Weltfrieden und die internationale Sicherheit zu wahren oder wiederherzustellen.

Artikel 40

Um einer Verschärfung der Lage vorzubeugen, kann der Sicherheitsrat, bevor er nach Artikel 39 Empfehlungen abgibt oder Maßnahmen beschließt, die beteiligten Parteien auffordern, den von ihm für notwendig oder erwünscht erachteten vorläufigen Maßnahmen Folge zu leisten. Diese vorläufigen Maßnahmen lassen die Rechte, die Ansprüche und die Stellung der beteiligten Parteien unberührt. Wird den vorläufigen Maßnahmen nicht Folge geleistet, so trägt der Sicherheitsrat diesem Versagen gebührend Rechnung.

Artikel 41

Der Sicherheitsrat kann beschließen, welche Maßnahmen – unter Ausschluss von Waffengewalt – zu ergreifen sind, um seinen Beschlüssen Wirksamkeit zu verleihen; er kann die Mitglieder der Vereinten Nationen auffordern, diese Maßnahmen durchzuführen. Sie können die vollständige oder teilweise Unterbrechung der Wirtschaftsbeziehungen, des Eisenbahn-, See- und Luftverkehrs, der Post-, Telegraphen- und Funkverbindungen sowie sonstiger Verkehrsmöglichkeiten und den Abbruch der diplomatischen Beziehungen einschließen.

Artikel 42

Ist der Sicherheitsrat der Auffassung, dass die in Artikel 41 vorgesehenen Maßnahmen unzulänglich sein würden oder sich als unzulänglich erwiesen haben, so kann er mit Luft-, See- oder Landstreitkräften die zur Wahrung oder Wiederherstellung des Weltfriedens und der internationalen Sicherheit erforderlichen Maßnahmen durchführen. Sie können Demonstrationen, Blockaden und sonstige Einsätze der Luft-, See- oder Landstreitkräfte von Mitgliedern der Vereinten Nationen einschließen.

Artikel 43

(1) Alle Mitglieder der Vereinten Nationen verpflichten sich, zur Wahrung des Weltfriedens und der internationalen Sicherheit dadurch beizutragen, dass sie nach Maßgabe eines oder mehrerer Sonderabkommen dem Sicherheitsrat auf sein Ersuchen Streitkräfte zur Verfügung stellen, Beistand leisten und Erleichterungen einschließlich des Durchmarschrechts gewähren, soweit dies zur Wahrung des Weltfriedens und der internationalen Sicherheit erforderlich ist.

(2) Diese Abkommen haben die Zahl und Art der Streitkräfte, ihren Bereitschaftsgrad, ihren allgemeinen Standort sowie die Art der Erleichterungen und des Beistands vorzusehen.

(3) Die Abkommen werden auf Veranlassung des Sicherheitsrats so bald wie möglich im Verhandlungswege ausgearbeitet. Sie werden zwischen dem Sicherheitsrat einerseits und Einzelmitgliedern oder Mitgliedergruppen andererseits geschlossen und von den Unterzeichnerstaaten nach Maßgabe ihres Verfassungsrechts ratifiziert.

Artikel 44

Hat der Sicherheitsrat die Anwendung von Gewalt beschlossen, so lädt er ein in ihm nicht vertretenes Mitglied, bevor er es zur Stellung von Streitkräften auf Grund der nach Artikel 43 übernommenen Verpflichtungen auffordert, auf dessen Wunsch ein, an seinen Beschlüssen über den Einsatz von Kontingenten der Streitkräfte dieses Mitglieds teilzunehmen.

Artikel 45

Um die Vereinten Nationen zur Durchführung dringender militärischer Maßnahmen zu befähigen, halten Mitglieder der Organisation Kontingente ihrer Luftstreitkräfte zum sofortigen Einsatz bei gemeinsamen internationalen Zwangsmaßnahmen bereit. Stärke und Bereitschaftsgrad dieser Kontingente sowie die Pläne für ihre gemeinsamen Maßnahmen legt der Sicherheitsrat mit Unterstützung des Generalstabsausschusses im Rahmen der in Artikel 43 erwähnten Sonderabkommen fest.

Artikel 46

Die Pläne für die Anwendung von Waffengewalt werden vom Sicherheitsrat mit Unterstützung des Generalstabsausschusses aufgestellt.

Artikel 47

(1) Es wird ein Generalstabsausschuss eingesetzt, um den Sicherheitsrat in allen Fragen zu beraten und zu unterstützen, die dessen militärische Bedürfnisse zur Wahrung des Weltfriedens und der internationalen Sicherheit, den Einsatz und die Führung der dem Sicherheitsrat zur Verfügung gestellten Streitkräfte, die Rüstungsregelung und eine etwaige Abrüstung betreffen.

(2) Der Generalstabsausschuss besteht aus den Generalstabschefs der ständigen Mitglieder des Sicherheitsrats oder ihren Vertretern. Ein nicht ständig im Ausschuss vertretenes Mitglied der Vereinten Nationen wird vom Ausschuss eingeladen, sich ihm zu assoziieren, wenn die Mitarbeit dieses Mitglieds für die wirksame Durchführung der Aufgaben des Ausschusses erforderlich ist.

(3) Der Generalstabsausschuss ist unter der Autorität des Sicherheitsrats für die strategische Leitung aller dem Sicherheitsrat zur Verfügung gestellten Streitkräfte verantwortlich. Die Fragen bezüglich der Führung dieser Streitkräfte werden später geregelt.

(4) Der Generalstabsausschuss kann mit Ermächtigung des Sicherheitsrats nach Konsultation mit geeigneten regionalen Einrichtungen regionale Unterausschüsse einsetzen.

Artikel 48

(1) Die Maßnahmen, die für die Durchführung der Beschlüsse des Sicherheitsrats zur Wahrung des Weltfriedens und der internationalen Sicherheit erforderlich sind, werden je nach dem Ermessen des Sicherheitsrats von allen oder von einigen Mitgliedern der Vereinten Nationen getroffen.

(2) Diese Beschlüsse werden von den Mitgliedern der Vereinten Nationen unmittelbar sowie durch Maßnahmen in den geeigneten internationalen Einrichtungen durchgeführt, deren Mitglieder sie sind.

Artikel 49

Bei der Durchführung der vom Sicherheitsrat beschlossenen Maßnahmen leisten die Mitglieder der Vereinten Nationen einander gemeinsam handelnd Beistand.

Artikel 50

Ergreift der Sicherheitsrat gegen einen Staat Vorbeugungs- oder Zwangsmaßnahmen, so kann jeder andere Staat, ob Mitglied der Vereinten Nationen oder nicht, den die Durchführung dieser Maßnahmen vor besondere wirtschaftliche Probleme stellt, den Sicherheitsrat zwecks Lösung dieser Probleme konsultieren.

Artikel 51

Diese Charta beeinträchtigt im Falle eines bewaffneten Angriffs gegen ein Mitglied der Vereinten Nationen keineswegs das naturgegebene Recht zur individuellen oder kollektiven Selbstverteidigung, bis der Sicherheitsrat die zur Wahrung des Weltfriedens und der internationalen Sicherheit erforderlichen Maßnahmen getroffen hat. Maßnahmen, die ein Mitglied in Ausübung dieses Selbstverteidigungsrechts trifft, sind dem Sicherheitsrat sofort anzuzeigen; sie berühren in keiner Weise dessen auf dieser Charta beruhende Befugnis und Pflicht, jederzeit die Maßnahmen zu treffen, die er zur Wahrung oder Wiederherstellung des Weltfriedens und der internationalen Sicherheit für erforderlich hält.

Kapitel VIII
Regionale Abmachungen

Artikel 52

(1) Diese Charta schließt das Bestehen regionaler Abmachungen oder Einrichtungen zur Behandlung derjenigen die Wahrung des Weltfriedens und der internationalen Sicherheit betreffenden Angelegenheiten nicht aus, bei denen Maßnahmen regionaler Art angebracht sind; Voraussetzung hierfür ist, dass diese Abmachungen oder Einrichtungen, und ihr Wirken mit den Zielen und Grundsätzen der Vereinten Nationen vereinbar sind.

(2) Mitglieder der Vereinten Nationen, die solche Abmachungen treffen oder solche Einrichtungen schaffen, werden sich nach besten Kräften bemühen, durch Inanspruchnahme dieser Abmachungen oder Einrichtungen örtlich begrenzte Streitigkeiten friedlich beizulegen, bevor sie den Sicherheitsrat damit befassen.

(3) Der Sicherheitsrat wird die Entwicklung des Verfahrens fördern, örtlich begrenzte Streitigkeiten durch Inanspruchnahme dieser regionalen Abmachungen oder Einrichtungen friedlich beizulegen, sei es auf Veranlassung der beteiligten Staaten oder auf Grund von Überweisungen durch ihn selbst.

(4) Die Anwendung der Artikel 34 und 35 wird durch diesen Artikel nicht beeinträchtigt.

Artikel 53

(1) Der Sicherheitsrat nimmt gegebenenfalls diese regionalen Abmachungen oder Einrichtungen zur Durchführung von Zwangsmaßnahmen unter seiner Autorität in Anspruch. Ohne Ermächtigung des Sicherheitsrats dürfen Zwangsmaßnahmen auf Grund regionaler Abmachungen oder seitens regionaler Einrichtungen nicht ergriffen werden; ausgenommen sind Maßnahmen gegen einen Feindstaat im Sinne des Absatzes 2, soweit sie in Artikel 107 oder in regionalen, gegen die Wiederaufnahme der Angriffspolitik eines solchen Staates gerichteten Abmachungen vorgesehen sind; die Ausnahme gilt, bis der Organisation auf Ersuchen der beteiligten Regierungen die Aufgabe zugewiesen wird, neue Angriffe eines solchen Staates zu verhüten.

(2) Der Ausdruck „Feindstaat" in Abs. 1 bezeichnet jeden Staat, der während des Zweiten Weltkriegs Feind eines Unterzeichners dieser Charta war.

Artikel 54

Der Sicherheitsrat ist jederzeit vollständig über die Maßnahmen auf dem laufenden zu halten, die zur Wahrung des Weltfriedens und der internationalen Sicherheit auf Grund regionaler Abmachungen oder seitens regionaler Einrichtungen getroffen oder in Aussicht genommen werden.

KAPITEL IX
INTERNATIONALE ZUSAMMENARBEIT AUF WIRTSCHAFTLICHEM UND SOZIALEM GEBIET

Artikel 55

Um jenen Zustand der Stabilität und Wohlfahrt herbeizuführen, der erforderlich ist, damit zwischen den Nationen friedliche und freundschaftliche, auf der Achtung vor dem Grundsatz der Gleichberechtigung und Selbstbestimmung der Völker beruhende Beziehungen herrschen, fördern die Vereinten Nationen

a) die Verbesserung des Lebensstandards, die Vollbeschäftigung und die Voraussetzungen für wirtschaftlichen und sozialen Fortschritt und Aufstieg;

b) die Lösung internationaler Probleme wirtschaftlicher, sozialer, gesundheitlicher und verwandter Art sowie die internationale Zusammenarbeit auf den Gebieten der Kultur und der Erziehung;

c) die allgemeine Achtung und Verwirklichung der Menschenrechte und Grundfreiheiten für alle ohne Unterschied der Rasse, des Geschlechts, der Sprache oder der Religion.

Artikel 56

Alle Mitgliedstaaten verpflichten sich, gemeinsam und jeder für sich mit der Organisation zusammenzuarbeiten, um die in Artikel 55 dargelegten Ziele zu erreichen.

Artikel 57

(1) Die verschiedenen durch zwischenstaatliche Übereinkünfte errichteten Sonderorganisationen, die auf den Gebieten der Wirtschaft, des Sozialwesens, der Kultur, der Erziehung, der Gesundheit und auf verwandten Gebieten weitreichende, in ihren maßgebenden Urkunden umschriebene internationale Aufgaben zu erfüllen haben, werden gemäß Artikel 63 mit den Vereinten Nationen in Beziehung gebracht.

(2) Diese mit den Vereinten Nationen in Beziehung gebrachten Organisationen sind im Folgenden als „Sonderorganisationen" bezeichnet.

Artikel 58

Die Organisation gibt Empfehlungen ab, um die Bestrebungen und Tätigkeiten dieser Sonderorganisationen zu koordinieren.

Artikel 59

Die Organisation veranlasst gegebenenfalls zwischen den in Betracht kommenden Staaten Verhandlungen zur Errichtung neuer Sonderorganisationen, soweit solche zur Verwirklichung der in Artikel 55 dargelegten Ziele erforderlich sind.

Artikel 60

Für die Wahrnehmung der in diesem Kapitel genannten Aufgaben der Organisation sind die Generalversammlung und unter ihrer Autorität der Wirtschafts- und Sozialrat verantwortlich; dieser besitzt zu diesem Zweck die ihm in Kapitel X zugewiesenen Befugnisse.

Kapitel X
Der Wirtschafts- und Sozialrat

Zusammensetzung

Artikel 61

(1) Der Wirtschafts- und Sozialrat besteht aus siebenundzwanzig von der Generalversammlung gewählten Mitgliedern der Vereinten Nationen.

(2) Vorbehaltlich des Absatzes 3 werden alljährlich neun Mitglieder des Wirtschafts- und Sozialrats für drei Jahre gewählt. Ein ausscheidendes Mitglied kann unmittelbar wiedergewählt werden.

(3) Bei der ersten Wahl, die nach Erhöhung der Zahl der Ratsmitglieder von achtzehn auf siebenundzwanzig stattfindet, werden zusätzlich zu den Mitgliedern, die anstelle der sechs Mitglieder gewählt werden, deren Amtszeit mit dem betreffenden Jahr endet, neun weitere Mitglieder des Wirtschafts- und Sozialrats gewählt. Die Amtszeit von drei

dieser neun zusätzlichen Mitglieder endet nach einem Jahr, diejenige von drei weiteren Mitgliedern nach zwei Jahren; das Nähere regelt die Generalversammlung.

(4) Jedes Mitglied des Wirtschafts- und Sozialrats hat in diesem einen Vertreter.

Aufgaben und Befugnisse

Artikel 62

(1) Der Wirtschafts- und Sozialrat kann über internationale Angelegenheiten auf den Gebieten der Wirtschaft, des Sozialwesens, der Kultur, der Erziehung, der Gesundheit und auf verwandten Gebieten Untersuchungen durchführen oder bewirken sowie Berichte abfassen oder veranlassen; er kann zu jeder derartigen Angelegenheit an die Generalversammlung, die Mitglieder der Vereinten Nationen und die in Betracht kommenden Sonderorganisationen Empfehlungen richten.

(2) Er kann Empfehlungen abgeben, um die Achtung und Verwirklichung der Menschenrechte und Grundfreiheiten für alle zu fordern.

(3) Er kann über Angelegenheiten, für die er zuständig ist, Übereinkommen entwerfen und der Generalversammlung vorlegen.

(4) Er kann nach den von den Vereinten Nationen festgesetzten Regeln internationale Konferenzen über Angelegenheiten einberufen, für die er zuständig ist.

Artikel 63

(1) Der Wirtschafts- und Sozialrat kann mit jeder der in Artikel 57 bezeichneten Organisationen Abkommen schließen, in denen die Beziehungen der betreffenden Organisation zu den Vereinten Nationen geregelt werden. Diese Abkommen bedürfen der Genehmigung durch die Generalversammlung.

(2) Er kann die Tätigkeit der Sonderorganisationen koordinieren, indem er Konsultationen mit ihnen führt und an sie, an die Generalversammlung und die Mitglieder der Vereinten Nationen Empfehlungen richtet.

Artikel 64

(1) Der Wirtschafts- und Sozialrat kann geeignete Schritte unternehmen, um von den Sonderorganisationen regelmäßig Berichte zu erhalten. Er kann mit den Mitgliedern der Vereinten Nationen und mit den Sonderorganisationen Abmachungen treffen, um Berichte über die Maßnahmen zu erhalten, die zur Durchführung seiner Empfehlungen und der Empfehlungen der Generalversammlung über Angelegenheiten getroffen werden, für die er zuständig ist.

(2) Er kann der Generalversammlung seine Bemerkungen zu diesen Berichten mitteilen.

Artikel 65

Der Wirtschafts- und Sozialrat kann dem Sicherheitsrat Auskünfte erteilen und ihn auf dessen Ersuchen unterstützen.

Artikel 66

(1) Der Wirtschafts- und Sozialrat nimmt alle Aufgaben wahr, für die er im Zusammenhang mit der Durchführung von Empfehlungen der Generalversammlung zuständig ist.

(2) Er kann mit Genehmigung der Generalversammlung alle Dienste leisten, um die ihn Mitglieder der Vereinten Nationen oder Sonderorganisationen ersuchen.

(3) Er nimmt alle sonstigen Aufgaben wahr, die ihm in dieser Charta oder durch die Generalversammlung zugewiesen werden.

Abstimmung

Artikel 67

(1) Jedes Mitglied des Wirtschafts- und Sozialrats hat eine Stimme.

(2) Beschlüsse des Wirtschafts- und Sozialrats bedürfen der Mehrheit der anwesenden und abstimmenden Mitglieder.

Verfahren

Artikel 68

Der Wirtschafts- und Sozialrat setzt Kommissionen für wirtschaftliche und soziale Fragen und für die Förderung der Menschenrechte sowie alle sonstigen zur Wahrnehmung seiner Aufgaben erforderlichen Kommissionen ein.

Artikel 69

Behandelt der Wirtschafts- und Sozialrat eine Angelegenheit, die für ein Mitglied der Vereinten Nationen von besonderem Belang ist, so lädt er es ein, ohne Stimmrecht an seinen Beratungen teilzunehmen.

Artikel 70

Der Wirtschafts- und Sozialrat kann Abmachungen dahingehend treffen, dass Vertreter der Sonderorganisationen ohne Stimmrecht an seinen Beratungen und an den Beratungen der von ihm eingesetzten Kommissionen teilnehmen und dass seine eigenen Vertreter an den Beratungen der Sonderorganisationen teilnehmen.

Artikel 71

Der Wirtschafts- und Sozialrat kann geeignete Abmachungen zwecks Konsultation mit nichtstaatlichen Organisationen treffen, die sich mit Angelegenheiten seiner Zuständigkeit befassen. Solche Abmachungen können mit internationalen Organisationen und, soweit angebracht, nach Konsultation des betreffenden Mitglieds der Vereinten Nationen auch mit nationalen Organisationen getroffen werden.

Artikel 72

(1) Der Wirtschafts- und Sozialrat gibt sich eine Geschäftsordnung; in dieser regelt er auch das Verfahren für die Wahl seines Präsidenten.

(2) Der Wirtschafts- und Sozialrat tritt nach Bedarf gemäß seiner Geschäftsordnung zusammen; in dieser ist auch die Einberufung von Sitzungen auf Antrag der Mehrheit seiner Mitglieder vorzusehen.

Kapitel XI
Erklärung über Hoheitsgebiete ohne Selbstregierung

Artikel 73

Mitglieder der Vereinten Nationen, welche die Verantwortung für die Verwaltung von Hoheitsgebieten haben oder übernehmen, deren Völker noch nicht die volle Selbstregierung erreicht haben, bekennen sich zu dem Grundsatz, dass die Interessen der Einwohner dieser Hoheitsgebiete Vorrang haben; sie übernehmen als heiligen Auftrag die Verpflichtung, im Rahmen des durch diese Charta errichteten Systems des Weltfriedens und der internationalen Sicherheit das Wohl dieser Einwohner aufs äußerste zu fördern; zu diesem Zweck verpflichten sie sich,

a) den politischen, wirtschaftlichen, sozialen und erzieherischen Fortschritt, die gerechte Behandlung und den Schutz dieser Völker gegen Missbräuche unter gebührender Achtung vor ihrer Kultur zu gewährleisten;

b) die Selbstregierung zu entwickeln, die politischen Bestrebungen dieser Völker gebührend zu berücksichtigen und sie bei der fortschreitenden Entwicklung ihrer freien politischen Einrichtungen zu unterstützen, und zwar je nach den besonderen Verhältnissen jedes Hoheitsgebiets, seiner Bevölkerung und deren jeweiliger Entwicklungsstufe;

c) den Weltfrieden und die internationale Sicherheit zu festigen;

d) Aufbau- und Entwicklungsmaßnahmen zu fördern, die Forschungstätigkeit zu unterstützen sowie miteinander und gegebenenfalls mit internationalen Fachorganisationen zusammenzuarbeiten, um die in diesem Artikel dargelegten sozialen, wirtschaftlichen und wissenschaftlichen Ziele zu verwirklichen;

e) dem Generalsekretär mit der durch die Rücksichtnahme auf Sicherheit und Verfassung gebotenen Einschränkung zu seiner Unterrichtung regelmäßig statistische und sonstige Informationen technischer Art über das Wirtschafts-, Sozial- und Erziehungswesen in den nicht unter die Kapitel XII und XIII fallenden Hoheitsgebieten zu übermitteln, für die sie verantwortlich sind.

Artikel 74

Die Mitglieder der Vereinten Nationen sind sich ferner darin einig, dass die Politik, die sie für die unter dieses Kapitel fallenden Hoheitsgebiete verfolgen, nicht minder auf dem allgemeinen Grundsatz der guten Nachbarschaft in sozialen, wirtschaftlichen und Handelsangelegenheiten beruhen muss als die Politik, die sie für ihr Mutterland verfolgen; hierbei sind die Interessen und das Wohl der übrigen Welt gebührend zu berücksichtigen.

Kapitel XII
Das internationale Treuhandsystem

Artikel 75

Die Vereinten Nationen errichten unter ihrer Autorität ein internationales Treuhandsystem für die Verwaltung und Beaufsichtigung der Hoheitsgebiete, die auf Grund späterer Einzelabkommen in dieses System einbezogen werden. Diese Hoheitsgebiete werden im Folgenden als Treuhandgebiete bezeichnet.

Artikel 76

Im Einklang mit den in Artikel 1 dieser Charta dargelegten Zielen der Vereinten Nationen dient das Treuhandsystem hauptsächlich folgenden Zwecken:

a) den Weltfrieden und die internationale Sicherheit zu festigen;

b) den politischen, wirtschaftlichen, sozialen und erzieherischen Fortschritt der Einwohner der Treuhandgebiete und ihre fortschreitende Entwicklung zur Selbstregierung oder Unabhängigkeit so zu fördern, wie es den besonderen Verhältnissen eines jeden dieser Hoheitsgebiete und seiner Bevölkerung sowie deren frei geäußerten Wünschen entspricht und in dem diesbezüglichen Treuhandabkommen vorgesehen ist;

c) die Achtung vor den Menschenrechten und Grundfreiheiten für alle ohne Unterschied der Rasse, des Geschlechts, der Sprache oder der Religion zu fördern und das Bewusstsein der gegenseitigen Abhängigkeit der Völker der Welt zu stärken;

d) die Gleichbehandlung aller Mitglieder der Vereinten Nationen und ihrer Staatsangehörigen in sozialen, wirtschaftlichen und Handelsangelegenheiten sowie die Gleichbehandlung dieser Staatsangehörigen in der Rechtspflege sicherzustellen, ohne jedoch die Verwirklichung der vorgenannten Zwecke zu beeinträchtigen; Artikel 80 bleibt unberührt.

Artikel 77

(1) Das Treuhandsystem findet auf die zu den folgenden Gruppen gehörenden Hoheitsgebiete Anwendung, soweit sie auf Grund von Treuhandabkommen in dieses System einbezogen werden:

a) gegenwärtig bestehende Mandatsgebiete;

b) Hoheitsgebiete, die infolge des Zweiten Weltkriegs von Feindstaaten abgetrennt werden;

c) Hoheitsgebiete, die von den für ihre Verwaltung verantwortlichen Staaten freiwillig in das System einbezogen werden.

(2) Die Feststellung, welche Hoheitsgebiete aus den genannten Gruppen in das Treuhandsystem einbezogen werden und welche Bestimmungen hierfür gelten, bleibt einer späteren Übereinkunft vorbehalten.

Artikel 78

Das Treuhandsystem findet keine Anwendung auf Hoheitsgebiete, die Mitglied der Vereinten Nationen geworden sind; die Beziehungen zwischen Mitgliedern beruhen auf der Achtung des Grundsatzes der souveränen Gleichheit.

Artikel 79

Für jedes in das Treuhandsystem einzubeziehende Hoheitsgebiet werden die Treuhandbestimmungen einschließlich aller ihrer Änderungen und Ergänzungen von den unmittelbar beteiligten Staaten, zu denen bei Mandatsgebieten eines Mitglieds der Vereinten Nationen auch die Mandatsmacht zählt, in Form eines Abkommens vereinbart; sie bedürfen der Genehmigung nach den Artikeln 83 und 85.

Artikel 80

(1) Soweit in einzelnen, auf Grund der Artikel 77, 79 und 81 geschlossenen Treuhandabkommen zur Einbeziehung eines Treuhandgebiets in das Treuhandsystem nichts anderes vereinbart wird und solange derartige Abkommen noch nicht geschlossen sind, ist dieses Kapitel nicht so auszulegen, als ändere es unmittelbar oder mittelbar die Rechte von Staaten oder Völkern oder in Kraft befindliche internationale Übereinkünfte, deren Vertragsparteien Mitglieder der Vereinten Nationen sind.

(2) Aus Abs. 1 kann keine Rechtfertigung dafür abgeleitet werden, Verhandlungen über Abkommen zu der in Artikel 77 vorgesehenen Einbeziehung von Mandatsgebieten und sonstigen Hoheitsgebieten in das Treuhandsystem oder den Abschluss solcher Abkommen zu verzögern oder aufzuschieben.

Artikel 81

Jedes Treuhandabkommen enthält die Bestimmungen, nach denen das Treuhandgebiet zu verwalten ist, und bezeichnet die verwaltende Obrigkeit. Diese, im Folgenden als „Verwaltungsmacht" bezeichnet, kann ein Staat oder eine Staatengruppe oder die Organisation selbst sein.

Artikel 82

Jedes Treuhandabkommen kann eine oder mehrere strategische Zonen bezeichnen, die das ganze Treuhandgebiet, für welches das Abkommen gilt, oder einen Teil davon umfassen; Sonderabkommen nach Artikel 43 bleiben unberührt.

Artikel 83

(1) Alle Aufgaben der Vereinten Nationen in Bezug auf strategische Zonen, einschließlich der Genehmigung der Treuhandabkommen sowie ihrer Änderungen und Ergänzungen, nimmt der Sicherheitsrat wahr.

(2) Die in Artikel 76 dargelegten Hauptzwecke gelten auch für die Bevölkerung jeder strategischen Zone.

(3) Unter Beachtung der Treuhandabkommen nimmt der Sicherheitsrat, vorbehaltlich der Sicherheitserfordernisse, die Unterstützung des Treuhandrats in Anspruch, um im Rahmen des Treuhandsystems diejenigen Aufgaben der Vereinten Nationen wahrzunehmen, die politische, wirtschaftliche, soziale und erzieherische Angelegenheiten in den strategischen Zonen betreffen.

Artikel 84

Die Verwaltungsmacht hat die Pflicht, dafür zu sorgen, dass das Treuhandgebiet seinen Beitrag zur Wahrung des Weltfriedens und der internationalen Sicherheit leistet. Zu diesem Zweck kann sie freiwillige Streitkräfte, Erleichterungen und Beistand von dem Treuhandgebiet in Anspruch nehmen, um die Verpflichtungen zu erfüllen, die sie in dieser Hinsicht gegenüber dem Sicherheitsrat übernommen hat, und um die örtliche Verteidigung und die Aufrechterhaltung von Recht und Ordnung innerhalb des Treuhandgebiets sicherzustellen.

Artikel 85

(1) Die Aufgaben der Vereinten Nationen in Bezug auf Treuhandabkommen für alle nicht als strategische Zonen bezeichneten Gebiete, einschließlich der Genehmigung der Treuhandabkommen sowie ihrer Änderungen und Ergänzungen, werden von der Generalversammlung wahrgenommen.

(2) Bei der Durchführung dieser Aufgaben wird die Generalversammlung von dem unter ihrer Autorität handelnden Treuhandrat unterstützt.

Kapitel XIII
Der Treuhandrat

Zusammensetzung

Artikel 86

(1) Der Treuhandrat besteht aus folgenden Mitgliedern der Vereinten Nationen:

a) den Mitgliedern, die Treuhandgebiete verwalten;

b) den in Artikel 23 namentlich aufgeführten Mitgliedern, soweit sie keine Treuhandgebiete verwalten;

c) so vielen weiteren von der Generalversammlung für je drei Jahre gewählten Mitgliedern, wie erforderlich sind, damit der Treuhandrat insgesamt zur Hälfte aus Mitgliedern der Vereinten Nationen besteht, die Treuhandgebiete verwalten, und zur Hälfte aus solchen, die keine verwalten.

(2) Jedes Mitglied des Treuhandrats bestellt eine besonders geeignete Person zu seinem Vertreter im Treuhandrat.

Aufgaben und Befugnisse

Artikel 87

Die Generalversammlung und unter ihrer Autorität der Treuhandrat können bei der Wahrnehmung ihrer Aufgaben

a) von der Verwaltungsmacht vorgelegte Berichte prüfen;

b) Gesuche entgegennehmen und sie in Konsultation mit der Verwaltungsmacht prüfen;

c) regelmäßige Bereisungen der einzelnen Treuhandgebiete veranlassen, deren Zeitpunkt mit der Verwaltungsmacht vereinbart wird;

d) diese und sonstige Maßnahmen in Übereinstimmung mit den Treuhandabkommen treffen.

Artikel 88

Der Treuhandrat arbeitet einen Fragebogen über den politischen, wirtschaftlichen, sozialen und erzieherischen Fortschritt der Einwohner jedes Treuhandgebiets aus; die Verwaltungsmacht jedes Treuhandgebiets, für das die Generalversammlung zuständig ist, erstattet dieser auf Grund des Fragebogens alljährlich Bericht.

Abstimmung

Artikel 89

(1) Jedes Mitglied des Treuhandrats hat eine Stimme.

(2) Beschlüsse des Treuhandrats bedürfen der Mehrheit der anwesenden und abstimmenden Mitglieder.

Verfahren

Artikel 90

(1) Der Treuhandrat gibt sich eine Geschäftsordnung; in dieser regelt er auch das Verfahren für die Wahl seines Präsidenten.

(2) Der Treuhandrat tritt nach Bedarf gemäß seiner Geschäftsordnung zusammen; in dieser ist auch die Einberufung von Sitzungen auf Antrag der Mehrheit seiner Mitglieder vorzusehen.

Artikel 91

Der Treuhandrat nimmt gegebenenfalls die Unterstützung des Wirtschafts- und Sozialrats und der Sonderorganisationen in Angelegenheiten in Anspruch, für die sie zuständig sind.

Kapitel XIV
Der Internationale Gerichtshof

Artikel 92

Der Internationale Gerichtshof ist das Hauptrechtsprechungsorgan der Vereinten Nationen. Er nimmt seine Aufgaben nach Maßgabe des beigefügten Statuts wahr, das auf dem Statut des Ständigen Internationalen Gerichtshofs beruht und Bestandteil dieser Charta ist.

Artikel 93

(1) Alle Mitglieder der Vereinten Nationen sind ohne weiteres Vertragsparteien des Statuts des Internationalen Gerichtshofs.

(2) Ein Staat, der nicht Mitglied der Vereinten Nationen ist, kann zu Bedingungen, welche die Generalversammlung jeweils auf Empfehlung des Sicherheitsrats festsetzt, Vertragspartei des Statuts des Internationalen Gerichtshofs werden.

Artikel 94

(1) Jedes Mitglied der Vereinten Nationen verpflichtet sich, bei jeder Streitigkeit, in der es Partei ist, die Entscheidung des Internationalen Gerichtshofs zu befolgen.

(2) Kommt eine Streitpartei ihren Verpflichtungen aus einem Urteil des Gerichtshofs nicht nach, so kann sich die andere Partei an den Sicherheitsrat wenden; dieser kann, wenn er es für erforderlich hält, Empfehlungen abgeben oder Maßnahmen beschließen, um dem Urteil Wirksamkeit zu verschaffen.

Artikel 95

Diese Charta schließt nicht aus, dass Mitglieder der Vereinten Nationen auf Grund bestehender oder künftiger Abkommen die Beilegung ihrer Streitigkeiten anderen Gerichten zuweisen.

Artikel 96

(1) Die Generalversammlung oder der Sicherheitsrat kann über jede Rechtsfrage ein Gutachten des Internationalen Gerichtshofs anfordern.

(2) Andere Organe der Vereinten Nationen und Sonderorganisationen können mit jeweiliger Ermächtigung durch die Generalversammlung ebenfalls Gutachten des Gerichtshofs über Rechtsfragen anfordern, die sich in ihrem Tätigkeitsbereich stellen.

Kapitel XV
Das Sekretariat

Artikel 97

Das Sekretariat besteht aus einem Generalsekretär und den sonstigen von der Organisation benötigten Bediensteten. Der Generalsekretär wird auf Empfehlung des Sicherheitsrats von der Generalversammlung ernannt. Er ist der höchste Verwaltungsbeamte der Organisation.

Artikel 98

Der Generalsekretär ist in dieser Eigenschaft bei allen Sitzungen der Generalversammlung, des Sicherheitsrats, des Wirtschafts- und Sozialrats und des Treuhandrats tätig und nimmt alle sonstigen ihm von diesen Organen zugewiesenen Aufgaben wahr. Er erstattet der Generalversammlung alljährlich über die Tätigkeit der Organisation Bericht.

Artikel 99

Der Generalsekretär kann die Aufmerksamkeit des Sicherheitsrats auf jede Angelegenheit lenken, die nach seinem Dafürhalten geeignet ist, die Wahrung des Weltfriedens und der internationalen Sicherheit zu gefährden.

Artikel 100

(1) Der Generalsekretär und die sonstigen Bediensteten dürfen bei der Wahrnehmung ihrer Pflichten von einer Regierung oder von einer Autorität außerhalb der Organisation Weisungen weder erbitten noch entgegennehmen. Sie haben jede Handlung zu unterlassen, die ihrer Stellung als internationale, nur der Organisation verantwortliche Bedienstete abträglich sein könnte.

(2) Jedes Mitglied der Vereinten Nationen verpflichtet sich, den ausschließlich internationalen Charakter der Verantwortung des Generalsekretärs und der sonstigen Bediensteten zu achten und nicht zu versuchen, sie bei der Wahrnehmung ihrer Aufgaben zu beeinflussen.

Artikel 101

(1) Die Bediensteten werden vom Generalsekretär im Einklang mit Regelungen ernannt, welche die Generalversammlung erlässt.

(2) Dem Wirtschafts- und Sozialrat, dem Treuhandrat und erforderlichenfalls anderen Organen der Vereinten Nationen werden geeignete ständige Bedienstete zugeteilt. Sie gehören dem Sekretariat an.

(3) Bei der Einstellung der Bediensteten und der Regelung ihres Dienstverhältnisses gilt als ausschlaggebend der Gesichtspunkt, dass es notwendig ist, ein Höchstmaß an Leistungsfähigkeit, fachlicher Eignung und Ehrenhaftigkeit zu gewährleisten. Der Umstand, dass es wichtig ist, die Auswahl der Bediensteten auf möglichst breiter geographischer Grundlage vorzunehmen, ist gebührend zu berücksichtigen.

KAPITEL XVI
VERSCHIEDENES

Artikel 102

(1) Alle Verträge und sonstigen internationalen Übereinkünfte, die ein Mitglied der Vereinten Nationen nach dem Inkrafttreten dieser Charta schließt, werden so bald wie möglich beim Sekretariat registriert und von ihm veröffentlicht.

(2) Werden solche Verträge oder internationalen Übereinkünfte nicht nach Abs. 1 registriert, so können sich ihre Vertragsparteien bei einem Organ der Vereinten Nationen nicht auf sie berufen.

Artikel 103

Widersprechen sich die Verpflichtungen von Mitgliedern der Vereinten Nationen aus dieser Charta und ihre Verpflichtungen aus anderen internationalen Übereinkünften, so haben die Verpflichtungen aus dieser Charta Vorrang.

Artikel 104

Die Organisation genießt im Hoheitsgebiet jedes Mitglieds die Rechts- und Geschäftsfähigkeit, die zur Wahrnehmung ihrer Aufgaben und zur Verwirklichung ihrer Ziele erforderlich ist.

Artikel 105

(1) Die Organisation genießt im Hoheitsgebiet jedes Mitglieds die Vorrechte und Immunitäten, die zur Verwirklichung ihrer Ziele erforderlich sind.

(2) Vertreter der Mitglieder der Vereinten Nationen und Bedienstete der Organisation genießen ebenfalls die Vorrechte und Immunitäten, deren sie bedürfen, um ihre mit der Organisation zusammenhängenden Aufgaben in voller Unabhängigkeit wahrnehmen zu können.

(3) Die Generalversammlung kann Empfehlungen abgeben, um die Anwendung der Absätze 1 und 2 im Einzelnen zu regeln, oder sie kann den Mitgliedern der Vereinten Nationen zu diesem Zweck Übereinkommen vorschlagen.

Kapitel XVII
Übergangsbestimmungen betreffend die Sicherheit

Artikel 106

Bis das Inkrafttreten von Sonderabkommen der in Artikel 43 bezeichneten Art den Sicherheitsrat nach seiner Auffassung befähigt, mit der Ausübung der ihm in Artikel 42 zugewiesenen Verantwortlichkeiten zu beginnen, konsultieren die Parteien der am 30. Oktober 1943 in Moskau unterzeichneten Viermächte-Erklärung und Frankreich nach Abs. 5 dieser Erklärung einander und gegebenenfalls andere Mitglieder der Vereinten Nationen, um gemeinsam alle etwa erforderlichen Maßnahmen zur Wahrung des Weltfriedens und der internationalen Sicherheit im Namen der Organisation zu treffen.

Artikel 107

Maßnahmen, welche die hierfür verantwortlichen Regierungen als Folge des Zweiten Weltkriegs in Bezug auf einen Staat ergreifen oder genehmigen, der während dieses Krieges Feind eines Unterzeichnerstaats dieser Charta war, werden durch diese Charta weder außer Kraft gesetzt noch untersagt.

Kapitel XVIII
Änderungen

Artikel 108

Änderungen dieser Charta treten für alle Mitglieder der Vereinten Nationen in Kraft, wenn sie mit Zweidrittelmehrheit der Mitglieder der Generalversammlung angenommen und von zwei Dritteln der Mitglieder der Vereinten Nationen einschließlich aller ständigen Mitglieder des Sicherheitsrats nach Maßgabe ihres Verfassungsrechts ratifiziert worden sind.

Artikel 109

(1) Zur Revision dieser Charta kann eine Allgemeine Konferenz der Mitglieder der Vereinten Nationen zusammentreten; Zeitpunkt und Ort werden durch Beschluss einer Zweidrittelmehrheit der Mitglieder der Generalversammlung und durch Beschluss von neun beliebigen Mitgliedern des Sicherheitsrats bestimmt. Jedes Mitglied der Vereinten Nationen hat auf der Konferenz eine Stimme.

(2) Jede Änderung dieser Charta, die von der Konferenz mit Zweidrittelmehrheit empfohlen wird, tritt in Kraft, sobald sie von zwei Dritteln der Mitglieder der Vereinten Nationen einschließlich aller ständigen Mitglieder des Sicherheitsrats nach Maßgabe ihres Verfassungsrechts ratifiziert worden ist.

(3) Ist eine solche Konferenz nicht vor der zehnten Jahrestagung der Generalversammlung nach Inkrafttreten dieser Charta zusammengetreten, so wird der Vorschlag, eine solche Konferenz einzuberufen, auf die Tagesordnung jener Tagung gesetzt; die Konferenz findet statt, wenn dies durch Beschluss der Mehrheit der Mitglieder der Generalversammlung und durch Beschluss von sieben beliebigen Mitgliedern des Sicherheitsrats bestimmt wird.

Kapitel XIX
Ratifizierung und Unterzeichnung

Artikel 110

(1) Diese Charta bedarf der Ratifizierung durch die Unterzeichnerstaaten nach Maßgabe ihres Verfassungsrechts.

(2) Die Ratifikationsurkunden werden bei der Regierung der Vereinigten Staaten von Amerika hinterlegt; diese notifiziert jede Hinterlegung allen Unterzeichnerstaaten sowie dem Generalsekretär der Organisation, sobald er ernannt ist.

(3) Diese Charta tritt in Kraft, sobald die Republik China, Frankreich, die Union der Sozialistischen Sowjetrepubliken, das Vereinigte Königreich Großbritannien und Nordirland und die Vereinigten Staaten von Amerika sowie die Mehrheit der anderen Unterzeichnerstaaten ihre Ratifikationsurkunden hinterlegt haben. Die Regierung der Vereinigten Staaten von Amerika errichtet sodann über die Hinterlegung der Ratifikationsurkunden ein Protokoll, von dem sie allen Unterzeichnerstaaten Abschriften übermittelt.

(4) Die Unterzeichnerstaaten dieser Charta, die sie nach ihrem Inkrafttreten ratifizieren, werden mit dem Tag der Hinterlegung ihrer Ratifikationsurkunde ursprüngliche Mitglieder der Vereinten Nationen.

Artikel 111

Diese Charta, deren chinesischer, französischer, russischer, englischer und spanischer Wortlaut gleichermaßen verbindlich ist, wird im Archiv der Regierung der Vereinigten Staaten von Amerika hinterlegt. Diese übermittelt den Regierungen der anderen Unterzeichnerstaaten gehörig beglaubigte Abschriften.

Zu Urkund dessen haben die Vertreter der Regierungen der Vereinten Nationen diese Charta unterzeichnet. Geschehen in der Stadt San Franzisco am 26. Juni 1945.

Allgemeine Erklärung der Menschenrechte

verkündet von der Generalversammlung der Vereinten Nationen am 10. Dezember 1948

Inhaltsübersicht[1]

[1] Die Überschriften zu den einzelnen Artikeln sind im amtlichen Text nicht enthalten, sondern vom Herausgeber hinzugefügt worden; sie stehen deswegen in Klammern. Das gleiche gilt für die vorangestellte Gliederung.

Präambel

Da die Anerkennung der allen Mitgliedern der menschlichen Familie innewohnenden Würde und ihrer gleichen und unveräußerlichen Rechte die Grundlage der Freiheit, der Gerechtigkeit und des Friedens in der Welt bildet,

da Verkennung und Mißachtung der Menschenrechte zu Akten der Barbarei führten, die das Gewissen der Menschheit tief verletzt haben, und da die Schaffung einer Welt, in der den Menschen, frei von Furcht und Not, Rede- und Glaubensfreiheit zuteil wird, als das höchste Bestreben der Menschheit verkündet worden ist,

da es wesentlich ist, die Menschenrechte durch die Herrschaft des Rechtes zu schützen, damit der Mensch nicht zum Aufstand gegen Tyrannei und Unterdrückung als letztem Mittel gezwungen wird,

da es wesentlich ist, die Entwicklung freundschaftlicher Beziehungen zwischen den Nationen zu fördern,

da die Völker der Vereinten Nationen in der Satzung ihren Glauben an die grundlegenden Menschenrechte, an die Würde und den Wert der menschlichen Person und an die Gleichberechtigung von Mann und Frau erneut bekräftigt und beschlossen haben, den sozialen Fortschritt und bessere Lebensbedingungen bei größerer Freiheit zu fördern,

da die Mitgliedstaaten sich verpflichtet haben, in Zusammenarbeit mit den Vereinten Nationen die allgemeine Achtung und Verwirklichung der Menschenrechte und Grundfreiheiten durchzusetzen,

da eine gemeinsame Auffassung über diese Rechte und Freiheiten von größter Wichtigkeit für die volle Erfüllung dieser Verpflichtung ist,

verkündet die Generalversammlung

die vorliegende Allgemeine Erklärung der Menschenrechte als das von allen Völkern und Nationen zu erreichende gemeinsame Ideal, damit jeder einzelne und alle Organe der Gesellschaft sich diese Erklärung stets gegenwärtig halten und sich bemühen, durch Unterricht und Erziehung die Achtung dieser Rechte und Freiheiten zu fördern und durch fortschreitende Maßnahmen im nationalen und internationalen Bereiche ihre allgemeine und tatsächliche Anerkennung und Verwirklichung bei der Bevölkerung sowohl der Mitgliedstaaten wieder ihrer Oberhoheit unterstehenden Gebiete zu gewährleisten.

Artikel 1

[Freiheit, Gleichheit, Menschenwürde und Brüderlichkeit]

Alle Menschen sind frei und gleich an Würde und Rechten geboren. Sie sind mit Vernunft und Gewissen begabt und sollen einander im Geiste der Brüderlichkeit begegnen.

Artikel 2

[Verbot der Diskriminierung]

(1 Jeder Mensch hat Anspruch auf die in dieser Erklärung verkündeten Rechte und Freiheiten, ohne irgendeine Unterscheidung, wie etwa nach Rasse, Farbe, Geschlecht, Sprache, Religion, politischer und sonstiger Überzeugung, nationaler oder sozialer Herkunft, nach Eigentum, Geburt oder sonstigen Umständen.

(2) Weiter darf keine Unterscheidung gemacht werden auf Grund der politischen, rechtlichen oder internationalen Stellung des Landes oder Gebietes, dem eine Person angehört, ohne Rücksicht darauf, ob es unabhängig ist, unter Treuhandschaft steht, keine Selbstregierung besitzt oder irgendeiner anderen Beschränkung seiner Souveränität unterworfen ist.

Artikel 3

[Recht auf Leben, persönliche Freiheit und Sicherheit]

Jeder Mensch hat das Recht auf Leben, Freiheit und Sicherheit der Person.

Artikel 4

[Verbot der Sklaverei und des Sklavenhandels]

Niemand darf in Sklaverei oder Leibeigenschaft gehalten werden, Sklaverei und Sklavenhandel sind in allen Formen verboten.

Artikel 5

[Verbot der Folter]

Niemand darf der Folter oder grausamer, unmenschlicher oder erniedrigender Behandlung oder Strafe unterworfen werden.

Artikel 6

[Weltweite Anerkennung als Rechtsperson]

Jeder Mensch hat überall Anspruch auf Anerkennung als Rechtsperson.

Artikel 7

[Gleichheit vor dem Gesetz]

Alle Menschen sind vor dem Gesetze gleich und haben ohne Unterschied Anspruch auf gleichen Schutz durch das Gesetz. Alle haben Anspruch auf den gleichen Schutz gegen jede unterschiedliche Behandlung, welche die vorliegende Erklärung verletzen würde, und gegen jede Aufreizung zu einer derartigen unterschiedlichen Behandlung.

Artikel 8

[Anspruch auf effektiven Rechtsschutz]

Jeder Mensch hat Anspruch auf wirksamen Rechtsschutz vor den zuständigen innerstaatlichen Gerichten gegen alle Handlungen, die seine ihm nach der Verfassung oder dem Gesetz zustehenden Grundrechte verletzen.

Artikel 9

[Schutz vor willkürlicher Verhaftung und Ausweisung]

Niemand darf willkürlich festgenommen, in Haft gehalten oder des Landes verwiesen werden.

Artikel 10

[Anspruch auf faires Gerichtsverfahren]

Jeder Mensch hat in voller Gleichberechtigung Anspruch auf ein der Billigkeit entsprechendes und öffentliches Verfahren vor einem unabhängigen unparteiischen Gericht, das über seine Rechte und Verpflichtungen oder aber über irgendeine gegen ihn erhobene strafrechtliche Beschuldigung zu entscheiden hat.

Artikel 11

[Unschuldsvermutung, keine Strafe ohne vorheriges Gesetz]

(1) Jeder Mensch, der einer strafbaren Handlung beschuldigt wird, ist so lange als unschuldig anzusehen, bis seine Schuld in einem öffentlichen Verfahren, in dem alle für seine Verteidigung nötigen Voraussetzungen gewährleistet waren, gemäß dem Gesetz nachgewiesen ist.

(2) Niemand kann wegen einer Handlung oder Unterlassung verurteilt werden, die im Zeitpunkt, da sie erfolgte, auf Grund des nationalen oder internationalen Rechts nicht strafbar war. Desgleichen kann keine schwerere Strafe verhängt werden als die, welche im Zeitpunkt der Begehung der strafbaren Handlung anwendbar war.

Artikel 12

[Individuelle Freiheiten, Rechtsschutz]

Niemand darf willkürlichen Eingriffen in sein Privatleben, seine Familie, sein Heim oder seinen Briefwechsel noch Angriffen auf seine Ehre und seinen Beruf ausgesetzt werden. Jeder Mensch hat Anspruch auf rechtlichen Schutz gegen derartige Eingriffe oder Anschläge.

Artikel 13

[Freizügigkeit und Freiheit der Ausreise und Rückkehr]

(1) Jeder Mensch hat das Recht auf Freizügigkeit und freie Wahl seines Wohnsitzes innerhalb eines Staates.

(2) Jeder Mensch hat das Recht, jedes Land, einschließlich seines eigenen, zu verlassen sowie in sein Land zurückzukehren.

Artikel 14

[Asylrecht]

(1) Jeder Mensch hat das Recht, in anderen Ländern vor Verfolgungen Asyl zu suchen und zu genießen.

(2) Dieses Recht kann jedoch im Falle seiner Verfolgung wegen nichtpolitischer Verbrechen oder wegen Handlungen, die gegen die Ziele und Grundsätze der Vereinten Nationen verstoßen, nicht in Anspruch genommen werden.

Artikel 15

[Recht auf Staatsangehörigkeit, Verbot der Ausbürgerung, Recht auf freien Wechsel]

(1) Jeder Mensch hat Anspruch auf Staatsangehörigkeit.

(2) Niemand darf seine Staatsangehörigkeit willkürlich entzogen noch ihm das Recht versagt werden, seine Staatsangehörigkeit zu wechseln.

Artikel 16

[Recht auf Eheschließung und Gründung einer Familie]

(1) Heiratsfähige Männer und Frauen haben ohne Beschränkung durch Rasse, Staatsbürgerschaft oder Religion das Recht, eine Ehe zu schließen und eine Familie zu gründen. Sie haben bei der Eheschließung, während der Ehe und bei deren Auflösung gleiche Rechte.

(2) Die Ehe darf nur auf Grund der freien und vollen Willenseinigung der zukünftigen Ehegatten geschlossen werden.

(3) Die Familie ist die natürliche und grundlegende Einheit der Gesellschaft und hat Anspruch auf Schutz durch Gesellschaft und Staat.

Artikel 17

[Freiheit des Eigentums]

(1) Jeder Mensch hat allein oder in der Gemeinschaft mit anderen Recht auf Eigentum.

(2) Niemand darf willkürlich seines Eigentums beraubt werden.

Artikel 18

[Gedanken-, Gewissens-, Religions- und Bekenntnisfreiheit]

Jeder Mensch hat Anspruch auf Gedanken-, Gewissens- und Religionsfreiheit; dieses Recht umfasst die Freiheit, seine Religion oder seine Überzeugung zu wechseln, sowie die Freiheit, seine Religion oder seine Überzeugung allein oder in Gemeinschaft mit anderen, in der Öffentlichkeit oder privat, durch Lehre, Ausübung, Gottesdienst und Vollziehung von Riten zu bekunden.

Artikel 19

[Meinungs- und Informationsfreiheit]

Jeder Mensch hat das Recht auf freie Meinungsäußerung; dieses Recht umfasst die Freiheit, Meinungen unangefochten anzuhängen und Informationen und Ideen mit allen Verständigungsmitteln ohne Rücksicht auf Grenzen zu suchen, zu empfangen und zu verbreiten.

Artikel 20

[Versammlungs- und Vereinigungsfreiheit]

(1) Jeder Mensch hat das Recht auf Versammlungs- und Vereinigungsfreiheit zu friedlichen Zwecken.

(2) Niemand darf gezwungen werden, einer Vereinigung anzugehören.

Artikel 21

[Recht auf Teilhabe am öffentlichen Leben, allgemeines, gleiches und geheimes Wahlrecht]

(1) Jeder Mensch hat das Recht, an der Leitung öffentlicher Angelegenheiten seines Landes unmittelbar oder durch frei gewählte Vertreter teilzunehmen.

(2) Jeder Mensch hat unter gleichen Bedingungen das Recht auf Zulassung zu öffentlichen Ämtern in seinem Lande.

(3) Der Wille des Volkes bildet die Grundlage für die Autorität der öffentlichen Gewalt; dieser Wille muss durch periodische und unverfälschte Wahlen mit allgemeinem und gleichem Wahlrecht bei geheimer Stimmabgabe oder in einem gleichwertigen freien Wahlverfahren zum Ausdruck kommen.

Artikel 22

[Recht auf soziale Sicherheit und auf freie Entfaltung der Persönlichkeit]

Jeder Mensch hat als Mitglied der Gesellschaft Recht auf soziale Sicherheit; er hat Anspruch darauf, durch innerstaatliche Maßnahmen und internationale Zusammenarbeit unter Berücksichtigung der Organisation und der Hilfsmittel jedes Staates in den Genuß der für seine Würde und die freie Entwicklung seiner Persönlichkeit unentbehrlichen wirtschaftlichen, sozialen und kulturellen Rechte zu gelangen.

Artikel 23

[Recht auf Arbeit, freie Berufswahl, angemessenen Lohn und Koalitionsfreiheit]

(1) Jeder Mensch hat das Recht auf Arbeit, auf freie Berufswahl, auf angemessene und befriedigende Arbeitsbedingungen sowie auf Schutz gegen Arbeitslosigkeit.

(2) Alle Menschen haben ohne jede unterschiedliche Behandlung das Recht auf gleichen Lohn für gleiche Arbeit.

(3) Jeder Mensch, der arbeitet, hat das Recht auf angemessene und befriedigende Entlohnung, die ihm und seiner Familie eine der menschlichen Würde entsprechende Existenz sichert und die, wenn nötig, durch andere soziale Schutzmaßnahmen zu ergänzen ist.

(4) Jeder Mensch hat das Recht, zum Schutze seiner Interessen Berufsvereinigungen zu bilden und solchen beizutreten.

Artikel 24

[Recht auf Erholung und Freizeit]

Jeder Mensch hat Anspruch auf Erholung und Freizeit sowie auf eine vernünftige Begrenzung der Arbeitszeit und auf periodischen, bezahlten Urlaub.

Artikel 25

[Anspruch auf Sozialhilfe, Alters- und Invaliden-, Kranken- und Arbeitslosenfürsorge, besonderer Schutz für Mutter und Kind]

(1) Jeder Mensch hat Anspruch auf eine Lebenshaltung, die seine und seiner Familie Gesundheit und Wohlbefinden einschließlich Nahrung, Kleidung, Wohnung, ärztlicher Betreuung und der notwendigen Leistungen der sozialen Fürsorge gewährleistet; er hat das Recht auf Sicherheit im Falle von Arbeitslosigkeit, Krankheit, Invalidität, Verwitwung, Alter oder von anderweitigem Verlust seiner Unterhaltsmittel durch unverschuldete Umstände.

(2) Mutter und Kind haben Anspruch auf besondere Hilfe und Unterstützung. Alle Kinder, eheliche und uneheliche, genießen den gleichen sozialen Schutz.

Artikel 26

[Recht auf Bildung, Schulgeldfreiheit und Mitbestimmung der Eltern]

(1) Jeder Mensch hat das Recht auf Bildung. Der Unterricht muss wenigstens in den Elementar- und Grundschulen unentgeltlich sein. Der Elementarunterricht ist obligatorisch. Fachlicher und beruflicher Unterricht soll allgemein zugänglich sein; die höheren Studien sollen allen nach Maßgabe ihrer Fähigkeiten und Leistungen in gleicher Weise offenstehen.

(2) Die Ausbildung soll die volle Entfaltung der menschlichen Persönlichkeit und die Stärkung der Achtung der Menschenrechte und Grundfreiheiten zum Ziele haben. Sie soll Verständnis, Duldsamkeit und Freundschaft zwischen allen Nationen und allen rassischen oder religiösen Gruppen fördern und die Tätigkeit der Vereinten Nationen zur Aufrechterhaltung des Friedens begünstigen.

(3) In erster Linie haben die Eltern das Recht, die Art der ihren Kindern zuteil werdenden Bildung zu bestimmen.

Artikel 27

[Teilhabe am Kulturleben, Freiheit der Wissenschaft, Kunst und Literatur]

(1) Jeder Mensch hat das Recht, am kulturellen Leben der Gemeinschaft frei teilzunehmen, sich der Künste zu erfreuen und am wissenschaftlichen Fortschritt und dessen Wohltaten teilzuhaben.

(2) Jeder Mensch hat das Recht auf Schutz der moralischen und materiellen Interessen, die sich aus jeder wissenschaftlichen, literarischen oder künstlerischen Produktion ergeben, deren Urheber er ist.

Artikel 28

[Recht auf effektiven Grundrechtsschutz durch die soziale und internationale Ordnung]

Jeder Mensch hat Anspruch auf eine soziale und internationale Ordnung, in welcher die in der vorliegenden Erklärung angeführten Rechte und Freiheiten voll verwirklicht werden können.

Artikel 29

[Individuelle Grundpflichten; Gesetzesvorbehalt, Verhältnismäßigkeit]

(1) Jeder Mensch hat Pflichten gegenüber der Gemeinschaft, in der allein die freie und volle Entwicklung seiner Persönlichkeit möglich ist.

(2) Jeder Mensch ist in Ausübung seiner Rechte und Freiheiten nur den Beschränkungen unterworfen, die das Gesetz ausschließlich zu dem Zwecke vorsieht, um die Anerkennung und Achtung der Rechte und Freiheiten der anderen zu gewährleisten und den gerechten Anforderungen der Moral, der öffentlichen Ordnung und der allgemeinen Wohlfahrt in einer demokratischen Gesellschaft zu genügen.

(3) Rechte und Freiheiten dürfen in keinem Fall im Widerspruch zu den Zielen und Grundsätzen der Vereinten Nationen ausgeübt werden.

Artikel 30

[Grundrechtseffektivität, Verbot des Missbrauchs von Grundrechten]

Keine Bestimmung der vorliegenden Erklärung darf so ausgelegt werden, dass sich daraus für einen Staat, eine Gruppe oder eine Person irgendein Recht ergibt, eine Tätigkeit auszuüben oder eine Handlung vorzunehmen, welche auf die Vernichtung der in dieser Erklärung angeführten Rechte und Freiheiten abzielen.